日本社会保障丛书

日本公共养老保险

于洋 刘晓梅 编著

中国劳动社会保障出版社

图书在版编目（CIP）数据

日本公共养老保险／于洋，刘晓梅编著.--北京：中国劳动社会保障出版社，2021

（日本社会保障丛书／沈洁主编）

ISBN 978-7-5167-5071-1

Ⅰ.①日… Ⅱ.①于…②刘… Ⅲ.①养老保险制度-研究-日本 Ⅳ.①F843.136.12

中国版本图书馆 CIP 数据核字（2021）第 206495 号

中国劳动社会保障出版社出版发行

（北京市惠新东街 1 号 邮政编码：100029）

*

北京虎彩文化传播有限公司印刷装订 新华书店经销

787 毫米×1092 毫米 16 开本 17.25 印张 252 千字
2021 年 12 月第 1 版 2021 年 12 月第 1 次印刷

定价：78.00 元

读者服务部电话：（010）64929211/84209101/64921644
营销中心电话：（010）64962347
出版社网址：http://www.class.com.cn

版权专有 侵权必究

如有印装差错，请与本社联系调换：（010）81211666
我社将与版权执法机关配合，大力打击盗印、销售和使用盗版图书活动，敬请广大读者协助举报，经查实将给予举报者奖励。

举报电话：（010）64954652

日本社会保障丛书编委会

主　任　钟仁耀　沈　洁
委　员（按姓氏笔画排序）
　　　　于　洋　王　桥　王海燕　包　敏　朱　珉
　　　　刘晓梅　张继元　李莲花　焦培欣　蔡泽昊

中国社会保障学会简介

中国社会保障学会是经国务院批准，民政部登记，由我国从事社会保障和相关领域的专家、学者及有关单位自愿结成的全国性、学术性、非营利性社会团体。中国社会保障学会的宗旨是团结全国相关领域专家、学者与专业人士，为健全社会保障、提升人民福祉、促进社会和谐发展贡献力量。

中国社会保障学会的四大使命：

促进理论繁荣；

助力改革与制度建设；

推动学科发展与人才培养；

参与国际学术交流。

为完成上述使命，学会采取如下行动方式：

组织全国性和国际性会议；

出版刊物，建立宣传平台；

组织开展专题调研活动和培训活动；

与政府部门、立法机关和社会组织、高校或研究机构进行合作。

中国社会保障学会出版物有：会刊、学术集刊《社会保障研究》（CSSCI 源刊）、《中国社会保障发展报告》、《民生专报》（高端智库报告）等。

官方网站：www.caoss.org.cn

总　序

由沈洁教授牵头组织撰著的"日本社会保障丛书"即将由中国劳动社会保障出版社公开出版了，这是一项由多位留日华人学者共同完成的系统介绍、研究日本社会保障制度的重要成果。作为丛书的积极推动者，我对这一成果的问世表示由衷祝贺！

在中国社会保障改革与发展进程中，我一直主张"远学德国，近学日本"。原因是这两个国家分别是现代社会保障制度的起源国和亚洲最先建成完整社会保障体系的国家，不仅是在世界上有影响的工业强国，还是人均寿命最长且老龄化程度很高的大国。其中，德国于1883—1889年首创社会保险制度，被视为全球现代社会保障制度的开端并风靡世界，迄今已有130多年的历史并还在持续发展，这一客观事实表明德国是最值得关注的社会保险制度先行国家；日本是我国的近邻，也是亚洲先行的工业化国家和福利国家，历史上深受中华文化的影响，其社会保障制度及相关服务富含中华文化的元素。因此，对中国而言，德国与日本的社会保障制度较之其他国家更具借鉴价值。遗憾的是，我国社会保障学界对德国与日本的研究迄今仍显苍白。实践已经证明，历史不长的国外养老、医疗保险制度实践，如智利的个人账户制，欧美一些国家的机构养老模式等，并不一定具有足够的借鉴价值，不同文化背景下的社会福利及相关服务也未必能够符合我国人民的需要。因此，我一直希望国内能够出版系统介绍、研究德国与日本两国社会保障制度的图书，中国社会保障学会作为全国社会保障及相关领域专家学者的联合体与学术共同体，则将推动这项研究列为重要的工作任务。这次在沈洁教授和中国社会保障学会常务理事钟仁耀教授、吕学静教授等精心组织下，终于完成"日本社会保障丛书"编著任务并由中国劳动社会保障出版社出版，这应当是一个重要的突破。

我曾经多次访问日本并考察其社会保障制度，印象深刻的不仅有制度体系完备、法治水平高，还有其社会保障及相关服务尊重传统文化、注重家庭保障等特色。例如，日本的公共养老金制度、医疗保障制度、护理保险制度均达到了很高水准，特别是养老服务立足社区，据需设置，多具有综合服务功能，在我考察过的一些养老机构中，老年公寓既可满足自理老年人需要，也可提供养老床位，还有托老所、临时寄养中心功能，一切皆以社区老年人的需要及其发展变化为依据，这显然是一条不同于欧美国家按照老年公寓、养老院舍、托老所、临时寄养中心等不同功能分割设置的发展之路。日本的儿童福利制度亦注重家庭功能，社会救助制度反贫困效果良好，等等。所有这些，我认为均值得中国认真学习、借鉴。

即将摆在读者面前的"日本社会保障丛书"，涵盖了日本的公共养老保险、医疗保障、护理保险、社会救助、社会福利、儿童福利六个领域。其中，于洋、刘晓梅编著的《日本公共养老保险》一书全面、系统地介绍了日本公共养老金制度的发展史与现状、筹资方式、给付水平、财政状况、基金运营与经办管理情况，分析了当前存在的主要问题与改革方向，对企业养老保险与商业养老保险制度也做了描述。李莲花编著的《日本医疗保障》一书全面、系统地介绍了日本医疗保障制度的框架与历史沿革，解析了日本医疗保险的财政、医保支付、医疗服务提供、药价基准制度以及医保经办与监管。张继元、王桥编著的《日本护理保险》一书全面、系统地介绍了日本护理保险制度的起源与发展历程，解析了日本护理保险制度的规划机制、监管体系、机构护理服务、居家护理服务、安宁疗护服务，以及护理等级评估标准、法律依据与流程规范、护理报酬标准及其实践。王海燕、焦培欣编著的《日本社会救助》一书全面、系统地介绍了日本社会救助制度的历史沿革及秉持理念与基本原理，解析了日本社会救助制度的具体实施、标准制定、政府管理和介护救助，以及最新动态。沈洁编著的《日本社会福利》一书全面、系统地介绍了日本社会福利制度的法律体系、福利人才培养与人力资源配置、社会福利服务供给，解析了日本老年人福利、儿童福利、残疾人福利、女性福利和社区福利、保健福利等相关制度安排和实践情况。蔡泽昊编著的《日本儿童福利》一书全面、系统地介绍了日本儿童福利制度的历史沿革、框架与建制理念，解析了日本儿童福利制度的实施机制、特殊福利需求、家庭政策和运行机制，以及托幼服务、儿童医疗和儿童福利专业人才队伍建设。毫无疑问，这套丛书提供了全景式的日本社会保障制度及其实践图景。

除了全面性、系统性，"日本社会保障丛书"还具有如下特点：一是客观性。各书的作者主要基于事实来阐述日本各项社会保障制度及其实践，较少带有以往基于作者个人价值取向或判断的主观性，因而更能够让我们看到原汁原味的日本社会保障制度的真实面貌。二是实践性。每本书虽然涉及理念、原理、历史沿革等内容，但更着力于相关制度的具体实践与操作规范，通过全书可以看到日本社会保障制度在实践中的真实运行情况，这恰恰是我国社会保障体系建设中长期被忽略却又须从现在起高度重视的大问题。三是作者队伍的特殊性。丛书的作者均是留学日本后留在日本执教或归国执教的高校教师，既了解中国，更对日本社会保障有深入研究，这使得丛书能够避免以往守在中国研究外国或只站在外国立场介绍外国的不足，进而可以更好地满足中国读者的需要。这些鲜明的特点，决定了丛书的独特价值。

感谢沈洁教授为组织编著"日本社会保障丛书"付出的巨大心血，她多年来一直积极推动中日之间的社会保障学术交流，更带动了一批留日华人学者研究日本、助力中国社会保障改革与制度建设，为留日华人学者树立了很好的榜样！

感谢丛书编委会成员与各位作者，为中国读者提供了全面了解日本社会保障制度的权威读本！

感谢中国劳动社会保障出版社积极支持中国社会保障学会推进日本社会保障研究工作，并为丛书出版提供直接的帮助！

中国社会保障学会会长　郑功成
2021年5月于北京

编 者 序

在武汉深陷新冠肺炎的困难时刻，日本众多的民间团体和个人及时赠送医疗物资，并附上"山川异域，风月同天"等蕴涵浓重东亚文化的典雅章句，传送邻邦互助之情谊。这则古语起源于唐代高僧鉴真大师历经重重艰辛东渡日本，开启了中日文化交流通道的故事，当时力主对华友好的日本主流派，动用全日本的绣衣工匠精心制作了1 000件袈裟，每件袈裟刺绣上这八个字，以示中日唇齿相依的邻邦情结。

中日文化交流不仅历史久远，且涉及领域广泛。即便是在社会保障领域的交流中，也留下了丰富的画页。公元757年，日本参考中国律令制度颁布《养老律令》，其中"户令"中所具体规定的灾荒救济以及减免税赋等条例，就是模仿中国古代救灾条例与"户令"的法定约束力并一直沿袭到明治维新，是日本最早也是历时最长的社会救济法令。此外，日本借"大化革新"之际，将中国的义仓、社仓等仓储制度引进日本并推广普及。一直到社会制度巨变的明治维新之后，尚有不少地区仍保留着互助互济的仓储制度。

在中国社会保障从传统走向近代的过程中，日本又在中西文化交流中起到了重要的桥梁作用。明治维新之后，日本对近代国家体制下的社会救济和劳工政策的探索被留日学生积极介绍到中国。昭和初期日本颁布具有社会转型意义的救护法，首次明确了国家对生活穷困者实施救济的义务和公民权利。此法颁布实施之后，留日学生就开始不断地将其介绍到中国，为促成颁布（旧）《生活保护法》（1943年）做了舆论宣传准备。在人类社会进入数字化时代的当代，有关日本护理保险和儿童福利制度的实施经验，也很快被传递到国内，为学者和政策决策者思考解决我国出现的老龄化、少子化问题提供借鉴。而在上述过程中，留日学人作为文化交流的使者，为搭建社会保障领域的中日交流桥梁发挥了不容忽视的作用。

参与这套"日本社会保障丛书"执笔的作者，均是在日本系统接受过社会保障相关专业训练的留日学人，其中有学成回国在各个大学的执教者，也有侨居日本在大学教坛的传道解惑人。我本人也侨居日本30余年，虽然主要精力投入日本大学讲坛，但内心始终不能忘却要为国内社会保障发展尽微薄之力的念想。相信参与本丛书编写的各位留日学人，大多都怀有同样的心境和社会责任感，才接下了中日交流使者的接力棒。也正是有了这样"故国之情"的代代传递，使得中日之间的文化交流能够战胜种种逆境而延绵不断，成为构筑未来东亚文化共同体的源远流长的动势。

这套丛书涉及了日本公共养老保险、医疗保障、护理保险、社会救助、社会福利、儿童福利六个领域，每个制度领域独立成册。在完整、系统地考察各个领域的独立体系的同时，还注重厘清各项制度领域之间的衔接和互动关系，把社会保障制度视为环环相扣、运转灵活的生活安全网络，可以让读者全方位去理解日本的社会保障在保护国民生活安全上的功能和效率以及存在的障碍。

貌不惊人的"他山之石"，有时也可以为雕琢中国社会保障制度的改革和完善这块"璞玉"提供意想不到的借鉴和助力。本丛书执笔作者为了给读者提供深度考察日本的最佳视角，在编写过程中还在以下几方面做了精心的设计和安排：第一，原汁原味地展现日本社会保障制度风貌，将作者的主观评价减缩到最小范围，以期待读者从精心提炼的素材中汲取、丰富和重构自身的知识空间。第二，以日本社会保障制度结构性改革为主线，把分析的视角聚焦在20世纪80年代初期改革、20世纪末21世纪初的中期改革、当下的深化改革等几个发展阶段。同时，对各个时期的改革背景、改革内容、改革绩效给予翔实的解析，试图给我国社会保障制度的改革提供一个可资参考的清晰脉络和思路。第三，质性研究和量化研究的兼容并蓄，既重视制度政策框架层次的分析，又不失通过融入系统的量化数据以检验政策推进过程和政策效果。第四，为弥补迄今在日本社会保障研究领域中重视宏观制度而忽视微观实操和经办等具体制度研究的缺失，故在每个专题中都安排了一定的篇幅介绍操作规范和微观制度的安排。

固然，本丛书虽然力图体现上述的各项独自特征，但是由于时间和条件的限制，在对日本社会保障制度给予理论性批判和理论层次的重构等方面，还存在着力度不足的缺憾，有待于我们今后的研究加以弥补。

编者序

中国社会保障学会会长郑功成教授倡导社会保障需要"远看德国，近看日本"，融汇东西方精髓的思路，并推动本丛书朝着这一大视野方向推进，多次对本丛书的编写提供了建设性意见。华东师范大学钟仁耀教授、首都经济贸易大学吕学静教授在编者队伍组建、丛书构想等各个环节上提供了多方帮助和支持；张继元讲师在负责护理保险专题编著的同时，还具体承担了丛书参编人员的联络协调、专业术语的翻译和校订等大量的工作，对此均深表衷心的谢意。最后还要感谢中国劳动社会保障出版社为编辑丛书所付出的辛勤劳动。

沈　洁
2021年3月吉日于东京喜多斋

前　言

　　日本作为世界社会保障领域中具有代表性的发达国家之一，在养老保险的制度设计以及改革过程中的经验等方面有很多值得我国学习与借鉴的部分。本书希望向国内读者较为全面、详细地介绍日本的养老保险制度（以公共养老保险为主）的创立和历史沿革，养老保险制度的基本体系与内容（保险人、参保人、保险费的收缴、养老金的支付等），养老保险的筹资方式与财政状况，养老保险的基金运营，养老保险的经办服务，以及公共养老保险制度的问题和改革方向等内容，希望对我国的养老保险制度改革有一定的借鉴作用。此外，为了让读者对日本的养老保险制度有较为全面的认识，本书还对公共养老保险制度之外的企业年金进行了简单介绍。

　　养老保险制度的制度设计和内容，特别是保费收缴及养老金发放标准等必然伴随社会发展以及经济发展的变化而变化。所以，作者特别注意从以下五个层面对日本的养老保险制度进行考察和分析：第一，养老保险制度的形成、演变与改革如何应对社会经济状况的变化，特别是经济增长的变化和劳动雇佣体系的变化；第二，养老保险制度如何应对人口数量，特别是人口结构的变化；第三，伴随经济发展状况的变化而变化的国家财政收支如何影响养老保险制度的筹资和养老金给付水平的变化，即国家财政对养老保险制度的支撑扶持作用的变化；第四，从公平性和效率性两个方面阐述养老保险制度的制度设计与各个时期的改革；第五，通过政治哲学的分析路径阐述在养老保险制度改革过程中，政党政治的影响以及如何与其他政策相互协调。

　　在进入本书的主题之前，简单解释一下作者对于中文的"养老保险制度"与日文的"年金制度"的理解。一般情况下，日本的"年金制度"被直接翻译为"养老保险制度"，但是日文的"年金制度"与中文的"养老保险制度"在实际含义上是有所区别的。与中国的养老保险制度不同，日本的"年金制度"既包含为老年人提供年老后收入保障的制度体系，也有为残疾人和参保人死亡后的遗属提供生活（收入）保障的制度体系。前者与中国的养老保险制度完全相同，可以译为养老保险制度，而后者是中国的养老保险制度所不具备的内容，其针对人群也非老年群体，所以作者认为不宜直译为"养老保险制度"。在本书中，作者对于整体的"年金制度"和适用于老年群体收入保障部分的"年金制度"使用"养老保险制度"进行表述；对于针对残疾人和参保人死亡后的遗属提供保障的部分按照日文原有称呼的含义，使用"残疾津贴制度"和"遗属津贴制度"进行表述，希望广大读者给予理解。如果从商业保险的角度来理解日本的公共养老保险制度，可以把它理解为附带了死亡保险与残疾保险的综合养老保险制度。

此外，本书中有关公共养老保险制度的章节中统一使用"养老保险""养老金"来表述，第十章的非公共养老保险制度部分沿用日文的"年金"来表述。

本书由以下十章构成，简单介绍如下。

第一章"日本公共养老保险制度概述"，是本书的导论部分，着重介绍日本现行的公共养老保险制度的基本构造（制度框架）和制度设计的主要特征。在突出公共养老金等收入是日本老年人家庭收入中的最主要部分，是老年人维持日常生活的重要依靠的同时，强调日本的公共养老保险制度并不是单纯针对于老年群体的收入保障制度，该制度还覆盖了残疾人以及参保人死亡后的遗属等特征。

第二章"日本公共养老保险制度的历史变迁"，通过以下两个线索，即社会发展过程中的经济状况及财政收入的变化（从经济高速增长到失落的三十年）以及人口结构的变化（少子老龄化社会的到来）为主线，向读者介绍在经济高速增长的背景下创立的"国民皆年金"，即全民养老金体系的制度设计经过，以及该体系在其后的社会发展和经济环境的变化过程中的改革经过。

第三章"日本公共养老保险制度的体系及现状"，力图通过对参保对象、保险费征缴、养老金种类、养老金计发条件与标准、养老保险财政等方面详细介绍国民养老保险及厚生养老保险两大制度的基本内容，同时通过参保人员的基本情况、养老金领取人员的基本情况、保险费收缴与养老金给付等近年的相关数据，考察日本公共养老保险制度的参保及财政收支的现状。

第四章"日本公共养老保险制度的资金筹措方式"，通过介绍国民养老保险和厚生养老保险两项制度的资金筹措方式、资金筹措情况等内容，帮助读者对日

前　言

本的公共养老保险制度的资金筹措有一个整体的了解。在介绍过程中，我们着重强调以下两点：(1) 由于职业的不同，参保人所承担的保险费负担与缴费方式有所不同；(2) 国家财政对于两项养老保险制度在支持程度与指导思想上有一定区别。

第五章"日本公共养老保险制度的养老金给付政策"，通过分析影响制定养老金给付水平的主要因素，比如养老金计发的基本方针和理念、养老金计发标准、养老金替代率、养老金起付年龄、对参保年限的要求等内容，探讨日本政府根据经济发展和人口结构变化协调给付水平的思路和方法，介绍日本公共养老保险制度中养老金给付政策的制度设计与制度安排。

第六章"日本公共养老保险制度的财政状况"，着重介绍两大养老保险制度中的资金筹措及养老金发放过程中财政账户之间的资金流动情况，以及公共养老保险制度的财政收支的现状和历史变化，并在此基础上分析和介绍 21 世纪以来的几次养老保险财政评估的内容和结果。在明确了影响公共养老保险制度财政稳定的诸多因素的基础上，通过分析经济状况的变化以及人口结构的变化，指明公共养老保险制度的财政安定化条件。

第七章"日本公共养老金积累基金管理运营"，从养老金积累基金运用独立行政法人（GPIF）的历史沿革、运营理念、运营机制、管理体制、投资收益与策略等情况入手，对 GPIF 的整体投资运营情况进行深入分析，并总结其经验，以期对中国社会保险基金的市场化运营和开放性投资管理带来可行性的建议和启示。

第八章"日本公共养老金经办服务与管理"，主要介绍日本公共养老保险经办的主要体系，例如，由谁来经办管理、如何进行经办管理和服务、由谁来进行评价和监督等内容。在梳理经办服务体系的基础上，介绍日本经办管理服务的特征，并对其经验和教训进行评价。

第九章"日本公共养老保险制度的主要问题与改革方向"，总结以上章节对日本公共养老保险制度的介绍与分析，针对"空洞化"问题、女性养老金问题、扩大非正式职工参加厚生养老保险的问题、低养老金和无养老金群体的问题、提高起付年龄的问题、宏观经济调控机制引发的问题以及养老金缴税等方面的问题进行分析。希望通过迄今为止总结到的一些经验教训，介绍日本政府以及学者提出的各种改革思路与方向，为中国的养老保险制度改革提出一些建设性意见。

第十章"日本企业年金制度"，从日本企业年金的变革历程、制度介绍、企业年金的种类、日本企业年金制度的特征、企业年金普及对中小企业的重要性、企业年金制度的相关评价以及如何普及、扩大企业年金的方向性建议等几个方面，对日本企业年金制度做相关介绍。

受本套丛书编委会的委托，本书由于洋和刘晓梅负责编写。于洋负责第一至第六章和第九章编写，以及全书的统稿工作；刘晓梅负责第七、第八、第十章编写。此外，周扬、曲津漫分别参与了第七、第八章和第十章的部分编写工作，日本刘元昌参与了部分图表制作工作。

于　洋

2021 年 2 月

目　　录

第一章　日本公共养老保险制度概述 ………………………………………… 001
　　第一节　公共养老金收入是老年人的生活依靠 …………………………… 001
　　第二节　应对三大风险的公共养老保险制度 ……………………………… 004
　　第三节　公共养老保险制度的基本结构 …………………………………… 005
　　第四节　公共养老保险制度的主要特征 …………………………………… 008

第二章　日本公共养老保险制度的历史变迁 ………………………………… 012
　　第一节　明治初期到 1945 年：现代公共养老保险制度的初步形成 …… 012
　　第二节　20 世纪 50 年代至 70 年代：全民养老金体制的确立
　　　　　　与养老金给付水准的持续上调 …………………………………… 016
　　第三节　20 世纪 80 年代至 90 年代：基础养老保险制度的
　　　　　　创设与养老金给付水平的严格调控 ……………………………… 020
　　第四节　21 世纪以后：可持续发展型养老保险制度的深入探索 ……… 027

第三章　日本公共养老保险制度的体系及现状 ……………………………… 056
　　第一节　国民养老保险制度 ………………………………………………… 056
　　第二节　厚生养老保险制度 ………………………………………………… 064
　　第三节　残疾人津贴制度与遗属津贴制度 ………………………………… 071
　　第四节　公共养老保险制度的现状 ………………………………………… 075

第四章　日本公共养老保险制度的资金筹措方式 …………………………… 085
　　第一节　混合型资金筹措方式 ……………………………………………… 085
　　第二节　国民养老保险的资金筹措方式 …………………………………… 088
　　第三节　厚生养老保险的资金筹措方式 …………………………………… 091
　　第四节　养老保险制度中的资金筹措问题 ………………………………… 098

第五章　日本公共养老保险制度的养老金给付政策 ………………………… 101
　　第一节　养老金给付政策的基本方针和理念 ……………………………… 101

I

第二节　国民养老金给付水平 ·· 109
　　第三节　厚生养老金给付水平 ·· 115
第六章　日本公共养老保险制度的财政状况 ·· 125
　　第一节　公共养老保险制度的财政状况 ·· 125
　　第二节　近年的养老保险财政评估与结果 ······································ 137
　　第三节　养老保险财政稳定发展的必要条件 ·································· 143
第七章　日本公共养老金积累基金管理运营 ·· 145
　　第一节　公共养老金积累基金的作用及管理机构 ···························· 145
　　第二节　公共养老金积累基金的管理体制变革及其运行机制 ············· 151
　　第三节　公共养老金积累基金投资运营理念 ·································· 159
　　第四节　公共养老金积累基金的投资收益与策略 ···························· 162
第八章　日本公共养老金经办服务与管理 ·· 170
　　第一节　养老金经办管理服务体系及特点 ····································· 170
　　第二节　养老金经办管理服务的教训及对策 ·································· 177
　　第三节　提高经办管理水平的主要做法 ·· 184
第九章　日本公共养老保险制度的主要问题与改革方向 ························· 192
　　第一节　参保人与保险费征缴的问题与改革方向 ···························· 193
　　第二节　养老金给付政策方面的相关问题与改革方向 ······················ 201
　　第三节　养老金缴税问题和税费一体化改革 ·································· 211
第十章　日本企业年金制度 ·· 216
　　第一节　日本企业年金的沿革 ··· 216
　　第二节　企业年金制度的种类 ··· 220
　　第三节　企业年金制度的现状与问题 ··· 244
　　第四节　企业年金的普及与展望 ·· 247
日文参考文献 ··· 250
中文参考文献 ··· 253

第一章　日本公共养老保险制度概述

根据日本厚生劳动省实施的《国民生活基础调查》数据，公共养老金等收入是日本老年人家庭收入中的最主要部分，大约50%的老年人家庭的全部收入来源于公共养老金，公共养老金是老年人维持日常生活的重要依靠。

日本现行的公共养老保险制度主要包括两大体系：（1）适用于年满20岁以上、60岁以下的全体日本国民以及在日本居住的外国人的国民养老保险制度（也被称为基础养老保险制度）[①]；（2）覆盖工薪阶层的厚生养老保险制度。[②] 厚生养老保险制度始建于1942年，国民养老保险制度于1961年开始正式实施，原本互相独立的公共养老保险制度在1985年进行了整合，并形成了如今的结构体系。本章简要介绍日本现行公共养老保险制度的基本结构和主要特征。

第一节　公共养老金收入是老年人的生活依靠

厚生劳动省自1986年开始，每年在全国范围实施《国民生活基础调查》。该调查的主要目的是为了掌握国民在医疗、保健和家庭收入等方面的基础资料，为政府制定相关政策提供数据参考。2019年度的《国民生活基础调查》中关于老

---

① 结合语境，本书中，国民养老保险和基础养老保险的表述为同一制度，国民养老金与基础养老金也是相同概念。

② 2015年10月以前，一般民间企业的工薪阶层与公务员及私立学校教职员工等特殊工薪阶层及其被扶养配偶分别加入厚生养老保险和共济养老保险两个制度。2015年10月以后，按照《工薪人员养老保险统一法》（日语为《被用者年金一元化法》）的规定，共济养老保险制度并入厚生养老保险制度，实现了争论已久的工薪阶层养老保险制度的统合。

年人（65岁以上）家庭收入的数据展示了两个重要信息。

第一，从老年人家庭收入结构来看，公共养老金（含恩给①）收入是家庭收入中的最主要部分。2018年1月1日到12月31日，日本人的家庭平均收入为552.3万日元②，其中老年人家庭平均收入为312.6万日元。老年人家庭平均收入中的第一大收入来源是公共养老金收入，大约为199.0万日元，占总收入的63.6%；第二大收入来源是老年人的劳动收入，大约为72.1万日元，占总收入的23%。老年人家庭收入结构的详细情况如图1-1所示。

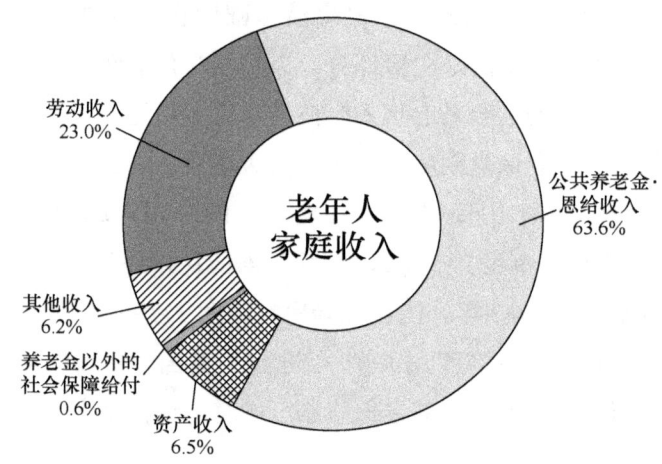

图1-1 老年人家庭收入结构（2019调查）

资料来源：厚生劳働省. 2019年国民生活基礎調査の概況［EB/OL］.［2020-07-25］. https://www.mhlw.go.jp/toukei/saikin/hw/k-tyosa/k-tyosa19/index.html；作者修改制作。

注：因四舍五入原因，本书有些数据可能不绝对相等。

第二，有接近一半的老年人家庭的全部收入来源仅限于公共养老金（含恩给）收入，公共养老金等收入占老年人家庭收入60%以上的家庭更是高达75.5%。而公共养老金等收入不足老年人家庭收入40%的家庭仅有12%。详细情况如图1-2所示。

---

① 恩给制度是明治初期制定的一项适用于军人、公职人员、教职员工等群体死亡及退休后，由国家财政支出的收入保障制度。具体内容请参考第二章第一节的介绍。

② 日元与人民币的汇率大致如下：1日元≈0.065元人民币（2020年7月）。

第一章 日本公共养老保险制度概述

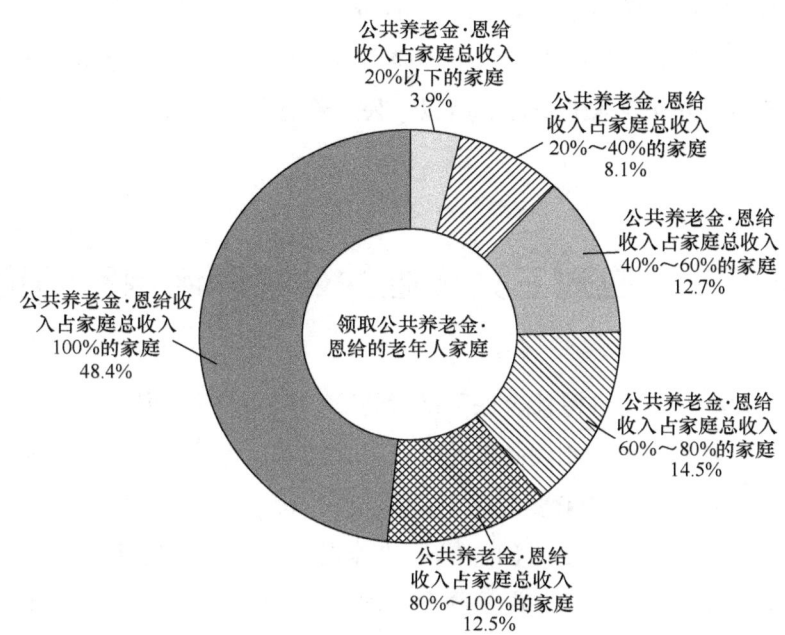

图 1-2 公共养老金·恩给收入占家庭总收入的比例（2019 年调查）

资料来源：厚生劳働省. 2019 年国民生活基础调查的概况［EB/OL］.［2020-07-25］. https：//www. mhlw. go. jp/toukei/saikin/hw/k-tyosa/k-tyosa19/index. html；作者修改制作。

以上这些数据足以说明公共养老金等收入是大多数日本老年人维持生活的基本依靠，在老年人生活中具有举足轻重的地位。

值得一提的是，通过分析历年的《国民生活基础调查》数据，可以发现，从 1986 年调查开始到 2018 年为止，家庭收入中公共养老金等收入的比例出现了由低向高又由高向低的两次转变。具体而言，20 世纪 90 年代初期公共养老金等收入占家庭收入的比例不到 60%，到了 2003 年上升到 71.9% 的高峰，该阶段呈持续上升趋势；而 2004 年养老保险改革以后到现在，该比例表现为持续下降趋势，2018 年下滑到 63.6%。家庭收入单纯依赖于公共养老金等收入的家庭比例也表现出同样的先升后降的现象。2003 年，公共养老金等收入占老年人家庭收入 100% 的家庭高达 64.2%，之后出现下降趋势，2018 年降到 48.4%。以 2003 年为界限，先升后降的现象与 2004 年的养老保险改革以及推动老年人劳动市场发展有着相当密切的关系。事实上，2004年以后日本政府对养老金待遇水平进行了更加严格的控制，导致给付水平停滞不前。此外，老年人劳动市场的活性化也带动了老年人劳动收入的增加。所以，公共养老金等收入占总收入的比例出现了下滑现象。

第二节 应对三大风险的公共养老保险制度

作者在日本大学里讲授社会保障课程近20年，每当讲到养老保险制度时总会问日本同学"养老保险制度是针对什么群体的收入保障制度"这个问题。90%以上日本同学的回答是"60岁以上的老年人""65岁以上的老年人"。虽然对于领取养老金的年龄不是十分明确，但是"养老保险是针对老年人的收入保障制度"这一概念在青年学生的脑海里根深蒂固。换句话说，养老保险一般被认为是用来应对老年人的经济保障的制度，养老金是老年人维持生活的"专利"。但是事实上，日本的公共养老保险制度并不是单纯针对于老年群体的收入保障制度，该制度还覆盖了残疾人以及参保人死亡后的遗属。

养老保险制度在日本被称为"年金保险制度"或"年金制度"。日本的公共年金保险制度实际上包括了"老龄年金""障害年金"和"遗族年金"三个种类，分别应对了三大风险：老龄风险、残疾风险和死亡风险。如果从商业保险的角度来理解日本的公共养老保险制度的话，实际上可以把它理解为一个附带了死亡保险与残疾保险的综合养老保险制度。

需要略加解释的是，日文中的"年金"的"年"字往往被理解为"老年人"的意思，即年龄概念。其实上述理解并不完全正确，这里的"年"字除了年龄概念以外，还表达了"一年"的意思，即同时还包含时间概念。所以"年金"的实际含义是"一年的给付金额"。本书在介绍日本的"年金保险制度"时，对于上述三个种类的"年金"没有盲目地统一使用"养老保险制度"一词；我们把"老龄年金"翻译为"养老金"（相对应的制度翻译为养老保险制度）；把"障害年金"翻译为"残疾津贴"（相对应的制度翻译为残疾津贴制度）；把"遗族年金"翻译为"遗属津贴"(相对应的制度翻译为遗属津贴制度)。

通过图1-3,我们更容易理解日本的公共养老保险制度的覆盖群体和其目的。养老金的给付对象原则上是65岁以上老年人,包括老龄基础养老金和老龄厚生养老金。残疾津贴的给付对象的确认条件比较复杂,将会在第三章中详细介绍。原则上,符合残疾等级等条件的20岁以上参保人可以领取残疾津贴。残疾津贴包括残疾基础津贴和残疾厚生津贴。遗属津贴的给付对象是养老保险参保人死亡后,满足相应条件的被扶养配偶及其未满18周岁的被扶养子女,符合相应的年龄条件和收入条件的父母也可以领取遗属津贴。

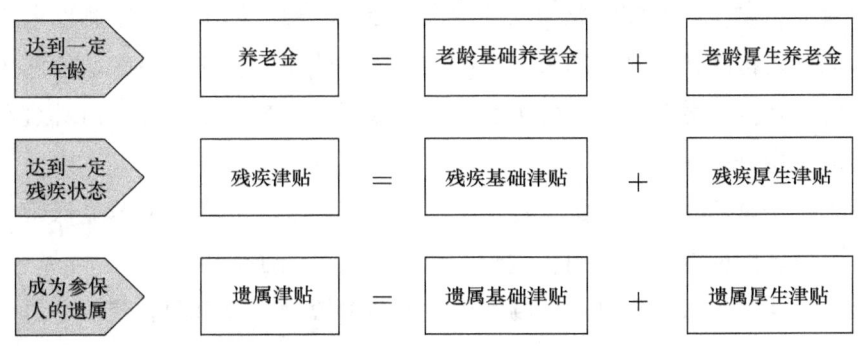

图1-3 日本养老保险制度的三大风险应对

资料来源:根据厚生劳动省宣传资料,作者修改制作。

注:日本的公共养老保险制度是一个复合体,包括第一层的国民养老保险(基础养老保险)和第二层的厚生养老保险。所以养老金或津贴也包括两个层次。

第三节 公共养老保险制度的基本结构

日本现行的公共养老保险制度从构造上来看大致可以分为两个层次。第一层是国民养老保险,该制度也被称作基础养老保险。参保人是年满20岁以上、60岁以下的全体日本国民以及在日本居住的外国人。原则上,年龄超过60岁就失去了国民养老保险参保人的资格,无法继续参保。

第二层是厚生养老保险和共济养老保险,前者的参保对象是企业职工,后者

日本公共养老保险

主要适用于公务员和私立学校教职员工。2015年10月以后，共济养老保险制度并入厚生养老保险制度，完成了第二层次的制度统一。因为是针对工薪阶层职工的制度，所以只要参加了工作，尽管没有达到20岁以上也必须要加入厚生养老保险制度。事实上，初中毕业（15岁）或高中毕业（18岁）的从业人员也是厚生养老保险的参保人；老龄在职工薪人员到70岁为止都可以继续加入厚生养老保险。

除了上述两个层次的公共养老保险制度以外，还有两个非公共体系的养老保险制度存在。一个是工薪阶层任意加入的厚生养老保险基金、新型企业年金等制度，以及非工薪阶层群体任意加入的国民养老金基金。以上的几个制度可以看作是在公共养老保险体系之上的第三层次的养老保险制度。这一层次的前两个体系又可称为企业补充养老保险，各个企业单独或联合起来组成基金，由基金对参保人缴纳的保费进行管理和运营。

另外一个是非企业组织的、完全按照个人意愿加入的商业型养老保险，其运营主体是民营的商业保险公司，这个可以看作是第四层制度。

第一、第二层次的养老保险制度由政府负责收缴、管理和运营，是典型的公共养老保险制度。第三层次的企业年金制度虽然不属于公共养老保险制度，但是有一定的组织性，并且可以享受诸如企业缴费计入生产消耗、个人缴费免交所得税等国家给予的优惠政策。第四层是非公共型、完全商业化的民间养老保险制度。四个层次的构成如图1-4所示。

2018会计年度[①]末，日本大约有6 746万人加入公共养老保险制度。2019年4月日本政府总务省发布的日本人口统计数据表明，日本人口数量约为12 623万人（2019年4月1日）。所以有近55%的日本国民加入了公共养老保险制度。

国民养老保险、厚生养老保险以及共济养老保险的参保人、保险费的征缴以及养老金的给付待遇等在第三章中详细介绍。

通过以上的介绍，大家对日本的公共养老保险制度有了简单的了解。但是，

---

① 日本的会计年度是指自4月1日起到第二年的3月31日为一个会计年度，日本政府的统计数据均以会计年度为标准。2018会计年度是指从2018年4月1日至2019年3月31日，本书中的"年度"均为"会计年度"的简称。

第一章 日本公共养老保险制度概述

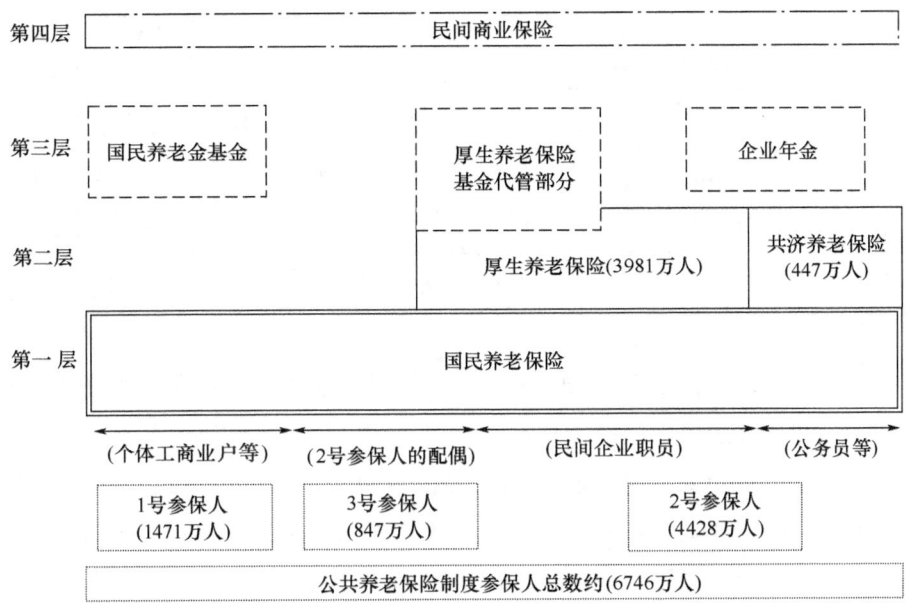

图 1-4 日本养老保险制度的体系

资料来源：厚生劳働省. 令和 2 年版厚生劳働白書資料編［EB/OL］.［2019-09-10］. https://www.mhlw.go.jp/wp/hakusyo/kousei/19-2/dl/11.pdf.

注：本图数据是 2019 年 3 月底的数据。

由于是两个制度混合在一起的结构，所以可能对各个制度的参保人领取的养老金种类产生混淆。在此，通过表 1-1 对各类参保人员参加的制度以及领取的养老金进行整体的总结，以便深入理解。

表 1-1　　　　　　　　公共养老保险制度的适用对象及给付种类

类型	日本国民及 在日居住的外国人	民间企业工薪阶层职工 （含被扶养配偶）	公务员及私立学校教职员工 （含被扶养配偶）
养老保险制度	国民养老保险	厚生养老保险	共济养老保险（长期给付）
养老金给付	老龄基础养老金	老龄厚生养老金 （+老龄基础养老金）	退休共济养老金 （+老龄基础养老金）
残疾人给付	残疾基础津贴	残疾厚生津贴	残疾共济津贴

续表

类型	日本国民及在日居住的外国人	民间企业工薪阶层职工（含被扶养配偶）	公务员及私立学校教职员工（含被扶养配偶）
遗属给付	遗属基础津贴	遗属厚生津贴	遗属共济津贴
死亡给付	寡妇津贴 一次性死亡补贴	一次性死亡补贴	一次性死亡补贴
退保	一次性退保补贴	一次性退保补贴	一次性退保补贴

资料来源：秋元慎介，山田省三．わかりやすい年金ガイドブック［M］．京都：法律文化社，2010：15；作者修改制作。

如表 1-1 所示，所有年满 20 岁以上、60 岁以下的在日本居住的日本国民以及外国人，必须参加第一层的国民养老保险。包括公务员和私立学校教职工在内的工薪阶层职工必须参加第一层与第二层贯通的厚生养老保险或共济养老保险。所以对于参加厚生养老保险和共济养老保险的参保人来说，第一层的国民养老保险又被称为基础养老保险。参加国民养老保险的人员，满足养老金给付条件时领取国民养老金，也叫老龄基础养老金。参加厚生养老保险的人员，满足养老金给付条件时领取厚生养老金。厚生养老金包括第一层的国民养老金和第二层的厚生养老金，对于厚生养老保险的参保人来说，国民养老金又被称为老龄基础养老金，厚生养老金又被称为老龄厚生养老金。参加共济养老保险的人员与厚生养老保险的参保人相同，领取的养老金包括第一层的国民养老金（老龄基础养老金）和第二层的退休共济养老金（老龄共济养老金）。本书中使用的国民养老金、老龄基础养老金是同一概念，厚生养老金的概念是老龄基础养老金+老龄厚生养老金。残疾人和遗属分别领取的是残疾人津贴和遗属津贴，包括残疾基础津贴、残疾厚生津贴和遗属基础津贴、遗属厚生津贴。

第四节　公共养老保险制度的主要特征

众所周知，日本的社会保险模式效仿了德国的社会保险制度，其中，医疗保险制度与养老保险制度中的"德国色彩"更为突出。但是经过了近 80 年的发展和演变，日本的养老保险制度也具有一些独特之处。可以将日本的养老保险制度的特征简单归纳为以下六点。

一、终身给付型的全民养老金体制

日本的公共养老保险制度中最突出的一个特征就是实现了全民养老金待遇。2018 年度末（2019 年 3 月 31 日），日本共有 4 060 余万人领取公共养老金，其中包括 200 余万的残疾津贴领取人和大约 600 万的遗属津贴领取人。[①] 该年度日本 65 岁以上老年人数量为 3 557 万人。[②] 如果扣除享受生活保护制度（类似于我国的最低生活保障制度）待遇的 100 万左右的老年人和其他社会救济制度的救济对象，原则上说几乎所有 65 岁以上的日本老年人都领取了不同程度的养老金。[③]

全民养老金体制通过图 1-4 所示的两层结构的养老保险制度，首先把全体 20 岁以上、60 岁以下的国民划入第一层的基础养老保险制度，为全体符合条件的参保人提供全国统一的基础养老金；其次再把工薪阶层职工划入第二层的厚生养老保险和共济养老保险制度，为其提供与收入和缴费挂钩的厚生养老金。

基础养老金和厚生养老金一直发放到领取人死亡为止，属于终身给付型养老金。

二、附带残疾保险、死亡（遗属）保险的综合养老保险制度

如上所述，日本的公共养老保险制度实际上是一种附带了残疾保险与死亡保险的综合养老保险制度。如图 1-3 所示，达到一定年龄的老年人可以领取养老金，符合一定残疾等级的 20 岁以上的残疾人可以领取残疾津贴，满足一定条件的参保人遗属可以领取遗属津贴。由于采用了强制参保的方式，这种综合养老保险的制度设计达到了全社会互相帮助共同抵御未来收入风险，维持社会经济

---

① 资料来源：厚生劳働省年金局. 平成 30 年度厚生年金保险·国民年金事业的概况［EB/OL］.［2020-08-10］. https://www.mhlw.go.jp/content/000578278.pdf.

② 2018 年 9 月 15 日，日本总务省统计局发表的推测数据。

③ 享受生活保护制度待遇的老年人数据来源于厚生劳动省《生活保護の被保護者調查》。没有养老金领取权利的老人主要是因为没有参保或者是未达到所需保费缴纳年限。据厚生劳动省推算，该群体大约有 40 万~50 万人。

持续发展的目的。

三、保险费与财政补贴相结合的混合型筹资模式

日本的公共养老保险制度的筹资方式采用了保险费与财政补贴相结合的模式。具体而言，基础养老金支出总额的50%由财政拨款负担，另外的50%由参保人缴纳的保险费负担；厚生养老金支出总额完全由参保人和雇主缴纳的保险费负担。现行的公共养老保险制度中没有个人积累基金，其财政方式属于现收现付型。也就是说，通过正在工作的一代人的保费收入和租税收入为已经退休的一代人提供养老金，属于代际的利益分配模式。

四、全国统一的基础养老金给付标准

日本的基础养老金实行全国统一的计发标准，即达到养老金领取年龄的老人，只要参保年限相同，不论在哪里居住，领取的基础养老金的金额是一样的。这种计发标准实现了全国统一的国民待遇，具有较强的公平性。第二层的厚生养老保险和共济养老保险制度中适当导入激励机制，为参保人提供与其收入和缴费成正比的厚生养老金。

五、无须个人缴费的被扶养配偶（3号参保人）的存在

日本的公共养老保险制度中，无须个人缴费的被扶养配偶，即3号参保人（99%以上为专职主妇）的存在可谓是最有特点的特征之一。即使到了基础养老保险创立的20世纪80年代中期，日本女性的就业率以及收入水平仍然大大低于男性。因此制度创建当初对于2号参保人（工薪阶层职工）的被扶养配偶采取无需个人缴纳保费的措施。但是，90年代以后女性的就业率大幅度提高，收入水平也有所上升。与需要个人缴费的女职工相比，无须个人缴费却可以领取全国统一的基础养老金的3号参保人的存在成为当今日本养老保险领域中最有争议的问题之一。

六、宏观经济调控机制

各国的养老保险制度都会根据工资和物价的变动对养老金的计发标准进行调

整，即所谓的工资浮动调整和物价浮动调整。但是日本政府为了应对参保人的减少、平均寿命的延长以及经济增速下滑等因素带来的养老保险财政压力加大的问题，在2004年的养老保险改革中导入了宏观经济调控机制。该机制根据以上3个要素的变化制定一个宏观经济下滑指数，当工资和物价出现负增长的时候，养老金计发标准将因此而减少，所以不启动宏观经济下滑指数进行下滑调整；但是当工资和物价出现正增长的时候，养老金计发标准会由此增加，所以启动宏观经济下滑指数对养老金的增加部分进行下滑调整，以起到抑制养老金不断提高的作用。宏观经济调控机制2004年度出台以后到2020年度为止，一共启动过3次，分别是2015年度、2019年度及2020年度。

第二章　日本公共养老保险制度的历史变迁[①]

养老保险制度属于收入保障型的现金给付制度，既关系到老年群体的生活保障（养老金支出层面），又关系到参保人群体的负担能力（保费征缴层面）。所以说，养老保险制度的保费征缴及养老金计发标准等内容必然伴随社会发展以及经济发展的变化而变化。在本章中，作者希望通过以下两条线索，即社会发展过程中的经济状况和财政收入的变化（从经济高速增长到失落的三十年）以及人口结构的变化（少子老龄化社会的到来）为主线，介绍在经济高速增长的背景下创立的"国民皆年金"，即全民养老金体系的制度设计经过，以及该体系在其后的社会发展和经济环境的变化过程中的改革经过。

第一节　明治初期到1945年：现代公共养老保险制度的初步形成

一、公共养老保险制度的"原型"——恩给制度：明治·大正时代

日本的公共养老保险制度的起源可以追溯到1875年（明治8年）创立的军人恩给制度。1875年4月和8月，当时的明治政府分别颁布了《海军退隐令》和

[①] 本章内容主要参考了以下文献：吉原健二. わが国の公的年金制度 [M]. 東京：中央法規出版社，2004；吉原健二，畑満. 日本公的年金制度史 [M]. 東京：中央法規出版社，2016；横山和彦，田多英範. 日本社会保障の歴史 [M]. 東京：学文社，1995；牛丸聡. 公的年金の財政方式 [M]. 東京：東洋経済新報社，1996.

第二章 日本公共养老保险制度的历史变迁

《陆军恩给令》，为在明治初期日本国内的戊辰战争等明治维新革命中建立功勋的海军及陆军军人设置了因公死亡以及退役后的收入保障制度。1884 年（明治 17 年），明治政府又颁布了《官吏恩给令》，将起源于退役军人的恩给制度扩大到了一般文职官员。1923 年（大正 12 年）10 月，大正①时期的日本政府统一了分别适用于军人、官吏、教职员的恩给制度，对于工作年满一定年限以上的公职人员，在其退休后为其本人或遗属提供由国家财政支出的收入保障。第二次世界大战结束后，适用于战争时期军人军属的恩给制度于 1946 年在驻日盟军总司令部（GHQ）的命令下一度废止（重症患者的伤病恩给除外），1953 年又得到了恢复。此后，恩给制度逐渐被 20 世纪 50 年代制定的各种公务员、公共企业雇员等新的养老保险制度所代替。截至 2019 年 12 月末，享受恩给制度的人员有 20 余万人。②

从现代公共养老保险制度所起到的保障老年人晚年收入的作用来看，当时的恩给制度似乎符合公共养老保险制度的性质，可以被视为公务员养老保险制度的开端。但是日本学术界并不认同恩给制度属于社会保障制度范畴。从政府及学术界对与社会保障的定义来看，恩给制度被划分为广义社会保障制度的一部分，而日常所说的社会保障制度的概念（狭义概念）中不包括恩给制度。其主要原因有以下两点：其一，恩给制度没有明确参保人的范围和概念，也不需要制度的适用对象自己缴纳保费，所以不能称其为保险制度，可以称之为国家收入保障制度或公职人员的收入补偿制度；其二，恩给制度创立的初衷与其说是为军人及其家属提供死亡或退役后的收入保障，不如说是为了以此制度吸引更多的男性青年参军入伍，以达到政府招募士兵扩充军事力量的目的。

---

① 大正是继明治之后的年号。1912 年 7 月 30 日，明治天皇驾崩，皇太子嘉仁继位改年号为大正，1912 年 7 月 30 日到 1926 年 12 月 25 日为止在位。大正之后的年号分别是昭和（1926 年 12 月 25 日至 1989 年 1 月 7 日）、平成（1989 年 1 月 8 日至 2019 年 4 月 30 日）、令和（2019 年 5 月 1 日至今）。
② 截至 2019 年 12 月末，享受恩给制度的人员大部分为原军人遗属以及第二次世界大战结束之前公务员恩给对象的遗属。2019 年度的预算金额为 1 600 亿日元左右。

二、公共养老保险制度的初步形成：1945 年战败之前

（一）船员保险制度的出台

以民间工薪阶层职工为对象的养老保险制度的创立可以追溯到 1939 年制定的《船员保险法》。日本政府于 1922 年实施了针对一般工薪阶层职工的健康保险制度，但是由于船主、船员与政府之间的意见不合等种种原因，当时的主流行业之一的船上工作人员一直没能加入健康保险，船员们在船上作业时所患疾病由船医负责治疗。20 世纪 30 年代中后期，日本政府在战争体制下加强"海运兴国"的国策，与此同时决定对船上工作人员的疾病、伤残和退休后的养老给予关照，实施社会保险制度。① 所以按照《船员保险法》而实施的船员保险制度是一个以养老保险为中心，覆盖医疗保险、工伤保险、失业保险等制度的综合性保险制度。但是随着经济发展和产业结构的变化，从事船上工作的船员数量逐渐减少，80 年代以后，船员保险制度的财政赤字越来越大，最终于 2010 年完全并入一般工薪阶层职工的社会保险体制。

（二）稳定劳动力市场和抑制通货膨胀是养老保险制度出台的主要背景

严格意义上的公共养老保险制度应该是 1942 年实施的"劳动者养老保险制度"。② 劳动者养老保险制度的制定实际上受到了船员保险制度的影响。与船上劳动者一样，地上劳动者也理应享受退休后的收入保障即养老金待遇的呼声不断高涨。20 世纪 40 年代前期正值第二次世界大战中后期，战乱时期经济生产受到严重打击，企业的生存受到威胁，劳动者的就业与收入得不到应有的保障，劳动力流动十分频繁。日本政府（厚生省）为了安抚劳动者的不安情绪，希望通过提高劳动群体的待遇，来促进劳动者能够长期稳定地供职于同一企业，扩大生产供给维持经济发展，所以铤而走险，冒着被军部反对和批判的风险，制定和扩大了劳动者养老保险制度。

此外，该制度推出的背后还有一个主要的目的：抑制当时急剧恶化的通货膨胀问题。战争中后期，日本政府为了扩大战线和增加军需生产，向市场投放了大

---

① 花澤武夫. 労働者年金保険法解説［M］. 東京：健康保険医報社，1942：3-4.
② 1941 年 3 月，日本政府颁布了《劳动者养老保险法》，1942 年 6 月开始全面实施。

量的资金，引发了严重的通货膨胀。当时的厚生省和主管财政的大藏省官员们认为，实施养老保险制度可以从老百姓和企业中收集大量货币，削减民间的购买力，从而达到抑制通货膨胀的效果。① 在以后的养老保险制度的改革与扩充过程中仍然能够看到社会背景、政治体系，特别是经济运行等因素对养老保险制度的影响。

（三）劳动者养老保险制度的内容及其局限性

创立初期的劳动者养老保险制度对于参保人的规定比较严格，适用对象仅限于在职职工超过 10 人以上的工厂男性劳动者。② 对于领取养老金的规定是：参保期间 20 年以上，起付年龄为 55 岁。养老金的金额（年）为年平均工资的 25%，参保年数每增加 1 年，养老金增加 1%，最高不能超过年平均工资的 50%。1944 年，日本政府首次修改了劳动者养老保险法，将参保企业扩大到职工超过 5 人以上的工厂，适用对象也由工人扩大到一般事务人员，女性工人也被纳入参保对象范围之内。1944 年的修改中，还将制度名称由原来的劳动者养老保险制度更名为"厚生养老保险制度"。③ 从此，厚生养老保险制度的名称开始正式启用并一直持续至今。

第二次世界大战结束前的养老保险制度受战争影响，早已名存实亡。参保企业与参保人数也由鼎盛时期的 13 万余家、830 万余人（1944 年）减少到 9 万余家、430 万余人（1945 年）。④ 加上受通货膨胀的影响，制度承诺支付的养老金的货币价值连年缩水，根本无法维持基本生活，养老金的实际给付基本为零。1945 年仅有 1 800 余人的残疾人领取了残疾津贴，而老龄养老金根本没有发放。⑤

---

① 横山和彦，田多英範. 日本社会保障の歴史 [M]. 東京：学文社，1995：58-59.
② 在职职工少于 10 人的小微企业的在职人员和女性劳动者被排除在外。
③ 更改名称的理由据说是由于"劳动者"一词在当时的战争环境下含有强制劳动和"产业惟士"的意思而不被青睐。而"厚生"一词出自中国的古典《书经》中的"正德利用，厚生惟和"，表示保持身心健康、促进生活幸福的意思，所以选用厚生代替了劳动者。1938 年成立的厚生省的命名也取此典故之意。
④⑤ 吉原健二. わが国の公的年金制度 [M]. 東京：中央法规出版社，2004：24.

日本公共养老保险

第二节 20世纪50年代至70年代：全民养老金体制的确立与养老金给付水准的持续上调

一、第二次世界大战后的制度重整：20世纪50年代

1945年8月15日，日本宣布投降，第二次世界大战结束。从1945年到20世纪50年代中期的10余年间，日本处于战败后经济萧条、社会秩序混乱的困难时期。日本政府在驻日盟军总司令部（GHQ）的监督指导下，采取各项措施极大限度地恢复经济生产，提高国民的生活水平。其中在养老保险制度建设方面有以下各项举措。

（一）恩给制度的废除与恢复

1945年8月至1952年4月，驻日盟军总司令部对日本实施监管，要求日本政府彻底执行非军事化政策。伴随非军事化政策的执行，在社会保障制度领域里盟军总司令部要求日本政府废除军人恩给制度。日本政府接受了该要求，停止了恩给制度，取而代之的是接连出台的各种公务员以及公共企业职工的养老保险制度。《国家公务员共济组合法》（1948年）、《町村职员恩给组合法》（1952年）、《私立学校教职员共济组合法》（1953年）和《公共企业雇员共济组合法》（1956年）相继通过国会承认。通过以上几个法律的制定，政府将之前的恩给制度重新组合，公共养老保险制度的适用范围分别覆盖了国家公务员、地方公务员、私立学校教职员工以及国有企业职工等劳动群体。

1952年4月28日《旧金山和约》生效，驻日盟军总司令部结束了对日本的监管。恢复了主权国家地位之后，日本政府于1953年立刻恢复了之前的军人恩给制度。各种公务员共济组合制度实施之前的退休文职官员、军队人员以及其家属仍然享受恩给制度待遇。到2018年底为止，享受恩给制度待遇的人员大约有23万余人，其中98%以上为军队人员及家属。

（二）1954年厚生养老保险改革：确立了两层结构

在厚生养老保险方面，由于受战后混乱形势的影响，到20世纪50年代中期

为止，厚生养老保险制度经历了数次的法律修改。

1947年的法律修改将因为工作原因造成的残疾及死亡事由而发放的残疾津贴、遗属津贴转入工伤保险的支付范畴。1953年，社会党的左派和右派组织对于政府恢复军人恩给制度的举措强烈不满，提出了严重的批评与抗议。政府为了缓解在野党及广大民众对军人和公务员群体享受高额养老金待遇的不满，于1954年决定对一般工薪阶层职工的养老保险进行全面修改。1954年的法律修改将此前一直使用的"养老年金"的称呼改为"老龄年金"，为之后的全民养老金体制的创立打下了基础。

1954年的养老保险改革中的最大亮点是将原有的单一性的工资比例型养老金待遇划分为两个部分，即定额部分和工资比例部分。此举不仅提高了退休人员的养老金待遇水平，还为现行公共养老保险制度中的两层结构体系确立了原型依据。其他改革内容如下：其一，鉴于战后平均寿命的不断提高，将男性老龄养老金的起付年龄由原来的55岁提高到60岁；其二，将筹资方式由原来的完全积累型改变为部分积累型；其三，规定厚生养老金的给付费用的15%由中央财政负担。

1954年的改革在一定程度上加强了厚生养老保险的财政基础，提高了工薪阶层职工的养老金待遇水平。除了上述几项重要的改革措施之外，还有一个重要的规定提出了今后每5年对养老保险财政进行一次评估计算，称之为养老保险财政再计算。养老保险财政再计算的结果为将来的养老保险改革提供参考。

二、全民养老金体制的确立：1961年体制

20世纪50年代中期开始，日本的经济生产出现了大幅度好转，由此开始了长达近20年的前所未有的高速增长时期。经济的高速增长带来了大量的劳动就业机会，不仅大中型企业的就业人员不断增加，农林水产行业以及小微企业的就业人员也大幅度上升。同时，工薪阶层职工的工资收入以及国民生活水准也有大幅度提高。在养老金待遇方面，由于公务员以及公共企业职工的养老金计发标准普遍高于民间企业职工，所以民间有条件的大型企业开始组建独立的组合，实施独自的养老保险预算与运营，因此造成养老保险内容与待遇参差不齐，特

别是养老金给付待遇上的制度间差异越来越明显，要求制度统一的呼声与愿望日益高涨。

1952年《旧金山和约》生效后，日本恢复了原有的政治主权，摆脱了美国的监管，加快了独立制定制度与政策的速度。20世纪50年代中期，政治方面两大政党体制的"1955年体制"[①]逐渐形成。执政党的自民党与第一在野党的社会党都十分重视福利国家的建设，在创立普惠全体国民的养老金制度方面，两大政党达成了共识。政党政治、选举公约促进了包括养老保险制度在内的各项制度的建设。

然而，在公共养老保险制度的建立健全方面仍然存在很多不尽如人意的地方。统计数据表明，1957年加入公共养老保险制度的参保人数只有1 246余万人，仅占4 000余万就业劳动者的30%左右。当时，占劳动力一半以上的农民、渔民以及个体工商户等都没有加入养老保险制度的权利。这种被称为"二重结构"的现象不仅存在于养老保险，也存在于医疗保险体制中。50年代中后期，公共养老保险制度应该覆盖农民、渔民、个体工商户以及全体国民的舆论不断高涨。经过协商，执政党的自民党和第一在野党的社会党达成一致，由政府委任5名专家学者担任国民养老保险委员，负责探讨如何创立新的覆盖全体国民的公共养老保险制度。

1959年《国民养老保险法》通过国会审议正式成立。该法规定，没有加入厚生养老保险、共济养老保险的国民均为国民养老保险制度的参保对象，厚生养老保险制度参保人的被扶养配偶（大部分是无业的专职主妇）和学生可以任意参保。保险费和养老金为定额形式，领取养老金的条件是参保时间满25年以上，起付年龄为65岁。国民养老金的支付费用的50%由中央财政负担。1961年，国会通过了8个养老保险制度的通算方式，除了缴费型的国民养老保险、厚生养老保险等之外继续保持了无须个人缴费的"福祉养老保险"[②]，自此日本的"国民

[①] "1955年体制"是指自1955年开始，日本的政治领域中出现的两大政党对峙的政治格局。自民党作为执政党长期掌控政权，社会党做为第一大在野政党一直与自民党对立。该体制于1993年结束。

[②] 1961年国民养老保险制度创建之时，对于年满50周岁以上（含45~50周岁的低收入）群体实施由中央财政全额负担的老龄福祉养老金，无须个人缴纳保费。

皆年金",即全民养老金体制正式确立。

三、养老金给付水准的持续上调：20世纪六七十年代

在经济高速增长时期，伴随GDP的持续增长及经济实力的大幅度上升，国家的财政收入不断增加，职工的工资水平也大幅度提高；与此同时，养老金的计发标准也得到了不断的提高。1965年，修改厚生养老保险法时将参保20年以上参保人的养老金计发标准由原来的每月3 500日元提高到每月1万日元。1966年，国民养老保险也把参保25年以上参保人的计发标准提升到每月1万日元（夫妇二人合计）。1969年，厚生养老保险的计发标准提高到每月2万日元（参保24年以上，包含配偶的附加养老金）；国民养老保险的计发标准也提高到每月2万日元的水平（包括任意加入型的附加养老保险的养老金在内，夫妇二人合计）。

随着经济增长率的提高和物价指数的上升，进入到20世纪70年代，日本政府几乎每年都上调养老金的计发标准。特别是在被称为福祉元年的1973年，厚生养老保险把参保27年以上参保人的养老金计发标准提高到每月5万日元；国民养老保险也把参保25年以上的夫妇二人的养老金计发标准提高到每月5万日元。此后，厚生养老保险的养老金标准给付水准在1976年的修改中上调到每月9万日元；在1980年的修改中上调到每月13万日元。

1973年日本政府对养老保险财政进行了第三次财政再计算，并修改了养老保险法。在1973年的养老保险法修改中，不仅提高了养老金的计发标准，还在养老金计发方法中导入了物价浮动指数。物价浮动指数的导入明确了养老金要伴随物价上涨而提高。这次改革加强了养老保险财政中现收现付的色彩。与此同时，首次将在职职工平均工资的60%作为厚生养老金的最低计发标准。①

到了20世纪70年代中后期，随着养老金给付水准的不断上调，养老金的给付规模越来越大。然而1973年10月的第一次石油危机给1974年的日本带来了战后的首次负增长。经济增长的下滑，国家财政收入的减少改变了政府对经济形

---

① 即首次将养老金的替代率（养老金占在职职工平均工资的比率）设定为60%。

势的态度，危机感日益高涨。政府及学术界对养老保险的关心逐渐从如何提高养老金的计发标准转变为养老保险财政应该如何维持可持续发展、如何减少厚生养老保险与共济养老保险的给付差距[①]等问题上。其中，对于国民养老保险财政收支问题忧心忡忡。

第三节　20世纪80年代至90年代：基础养老保险制度的创设与养老金给付水平的严格调控

一、基础养老保险制度的创设：1985年的养老保险法修改

（一）经济增速下滑是基础养老保险制度出台的主要背景

如前所述，20世纪70年代中后期，受到1973年和1979年两次石油危机的打击，日本的经济环境发生了巨大的变化。其主要表现为：经济增长的下滑和国家财政的恶化。

两次石油危机的冲击，不仅结束了曾经震惊世界的经济高速增长，而且将经济增长率由之前的8%~9%大幅度拉滑到4%左右，下降了一半以上。经济增长的下滑带来国家财政（租税）收入的锐减。伴随着财政收入减少，财政收支均衡难以维持。为此，日本政府不得不增加发行大量的赤字国债用于补充财政支出，国家财政不断恶化。在此背景下，包括社会保障制度在内的所有国家制度和行政事业的重新评估与改革，削减财政支出避免增加税费征缴负担的财政重建政策等，成为20世纪70年代中后期到80年代初期日本政府所关注的重大政策性问题。

快速的人口老龄化和人口结构的变化是引发养老保险改革的另一个主要社会背景。日本65岁以上老年人口比率于1970年超过了7%，1980年上升到9.1%。

[①] 即所谓的养老金待遇上的官民差距问题。

第二章　日本公共养老保险制度的历史变迁

第二次世界大战之前只有 50 岁左右的平均寿命，到了 1975 年上升为男子 71.7 岁、女子 76.9 岁，1985 年时女子的平均寿命更是超过了 80 岁。[①] 由于人口老龄化和平均寿命的延长，从 70 年代中后期开始，领取养老金的人数快速增加，加上之前所述的六七十年代养老金给付标准的大幅度提高，70 年代中后期开始日本已经进入"养老金时代"。随着老年人口的增加，养老金支出的不断上升，60 年代中期为止占国民收入 5%~6% 的社会保障给付费（医疗、养老、福祉的合计支出）进入 70 年代以后增长速度加快，1976 年超过了 10%。社会保障给付费中的养老金支出金额也从 1970 年的不到 8 548 亿日元上升到 1976 年的 53 344 亿日元，增长速度令人吃惊。[②]

一方面，经济增速下滑、财政收入锐减造成养老保险的保费收入和财政支援的停滞，人口结构变化中的少子化也会带来保费收入困难的问题；另一方面，人口结构变化中老龄化的加剧更是引起了养老金支出的大幅度增加。如此两方面的夹击势必导致养老保险财政的收支不均，养老保险财政的收支不均自然会引发要求提高养老保险费率的呼声。然而，保险费率的大幅度提高必然导致广大国民不满情绪的爆发，从而降低执政党的支持率，危害养老保险制度的稳定发展。如何维持养老保险制度，特别是国民养老保险制度的财政均衡，确保制度的稳定发展成为政府和学术界高度关注的问题。

除了上述外部背景之外，养老保险制度内部的相对独立、多形式的制度运营方式也是促进养老保险制度由分散型向统一型转变的主要因素之一。从历史上来看，在近 20 余年的发展过程中，日本的养老保险制度基本上是由三种社会保险和五种共济组合构成，分别依托了八个法律文件。20 世纪 50 年代至 60 年代的制度扩充过程中，保险人和共济组合的数量曾一度增加为数十个之多。各自独立的制度体系造成各个制度之间在参保规模、给付内容、保险费率以及财政状况等方面有很大的不同。各个制度之间的差距和不均衡现象日益明显。对此，要求统一

[①] 吉原健二. わが国の公的年金制度 [M]. 東京：中央法規出版社，2004：98.
[②] 厚生統計協会. 厚生の指標 臨時増刊 保険と年金の動向 1998 年第 45 巻第 14 号 [M]. 東京：厚生統計協会，1998：374.

内容，减少差距的呼声不断加大。①

在上述背景下，日本的公共养老保险制度改变了 60 年代以来的制度扩充、养老金给付基准不断提高的潮流。70 年代末 80 年代初，养老保险制度，特别是养老保险财政方式应该如何应对经济增长下滑与人口老龄化，养老金给付与保费负担应该如何重新评估，以上两个问题成为当时养老保险制度改革中的重要课题。

（二）确保国民养老保险财政收支平衡的 1985 年养老保险改革

鉴于以上的背景，1985 年，国会陆续通过了《国民养老保险法》《厚生养老保险法》和《国家公务员共济组合法》等四个共济组合法的修改案，完成了国民养老保险制度的整合，创立了适用于全体国民的基础养老保险制度。1985 年的养老保险改革可以说是日本公共养老保险史上最大的转折点，为此后的养老保险制度的发展打下了基础。

首先，此次改革将之前独立运营的厚生养老保险和共济养老保险的参保人，即工薪阶层职工划入国民养老保险之中，使国民养老保险参保人范围扩大为覆盖 20 岁以上、60 岁以下的全体国民。国民养老保险成为全体国民共同参保的基础养老保险制度，同时原国民养老保险的财政收支均衡问题也通过此次整合达到了由工薪阶层职工共同负担养老金给付费用、缓解危机的目的。

整合后的公共养老保险制度于 1986 年 4 月 1 日起实施。自此，日本的公共养老保险制度演变为独特的二层构造体系，并一直持续至今。二层构造包括以国民养老保险（基础养老保险）为基础的第一层次的全民老龄基础养老金体系，以及附加于国民基础养老保险之上的第二层次的工薪阶层职工的厚生养老金体系。1985 年改革后的公共养老保险制度的结构变化见图 2-1。

其次，1985 年的养老保险对今后的养老金计发标准进行了合理调整，降低了老龄基础养老金的计算单价和老龄厚生养老金的工资比例系数，从而有效地遏制了今后养老金整体给付水平的上升。具体措施和内容分析将在第五章详细介绍。

---

① 吉原健二. わが国の公的年金制度 [M]. 東京：中央法規出版社，2004：98.

第二章 日本公共养老保险制度的历史变迁

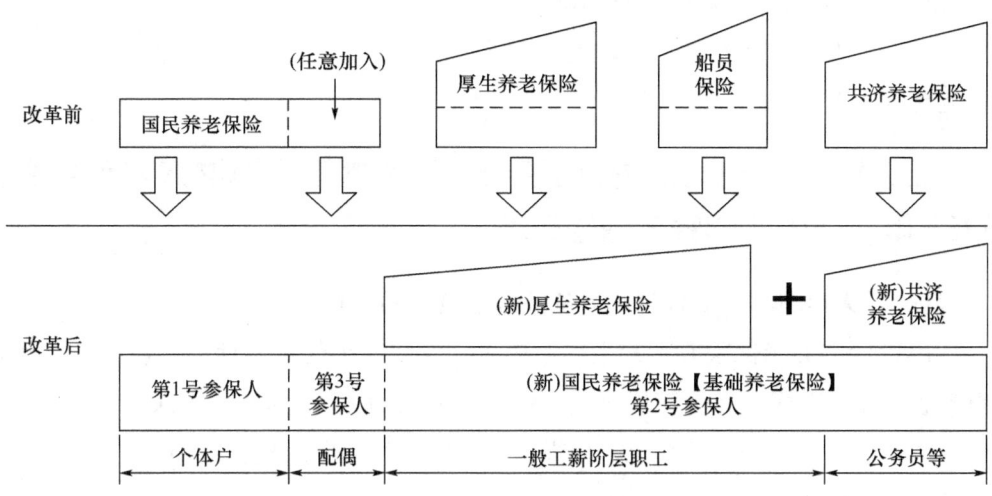

图 2-1　1985 年改革后的公共养老保险制度的结构变化

资料来源：吉原健二. わが国の公的年金制度 [M]. 東京：中央法规出版社，2004：116.

此外，1985 年的改革还对老龄基础养老金的给付条件做了如下规定。参保年限（保费缴纳期间和保费减免期间的总和）必须满足 25 年以上的基本条件，可以领取满额老龄基础养老金则需要满足参保期 40 年以上的条件，起付年龄为 65 岁。而且为加强养老保险财政收支平衡，采取了分阶段提高女性参保人老龄厚生养老金起付年龄①，扩大厚生养老保险的参保工作单位②，提高保险费（率）和加大国家财政对国民养老保险支出比例等措施。③

1986 年 4 月以后，达到领取养老金条件的老年人的养老金构成如下。

单身老年人的养老金（1 号、3 号参保人）：老龄基础养老金。

单身老年人的养老金（2 号参保人）：老龄基础养老金+老龄厚生养老金。

夫妇二人的养老金（2 号、3 号参保人）：工作方的老龄基础养老金+工作方

---

① 改革规定女性的老龄厚生养老金的起付年龄从 1987 年度开始每 3 年上调 1 岁，最终由原来的 55 岁上调为 60 岁。

② 职工人数不足 5 人的工作单位也划入参保范围。

③ 国民养老保险保险费：1986 年 4 月开始每月 6 800 日元，1990 年 4 月开始每年增加 300 日元。厚生养老保险保险费率：男性由 10.6%提高到 12.4%，女性由 9.3%提高到 11.3%。中央财政负担基础养老金的费用由原来的征缴保费的二分之一改变为养老金给付费的三分之一。由于养老金给付费的大幅度上升，所以此项改革实际上是大大增加了中央财政对国民养老保险的财政支出。

的老龄厚生养老金+配偶的老龄基础养老金。

夫妇二人的养老金（双方均为 2 号参保人）：二人的老龄基础养老金+二人的老龄厚生养老金。

二、控制养老金给付费的增长、维持养老保险财政收支平衡：1989 年、1994 年的养老保险改革

（一） 人口老龄化加快了养老保险制度改革的步伐

1985 年的养老保险改革的主动力是 20 世纪 70 年代中后期的经济增速下滑、财政收入锐减造成的经济环境恶化。然而到了 20 世纪 80 年代中后期，老年人口数量的增加，人口结构的变化，即人口老龄化日益突出的现实，加快了养老保险制度改革的步伐。

1970 年，日本 65 岁以上人口比例突破 7%，敲响了关注老龄化问题的警钟。但是当时的社会背景是：经济高速增长仍在继续，政府及学术界普遍认为可持续的经济增长可以弥补老龄化带来的保险财政问题，没有足够的危机感。所以到了 20 世纪 70 年代末 80 年代初，当连续两次的石油危机把日本经济带进低谷，可持续的经济增长的梦想彻底破灭之时，日本政府和学术界才真正感受到包括养老保险在内的社会保障体系中的财政危机的严重性，并下定决心实施了 1985 年的养老保险改革，希望通过整合养老保险制度，扩大参保人范围，通过制度内的财政调剂来维持制度的可持续发展。

进入 20 世纪 80 年代，65 岁以上人口数量迅速增加，1979 年突破 1 000 万人大关，1985 年上升到 1 247 万人，1990 年更是达到接近 1 500 万人的水平，占总人口的比例超过 12%。老龄人口数量上升，养老保险制度进入成熟阶段，领取养老金的人数也越来越多。1989 年，领取国民养老金的人数约为 740 万人，领取厚生养老金的人数约为 620 万人，养老金给付费超过 23 万亿日元，首次超过社会保障给付费整体的 50%。① 面对出乎意料的人口老龄化的迅速发展以及养老金给付费的大幅度上升，日本政府不得不认真思考如何应对不断增加的养老金支出，

---

① 吉原健二. わが国の公的年金制度 [M]. 東京：中央法規出版社，2004：120.

第二章　日本公共养老保险制度的历史变迁

维持养老保险财政收支平衡。

（二）双管齐下提高养老金起付年龄和保险费

鉴于上述的时代背景，日本政府从20世纪80年代初期开始，就着手探索如何控制养老金给付水平保持养老保险的财政收支平衡。其间，提高养老金起付年龄和上调保险费一直是关注的重点，但是由于55岁的退休年龄等外部环境的限制，提高起付年龄的改革一直没能实现。在1985年的养老保险改革的基础之上，1989年和1994年两次养老保险改革再次把着眼点放在了提高养老金起付年龄和上调保险费的方式上。

1. 1989年的养老保险改革

1989年的改革中将1973年导入的物价浮动制改变为完全自动物价浮动制，即每年消费者物价指数的上升幅度即使不超过5%也对养老金给付金额进行上调。这一改动主要是应对20世纪80年代后期逐渐升级的泡沫经济中的物价上升现象。在适当上调了老龄基础养老金计发标准的基础上大幅度上调了养老保险的保险费率。其中，厚生养老保险的保险费率，男性参保人从12.4%提高到14.3%，女性参保人从11.9%提高到13.8%，1991年提高至14.15%。[①] 1989年的改革还规定，对此前允许可以任意加入国民养老保险的20岁以上的学生采用强制加入的形式，期待以此来扩大参保人数量增加保险费收入。但是由于家庭收入状况等原因无法负担保险费的学生，可以由其本人申请学生保费免除制度（在学期间免除保险费缴纳义务，工作后需要补缴免除期间的保险费）。

1989年改革的探讨过程中，将老龄厚生养老金的起付年龄从60岁提高到65岁是主要目的。厚生劳动省在修改案中提出将男性参保人的起付年龄从1998年开始用12年的时间由60岁提高到65岁，女性参保人则从2003年开始同样用12年的时间提高到65岁。该项提案遭到了工会组织的强烈反对。同时，当时的泡沫经济也让日本政府感到丝丝的"经济救驾"的可能性。因此提高起付年龄的

---

① 男性参保人：1990年1月提高到14.3%，1991年1月以后提高到14.5%；女性参保人：1990年1月提高到13.8%，1991年1月提高到14.15%，1992年1月以后每年提高0.15%，1994年1月达到与男性同率的14.5%。数据引自吉原健二. わが国の公的年金制度 [M]. 東京：中央法规出版社，2004：123-124.

议案没能通过国会审议，再次推迟为下一次改革的议题。

2. 1994年的养老保险改革

20世纪90年代初期，一方面，持续数年的泡沫经济以彻底破灭告终，经济环境严重恶化，财政收入连年下降；另一方面，少子老龄化越来越严重，1994年65岁以上老年人口比例超过14%。日本全社会对于公共养老保险财政的担忧日益加深。在此背景下，提高参保人养老金起付年龄的议案总算提上了日程。

1994年养老保险制度改革的最大亮点就是提高养老金起付年龄。修改后的养老保险法规定，统一厚生养老保险的定额部分（基础养老金）与国民养老金的起付年龄，把此前60岁的起付年龄阶段性上调为65岁。具体而言，男性参保人从2001年度开始每3年提高1岁，2013年度开始全部变为65岁领取老龄基础养老金；女性参保人从2006年度开始每3年提高1岁，2018年度全部变为65岁开始领取老龄基础养老金。为了防止调整过程中部分人群的养老金收入减少，改革规定同时导入60~64岁可以提前领取养老金的特别给付制度。起付年龄的阶段性上调和自动工资浮动制度的导入等修改内容对于养老金给付费的增加起到了一定的抑制作用。虽然1994年的养老保险改革实现了酝酿已久的厚生养老金起付年龄上调的计划，但是此次改革只是上调了定额部分（基础养老金）的起付年龄，工资比例部分仍维持现状，即60岁开始领取老龄厚生养老金。工资比例部分的上调在此后的2000年改革中得以实现。

此外，1994年的改革中还在增加保费收入方面取得了突破性的进展，即除了每月工资之外，还导入了针对奖金等临时收入部分的保费收缴，奖金等收入的保险费率规定为1%。同时分两个阶段大幅度上调每月从工资中征缴的保险费率：1994年11月开始将厚生养老保险费率由14.5%提高到16.5%，1996年10月开始再度提高到17.35%。以上两项举措大大增加了保险费收入。

另一方面，以补充公共养老保险制度为目的设立的商业保险，比如企业年金、个人商业养老保险也给财政带来了一定负担。与公共养老保险制度改革平行，个人商业养老保险部分中创设了确定给付型企业年金和确定缴费型企业年金制度（所谓"日本型401K企业年金制度"）等新型制度设计，用来缓解财政对商业保险的资金支援。

第四节　21世纪以后：可持续发展型养老保险制度的深入探索

一、加强控制养老金给付水准上升的诸项措施

（一）经济停滞的长期化和人口结构的超老龄化

20世纪90年代中后期到21世纪初，泡沫经济破灭以后，日本经济持续低迷，1997年和1998年连续两年出现负增长。泡沫经济时期形成的银行不良债权问题长期得不到合理解决，金融改革停滞不前。企业融资困难，破产企业数量激增，失业率大幅度上升，工资和物价持续下跌，使得日本陷入长期通货紧缩状态，金融市场长期实行零利率政策。通货紧缩和零利率造成养老保险基金运营业绩低迷，养老保险财政收支平衡问题再次成为关注对象。

财政方面，由于经济增长的长期下滑与停滞，财政收入大幅度减少，国家财政对公债的依赖程度越来越高。高达40%~50%的公债依赖度在先进国家中成为数一数二的"坏典型"。每年大量发放公债，造成公债积累金额不断攀高，代际负担不公平现象日趋严重，年轻一代对于养老保险制度的不信任度越来越深。为了降低财政对公债的依赖度，1997年政府制定了财政构造改革法，严格控制预算支出增加。由此，包括养老保险在内的社会保障制度对于来自财政支援的期待逐渐下降。

金融领域的低迷与混乱以及改革的失败，财政领域的收不抵支、入不敷出的持续，加之国内重大自然灾害不断发生①，多种因素造成日本国民对经济发展和今后的生活失去了信心。以青年一代为中心，相当一部分老百姓对于养老保险制度是否可以持续，今后是否可以领到养老金持怀疑态度。国民养老保险的未加入者及保险费未缴纳者等人数大幅度增加，20世纪90年代末高达300万~400

---

① 1995年阪神大地震、2004年中越地方大地震等重大自然灾害造成大量人员伤亡和严重经济损失。

万人。①

除了上述经济领域中的问题，人口结构方面，超老龄化的趋势越来愈明显。日本政府每 5 年左右实施一次将来人口推算。政府根据人口推算得出的老龄化指数和预期的老龄人口数量以及经济发展等相关指标，判断今后的养老保险改革方向。但遗憾的是推算数据与老龄化的实际进展相差较大，在一定程度上误导了政府对于养老保险等社会保障制度财政状况的判断。20 世纪 80 年代与 90 年代初的推算数据与 20 世纪 90 年代末和 21 世纪初的实际情况相差悬殊。比如，1986 年和 1992 年的将来人口推算预计 2000 年 65 岁以上人口数量和比率分别为 2 134 万人、16.2%（1986 年推算数据）；2 170 万人、17.0%（1992 年推算数据）。但是，2000 年的实际数据是 2 200 万人、17.4%。由此可见，不仅每次推算数据之间有所差距，而且与实际数据相比误差范围更大。经验表明，时间跨度越大，推算数据与实际情况的误差越大。从老年人口数量上来看，1986 年的推算数据与 2006 年的实际情况相比相差约 200 万人，与 2019 年的实际情况相比相差约 400 万人。

特别是对老年人口高峰值的预测更容易误导政府的判断。1986 年和 1992 年的预测显示，2050 年左右老龄化将达到高峰，65 岁以上老年人比率在 28% 左右。但是到了 1997 年和 2002 年，该预计比率分别上升为 32.3% 和 35.7%，到了 2006 年更是上升到 41%②的高水平。20 世纪 80 年代中后期，政府按照当时的预测数据判断今后的经济复苏可以抹杀 28% 的老龄化带来的养老保险财政问题；但是到了 20 世纪 90 年代末、21 世纪初，非但经济复苏毫无指望，老年人口比率的预测数据较之前的预测数据相比更是上涨了接近 50%。面对如此局面，日本政府不得不下定决心采取更多手段对养老金给付水准进行更加强硬的控制。

(二) 养老保险制度的内部再整合

针对不同群体建立的养老保险制度的历史形成各不相同，建立时间有早有晚，养老金待遇也有高有低。随着经济发展与产业结构的变化，一部分养老保险

---

① 吉原健二. わが国の公的年金制度 [M]. 東京：中央法规出版社，2004：134.
② 65 岁以上人口预测数据均来源于《日本の将来推計人口》（1986 年、1992 年、1997 年、2002 年和 2006 年）。以后的推算中该比率出现了下降，2012 年的推算是 38.8%，2017 年的推算是 37.7%。

制度的参保人数量、领取养老金人数量、养老保险财政等方面有大幅度变化。总体上来讲，越是早期建立的制度，参保人数下降、领取养老金人数上升、养老保险财政恶化的现象越明显。

在经济复苏毫无指望，65岁以上人口数量超出预期上升等背景下，日本政府开始着手再次对养老保险制度进行内部整合。其目的不仅是为了缩小各个制度之间的保险费负担与养老金给付层面的差距，通过制度间的调整解决养老保险财政收支不均衡问题，更重要的是要控制养老金领取人员的增加和给付费用的不断攀升，尽量降低下一代的负担压力。

1996年内阁会议通过了《关于公共养老保险制度再编》的决议。根据该内阁决议，1997年实现了已经转变为民营公司的日本国有铁道（JR）、日本专卖公社（JT＝日本烟草产业公司）、日本电信电话公社（NTT）等3家原国有企业共济组合与厚生养老保险的统合，原有积累基金统一。①

2000年，政府组织再度召开"公共养老保险制度一元化恳谈会"，探讨新一轮的养老保险制度的整合。2001年，内阁会议决定进一步推进公共养老保险制度一元化进程，制定了厚生养老保险和农林共济组合统合法。根据该法案的规定，2002年实现了农林共济组合与厚生养老保险的统一。

2012年，民主党政权下的日本政府制定了工薪阶层职工养老保险一元化法案，规划厚生养老保险和共济养老保险统一方案。根据该法案的规定，2015年实现了厚生养老保险和共济养老保险的统一。应该说，此次的制度统一具有相当大的历史意义。通过此次制度统一，工薪阶层职工的养老保险待遇逐渐实现完全一致，抹平了长期存在的官民差距，同时强化了养老保险财政间的互补作用。

（三）起付年龄和保险费率的再提高

1. 2000年的养老保险改革

1994年的养老保险改革将厚生养老保险制度中定额部分的起付年龄由60岁调高到65岁，实现了国民养老保险与厚生养老保险参保人同时从65岁开始领取老龄基础养老金的计划，对抑制养老金给付费用的激增起到了一定的缓和作用。

---

① 日本国有铁道、日本专卖公社、日本电信电话公社等3家原国有企业分别于1985至1987年实现了民营化。日本国有铁道＝JR、日本专卖公社＝JT、日本电信电话公社＝NTT。

但是，1994年养老保险改革中没能实现工资比例部分起付年龄的上调计划，所以到了20世纪90年代末，工资比例部分养老金仍然从60岁开始领取。2000年的养老保险改革在这方面取得了突破性进展，实现了工资比例部分养老金起付年龄由60岁上调到65岁的计划。具体方法是，男性从2013年度起、女性从2018年度起，每3年上调1岁；最终，男性于2025年度、女性于2030年度完成上调计划。工资比例部分的起付年龄上调推延了养老金的给付开始时间，缩短了给付期间，由此加强了抑制养老金给付费用增长的效果。与此同时，2000年的改革中还规定，将厚生养老保险参保人的年龄上限从65岁上调至70岁，即到70岁为止正常缴纳保险费。此举对增加保险费收入起到了一定促进作用。此外还针对在职老人的养老金计发规定如下，即停止发放总额（工资收入+养老金）超过27万日元以上部分的养老金。在职老人养老金的发放标准既有鼓励老年人继续工作的作用，又起到了抑制养老金给付费用增长的作用。

2000年养老保险改革在控制给付费用增长和增加保险费收入等方面还有以下几个举措。其一，将老龄厚生养老金（工资比例部分）的工资比例系数由0.75%下调至0.7125%。2003年4月以后再由0.7125%下调至0.548%。政府期待通过下调系数达到减少整体给付水准的效果。其二，将老龄厚生养老保险费的征缴基数，即标准报酬从每月9.2万日元至59万日元的30等级调整为9.8万日元至62万日元的30等级。① 通过该项上调改革可以达到适当增加保费收入的作用。其三，将保险费征缴方式改变为总报酬制（2003年4月开始实施），即对于企业发放的奖金也征收与标准报酬（月额）相同费率的保险费，其基数上限为1次（同月合计）150万日元，1年3次以内。一年发放奖金4次以上时则按标准报酬基数征缴。但是，为了防止因此而带来的保险费负担过重的结果，将保险费率由现行的17.35%下调至13.58%。虽然保险费率下降了，但是从职工工资总额乘以同一保险费率的角度来计算的话，保险费总收入会略有增加。

---

① 2016年10月份开始，为了促进收入比较低的非正规职工参加厚生养老保险，增加保险费收入，根据法律修改规定：标准报酬等级的第1等级由98 000日元下调至88 000日元，月收入在93 000日元以下参保人按照88 000日元的基数征缴保险费用。标准报酬上限仍然保持62万日元标准。

2000年养老保险改革主要是针对将来给付费的增加采取的大胆的调控措施。对于现行的养老金给付水准实行了尽量维持现状的方针，老龄基础养老金的计发标准略有提高，国民养老保险的保险费也保持了现行征缴标准。

2. 2004年的养老保险改革

21世纪初期为止的养老保险改革反复实施了控制给付费用增长和增加保险费收入的措施。但是，经济方面的长期萧条和超出预期的人口少子老龄化仍然不断加剧养老保险财政的恶化。2001年开始执政的小泉纯一郎在职期间一再强调不会提高消费税率加大老百姓的生活负担，老百姓为此非常拥护小泉内阁。2004年正值小泉内阁执政的鼎盛时期，政府决定对养老保险进行大幅度削减未来给付水准、大幅度提高保险费负担（上调后实行保费固定）等大手笔改革，用以达到稳定养老保险财政，增加广大国民对养老保险制度的信赖，挽回参保人数不断下降的局面。

如图2-2所示，2004年养老保险改革为了打消以年轻人为主的群体对于养老保险的保险费负担将不断上涨导致今后会因为保险财政入不敷出而领取不到养老金的不安心态，对国民承诺了以下几点改革内容。

首先，增加财政对国民养老金给付费用的投入。即将由中央财政（国库）承担的老龄基础养老金的负担比率由现行的三分之一提高到二分之一，力争在2009年度之前达成上述承诺。国库负担比率的大幅度提高不仅能减轻因保险费不断增加而给参保人带来的经济压力，而且也有助于消除老百姓的不公平感和担心领不到养老金的不安心态，从而避免国民养老保险财政日益走向不参保、不缴费的"空洞化"财政。

其次，制定宏观经济调控机制，控制养老金的给付水准。具体做法是：从工资与物价上涨比率中扣除考量了参保人减少、平均寿命延长以及经济增速下滑等因素在内的宏观经济下滑指数，对因工资与物价上涨而增加的养老金进行下滑调整，以起到控制养老金不断提高的作用。通过上述方式，政府计划将标准夫妻二人（夫：40年参保的企业职工，妻：专职主妇）的养老金替代率由2004年的

59.3%（月额 23.3 万日元）下调到 50.2%（2023 年度以后，月额 27.9 万日元）。① 宏观经济调控机制（宏观经济下滑指数）的导入有效地控制和削减了未来的养老金给付水准，对于解决养老保险财政收不抵支的危机起到了关键性作用。养老金替代率的大幅度下降可能会降低养老金作为收入保障的魅力，但是现实可行的养老金给付水准能够增强参保人对养老保险的信任程度，确保保费征缴工作顺利开展。

最后，规定提高国民养老保险和厚生养老保险的保险费率，并在提高后予以固定。具体办法是：从 2005 年度开始到 2017 年度的 13 年中，国民养老保险的保险费在原金额 13 300 日元的基础上每年提高 280 日元，2017 年度以后固定为 16 900 日元；厚生养老保险的保险费率由 13.58% 每年提高 0.354%，2017 年度以后固定于 18.30% 的标准上。保险费率的上调与固定，首先起到了增加养老保险收入的作用；其次向广大参保人传达了保险费率不会无休止地上涨、保险费负担不会持续加重的信息。

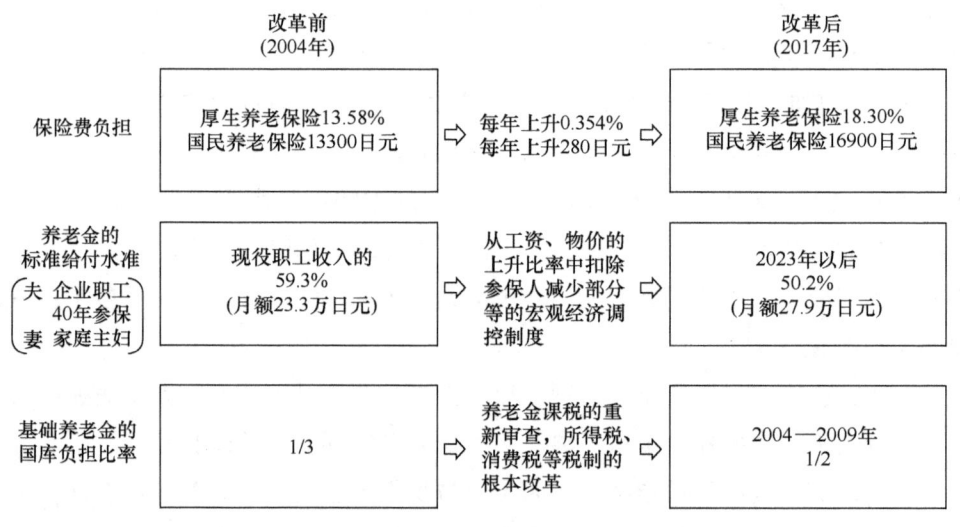

图 2-2　2004 年养老保险改革的主要内容

资料来源：吉原健二. わが国の公的年金制度［M］. 東京：中央法规出版社，2004：116.

---

① 接近 60% 的养老金替代率是自 1973 年以来几乎没有改变过的指数，所以说 2004 年的改革是 30 年以来继 1985 年改革以来的又一次大幅度改革。

二、社会保障与税制一体化改革方案的出台与进展

(一) 社会保障与税制一体化改革方案

回顾 1985 年以来的养老保险改革，不难发现，日本政府首先希望通过制度内整合，依靠各制度间的财政调剂来解决国民养老保险财政困难问题。其次，又通过各种方式扩大参保人范围、提高保险费率用来实现凭借增加保险费收入缓解养老保险财政压力的目的。最后，通过提高起付年龄、降低老龄基础养老金单价和厚生养老金工资比例系数等方式严格控制养老金给付水准与总费用的增加。

特别是 2004 年的养老保险改革更是继 1985 年改革以来的又一次重大改革。此次改革中对于提高起付年龄和增加保险费率的两项措施都采取了分阶段逐渐进行方式，保险费率的提高延续到 2017 年度，起付年龄的上调更是持续到 2030 年度。并且此次改革的主要目的之一是稳定民心，向参保人传达公共养老保险制度在今后的 100 年内可以保持可持续发展的重要信息。所以，2004 年以后，日本政府难以再次对养老保险制度本身进行大刀阔斧的大幅度改革。

此外，为了确保公共养老保险制度的百年可持续发展目标，应对以养老保险制度为首的社会保障负担带来的严峻挑战，日本政府把改革思路转向了社会保障与税制一体化改革方向，其基本目标是建立一个"全世代型社会保障"体系。2008 年 11 月，社会保障国民会议的最终报告书《构筑可持续发展的社会保障与确保稳定财源的中期计划》中指出：今后日本社会朝"中福祉、中负担"方向发展过程中以消费税为中心的社会保障资金筹集方式是税制改革的关键。该报告书于同年 12 月获得内阁会议批准，成为社会保障与税制改革一体化改革的指南针。

2012 年 8 月，社会保障与税制一体化改革相关法案通过国会审议正式成立，法案确定了以提高消费税率为主的改革方向，将消费税定位为"社会保障的稳定财源"。法案规定，将现行 5% 的消费税率分别在 2014 年 4 月和 2015 年 10 月提高到 8% 和 10%，消费税收全部用于支付包括养老金、医疗费等在内的社会保障费用。2015 年 10 月的消费税上涨没能如期实现，推迟了 4 年于 2019 年 10 月开始提高到 10%。

社会保障与税制一体化改革的另一个主要内容是为每一个日本国民（包括在日

本居住的外国人）制定一个社会保障和税收通用的个人编号，以达到正确掌握每个国民的收入信息、促进合理征税的目的，与此同时能在养老、医疗等社会保险的保险费征缴方面确保精准和高效的筹资效果。2013年5月，国会审议通过了《关于行政管理领域利用可识别个人信息的个人编号的法律》，即所谓的"个人编号法"，并规定该法自2015年10月5日开始实施。目前，个人编号的使用正在不断渗透到日本社会的各种行政手续中，但是还没有达到社会保障和税收通用的最终目的。

现在正在进行中的社会保障与税制一体化改革能否真正创造一个安心稳定的财政筹资体系，缓解将来世代的负担重压；能否实现避免社会保障负担集中于特定世代，最终建立一个全世代共同负担、共同享受的"全世代型社会保障"体系。这一命题不仅是日本社会也是全世界关注的重大改革。

（二）2012年和2016年养老保险改革

社会保障与税制一体化改革是关系到包括养老保险在内的社会保障制度整体的改革。在社会保障与税制一体化改革的探讨实施过程中，养老保险制度的改革也在进行中。

2012年8月，当时的民主党政权通过了《年金机能强化法》，该法案规定将原定的25年参保年限缩短为10年，并决定于2015年10月开始实施。但是，由于在2012年12月的众议院大选中民主党败给了自民党痛失政权，参保年限短缩的实施被推迟到2017年10月。从2017年10月开始，领取老龄基础养老金的条件，即参保年限由原来的25年缩短为10年。参保年限的缩短在一定程度上减少了无养老金人群的产生。2012年的改革中还规定，消费税用于补充老龄基础养老金中由中央财政（国库）承担的部分（总费用的1/2），并将一直执行下去。此外，再次扩大厚生养老保险参保人范围，对于拥有501人职工以上企业，要求其短时间劳动（周20小时以上）职工也必须加入厚生养老保险。

2012年的养老保险改革中还通过了《工薪阶层职工养老保险一元化法》，该法明确规定共济养老保险和厚生养老保险于2015年10月统一。2016年的养老保险改革在2012年改革的基础上，将501人以下企业的短时间劳动（周20小时以上）职工也划入厚生养老保险参保范围，但是并非强制，而是在雇主与雇员双方同意下的任意参保。

(三) 养老保险财政评估制度

1954年开始到2004年止，为了对今后的养老保险改革提供参考根据，政府每5年对养老保险实施一次财政再计算。2004年导入宏观经济下滑指数以后，政府将此前的养老保险财政再计算制度改编为养老保险财政评估制度。新的养老保险财政评估制度分别于2009年、2014年和2019年实施。财政评估主要以经济发展（全要素生产率的提高、物价上涨率、工资增长率等）、人口结构（总和出生率TFR、平均寿命等）和劳动力供求预测等指标为依据，按不同情况对今后养老金给付水准（养老金替代率等）和保险费负担变化进行分析评估，为政府提供最佳改革方案。近年的养老保险财政评估结果将在第六章中详细介绍。日本公共养老保险与企业年金的历史沿革见表2-1。

表2-1　　　日本公共养老保险与企业年金的历史沿革

年份 （日本年号）	公共养老保险	企业年金	人口及社会经济状况
1875（明治8）	·颁布《海军退隐令》和《陆军恩给令》，实施军人恩给制度		
1884（明治17）	·颁布《官吏恩给令》，实施文职官员恩给制度		
1905（明治38）		·钟纺共济组合、制铁所工人共济会成立	
1923（大正12）	·制定新恩给法，统一军人、官吏和教职员恩给制度		·关东大地震（1923年9月1日）
1925（大正14）		·邮政年金法颁布（个人年金的起源）	
1926（昭和1）			·12月25日大正天皇驾崩
1939（昭和14）	·制定船员保险法 －参保对象：船员 －养老金领取条件：缴纳保费15年以上 －养老金起付年龄：50岁 －养老金（1年的金额）：3个月的工资金额		

日本公共养老保险

续表

年份 （日本年号）	公共养老保险	企业年金	人口及社会经济状况
1941（昭和16）	·制定劳动者养老保险法 -参保对象：雇员10人以上企业的男子工厂劳动者 -保险费率：6.4% -养老金给付：老龄养老金、残疾津贴、遗属津贴 -养老金领取条件：缴纳保费20年 -养老金起付年龄：55岁 -养老金（1年的金额）：3个月的工资金额		
1942（昭和17）	·实施劳动者养老保险法		
1944（昭和19）	·修改劳动者养老保险法 -劳动者养老保险法改称为厚生养老保险法 -覆盖对象扩大：事务职员、女子及雇员5人以上企业从业人员 -养老金（1年的金额）：4个月的工资金额		·英国《贝弗里奇报告》发表
1947（昭和22）	·修改厚生养老保险法 -工作原因的残疾津贴、死亡津贴划归工伤保险范畴		·总人口为7 800万人 　65岁以上人口375万人（占总人口4.9%） ·平均寿命：50.06岁（男），53.96岁（女）

第二章 日本公共养老保险制度的历史变迁

续表

年份（日本年号）	公共养老保险	企业年金	人口及社会经济状况
			·总和出生率 4.54
			·战后第一次出生高峰（1947—1949年）
1948（昭和23）	·修改厚生养老保险法 -创设寡妇鳏夫遗子养老金制度 -冻结养老金给付（由于急剧通货膨胀） -暂定保险费率：3% ·制定国家公务员共济组合法（旧法） -统一技能劳务公务员共济组合		·出现急剧的通货膨胀（第二次世界大战前的50~100倍，1947年的183%）
1949（昭和24）	·修改厚生养老保险法 -大幅度提高残疾津贴	·松坂屋设立私家年金制度	·固定汇率制（1美元=360日元） ·美国主导的经济财政再建开始
	·设立社会保障制度审议会（内阁总理咨询机构）		
1950（昭和25）	·社会保障制度审议会发布《关于社会保障制度的劝告》		·总人口为8 411万人 65岁以上人口为416万人（占总人口4.9%） ·平均寿命：59.57岁（男），62.97岁（女） ·总和出生率 3.65
1951（昭和26）	·制定资金运营部资金法	·早稻田大学设立教职工年金制度	

续表

年份（日本年号）	公共养老保险	企业年金	人口及社会经济状况
1953（昭和28）	·修改厚生养老保险法 ·制定私立学校教职人员共济组合法 ·恢复军人恩给制度 ·社会保障制度审议会发布《关于养老保险制度完善与改革的劝告》		
1954（昭和29）	·全面修改厚生养老保险法 　-提高老龄养老金的起付年龄：55岁→60岁 　-出台老年人加入资格期间特例（男子40岁以后15年） ·制定厚生养老保险及船员保险谈判法 ·制定城市村镇职员共济组合法		·神武景气（1954.11—1957.06） ·进入经济高速增长期
1956（昭和31）	·制定公共企业职员等组合法		·加入联合国
1958（昭和33）	·制定农林渔业团体职员共济组合法 ·制定国家公务员共济组合法（新法） ·社会保障制度审议会发布《关于国民养老保险制度基本方策的报告》 ·厚生省国民养老保险委员发表《国民养老保险制度构想上的问题点》		·岩户景气（1958.07—1961.12）

续表

年份 (日本年号)	公共养老保险	企业年金	人口及社会经济状况
1959（昭和34）	・制定国民养老保险法 　－参保对象：20~59岁的农民、自营业者等 　－保费缴纳型养老保险与福祉养老保险（无保费）并存 　－老龄养老金金额：缴费10年，月额1 000日元 　　缴费25年，月额2 000日元 　　缴费40年，月额3 500日元 　－起付年龄 65岁 　－保险费：20~34岁，月额100日元；35~59岁，月额150日元 　－福祉养金：月额1 000日元（70岁领取） ・厚生省养老保险局设置 ・修改国家公务员共济组合法 　－覆盖全体国家公职人员，废除恩给制度	・中小企业退休金共济法 ・设立中小企业退休金共济事业团体 ・创立特定退休金共济制度	
1960（昭和35）	・修改厚生养老保险法 ・创立国民养老保险制度（开始接受加入申请）		・总人口为9 430万人，65岁以上人口为540万人（占总人口5.7%） ・平均寿命：65.32岁（男），70.19岁（女）

日本公共养老保险

续表

年份（日本年号）	公共养老保险	企业年金	人口及社会经济状况
			·总和出生率2.00%
			·发表国民收入倍增计划
1961（昭和36）	·缴费制国民养老保险制度正式实施，全民养老保险		
	·修改国民养老保险法		
	·设立养老保险福祉事业团（基金运营组织）		
	·增加养老保险基金委托运营金额		
1962（昭和37）	·成立社会保险厅	·创立适格退休年金制度	·加盟OECD
		·设立建筑业退休金共济组合	·举办东京奥林匹克运动会
1965（昭和40）	·修改厚生养老保险法	·创立厚生年金基金制度（1966年10月实施）	·总人口为9 921万人 65岁以上人口为624万人（占总人口6.3%）
	-决定将养老金月额上调至1万日元		
	-创设在职老龄养老保险制度		
	-提高国库负担率	·制定小规模企业共济法	·平均寿命：67.74岁（男），72.92岁（女）
			·总和出生率2.14%
			·伊弉诺景气（1965.11—1971.07）
1966（昭和41）	·修改国民养老保险法	·批准设立厚生年金基金第1小组（87基金）	
	-夫妻二人养老金月额上调至1万日元		
	-提高福祉养老金金额		

续表

年份 （日本年号）	公共养老保险	企业年金	人口及社会经济状况
1967（昭和42）		·成立厚生年金基金联合会	
		·煤炭矿业年金基金法制定	
		·成立清酒制造业退休金共济组合	
1968（昭和43）			·GNP位居世界第2位
1969（昭和44）	·修改厚生养老保险法 —决定将养老金月额上调至2万日元 —创设低所得者在职老龄养老保险 ·修改国民养老保险法 —夫妇二人养老金月额上调至2万日元 —创设附加保险费 —提高福祉养老金金额	·设立国民年金基金制度	
1970（昭和45）	·厚生养老金领取人突破100万人	·设立农民年金基金	·举办大阪万国博览会
			·总人口为10 467万人，65岁以上人口为739万人（占总人口7.1%），老龄化比率突破7%
			·平均寿命：69.31岁（男），74.66岁（女）
			·总和出生率2.13%
1971（昭和46）	·修改厚生养老保险法，提出养老金应该根据物价的上涨而调整	·提高厚生年金基金的投资比例	·日元大幅度升值（1美元=308日元）
			·战后第二次出生高峰（1971—1974年）

日本公共养老保险

续表

年份（日本年号）	公共养老保险	企业年金	人口及社会经济状况
1972（昭和47）	·修改国民养老保险法 　-养老金金额大幅度上调		·《中日联合声明》发表，中日邦交正常化
1973（昭和48）	·修改厚生养老保险法 　-标准养老金上调至男子平均工资的60% 　-养老金月额5万日元 　-导入工资再评价，物价浮动制 ·修改国民养老保险法 　-夫妇二人养老金月额上调至5万日元 　-导入物价浮动制	·创立厚生年金基金的福祉设施事业的规定	·第一次石油危机爆发，物价指数高涨 ·日元汇率由固定制转向市场浮动制 ·出现物价大幅度上升现象
1974（昭和49）	·养老金伴随物价上调16.1% ·统一养老保险的保险证		·战后首次经济负增长（-1.7%） ·消费者物价上升21.8%
1975（昭和50）	·养老金伴随物价上调21.8%		·总人口为11 194万人，65岁以上人口为887万人（占总人口7.9%） ·平均寿命：71.73岁（男），76.89岁（女） ·总和出生率1.91%
1976（昭和51）	·设立厚生省养老保险制度基本构想圆桌会议 ·修改厚生养老保险法等 　-标准养老金月额上调至9万日元		

续表

年份（日本年号）	公共养老保险	企业年金	人口及社会经济状况
	－上调追加养老金给付 －创设残疾津贴和遗属津贴的通算制度 －创设遗属津贴的寡妇追加给付 ·修改国民养老保险法等 　－夫妇二人养老金月额 6.5 万日元 　－上调福祉养老金金额 　－提高国民养老保险支出的国库负担比例 ·国铁共济组合首次出现赤字，高达 89 亿日元		
1977（昭和 52）	·社会保障制度审议会提出 　－建立全民养老保险下的新养老保险体系 　－创设以附加价值税为财源的全民基本养老保险制度 ·实现基本养老金单身月额 3 万日元、夫妇 5 万日元的上调 ·国铁共济组合财政赤字上升到 360 亿日元		
1978（昭和 53）	·养老金伴随物价上调 6.7% ·在职养老金起付年龄改定为 70 岁	·开设东京年金基金中心	
1979（昭和 54）	·修改国家公务员共济组合法	·解除厚生年金基金中外汇证券的使用禁令	·第二次石油危机

续表

年份（日本年号）	公共养老保险	企业年金	人口及社会经济状况
	-提高退职养老金起付年龄：55岁→60岁 -废除一次性支付制度 -除邮政组合，全体组合加入国家公务员共济组合联合会		
	·养老金伴随物价上调3.4%		
1980（昭和55）	·修改厚生养老保险法等 -标准养老金月额13.6万日元 -提高寡妇追加给付金额 -养老金伴随物价上调9.4%		·总人口为11 706万人 65岁以上人口为1 065万人（占总人口9.1%） ·平均寿命：73.35岁（男），78.76岁（女）
	·国民养老金夫妻二人的月额上调至8.4万日元		·总和出生率1.75% ·财政再建元年
1981（昭和56）	·养老金伴随物价上调7.8%	·合并建筑业和清酒制造业退休金共济组合	·日美贸易摩擦加剧
1982（昭和57）	·厚生养老保险支出的国库负担比率25%续延（1982—1985年）	·厚生省养老保险局内开设年金基金指导室	
	·厚生养老金领取人数突破500万人		
	·养老金伴随物价上调4.0%		
1983（昭和58）	·修改地方公务员等共济组合法		

续表

年份（日本年号）	公共养老保险	企业年金	人口及社会经济状况
	-设立地方公务员共济组合联合会		
	·修改国家公务员共济组合法修正		
	-统一国家公务员共济组合和公企职员共济组合		
	-国家公务员共济组合向国铁共济组合实施财政支援		
1984（昭和59）	·内阁批准《关于公共养老保险制度的一元化》	·在个人的税务扣除中新增个人年金扣除项目	
	-1984年开始，厚生养老保险的参保人及被扶养配偶参加国民养老保险，领取统一的基础养老金		
	-1985年开始，共济养老保险的参保人及被扶养配偶参加国民养老保险，领取统一的基础养老金		
	-到1995年为止完成公共养老保险制度的统一（一元化）		
	·养老金特殊上调2.0%		
1985（昭和60）	·修改国民养老保险法等		·总人口为12 105万人 65岁以上人口为1 247万人（占总人口10.3%）
	-20~59岁全体国民参加国民养老保险制度		
	-基础养老金起付年龄：65岁		·平均寿命：74.78岁（男），80.48岁（女）
	-厚生养老金=基础养老金+工资比例养老金		
	-基础养老金月额单人5万日元		

续表

年份（日本年号）	公共养老保险	企业年金	人口及社会经济状况
	-基础养老金财源：各制度保费收入2/3，中央财政1/3		·总和出生率1.76%
	-设定厚生养老金水准上调目标：男子平均工资的68%		
	-参保人的被扶养配偶作为国民养老保险参保人（无须缴纳保费），享有领取基础养老金的权利		·广场协议达成，日元大幅度升值
			·筑波世博会
	-将残疾福祉津贴改为残疾基础津贴，充实对残疾人的收入保障		·两大国企民营化：NTT、JT成立
	·统一厚生养老保险和船员保险		
	-雇员不足5人的企业也必须参加厚生养老保险		
	-厚生养老金起付年龄：65岁		
	·修改共济组合四法		
	-修改内容与上述厚生养老金的变化相同		
	·养老金特殊上调3.4%		
1986（昭和61）	·正式导入基础养老金制度（国民、厚生、共济共通）	·厚生省年金局年金基金指导室升格为企业年金处	·日元上涨导致实体经济下滑（1986.12—1991.05）
	·厚生养老金领取人数突破700万人		
	·养老金特殊上调2.7%		
1987（昭和62）	·国铁共济组合改名为日本铁道共济组合		·日本国有铁道民营化

续表

年份（日本年号）	公共养老保险	企业年金	人口及社会经济状况
	·修改养老保险福祉事业团法修正		·泡沫景气（1987—1992年）
	·为了强化养老保险财政允许资金自主运营事业开始		
	·养老金特殊上调 0.6%		
1988（昭和63）	·发表铁道共济财政支援的必要性报告	·设立年金精算师制度	·地价、股价高涨，实质经济增长率5%
	·养老金特殊上调 0.1%	·探讨成立年金精算师协会	
1989（平成1）	·修改国民养老保险法 —提高基础养老金金额 —导入完全自动物价浮动制 —改善在职老龄养老金支付水准 —变更养老金支付日期：每年4次→每年6次 —实施学生参保强制化 —创设国民养老保险基金	·日本年金精算师协会成立	·1月7日昭和天皇驾崩，皇太子明仁继承皇位，改年号为平成
		·修改国民年金基金制度（新设地域型等）	·开始实施3%的消费税
	·制定被用者养老保险制度间费用负担调整法 —厚生养老保险的基础养老金由厚生养老保险全体承担 —对日本铁道共济组合实施财政支援	·厚生年金基金实施独立运营	·日经平均指数最高值：38 915日元
	·共济组合四法修正		
1990（平成2）	·依据完全自动物价浮动制，养老金随物价上调2.3%		·总人口为12 361万人

日本公共养老保险

续表

年份（日本年号）	公共养老保险	企业年金	人口及社会经济状况
			65岁以上人口为1 489万人（占总人口12.0%）
			·平均寿命：75.92岁（男），81.9岁（女）
			·总和出生率1.54%
			·股价暴跌，日经平均指数跌破2万日元
1991（平成3）	·依据完全自动物价浮动制，养老金随物价上调3.1%	·设立国民年金基金 ·设立国民年金基金联合会	·泡沫经济破灭，进入平成不景气
1992（平成4）	·依据完全自动物价浮动制，养老金随物价上调3.3% ·厚生养老保险法实施50周年		·地价出现17年以来的下跌
1993（平成5）	·修改被用者养老保险费用负担调整法 　-被用者养老保险费用负担调整事业继续 ·依据完全自动物价浮动制，养老金随物价上调1.6%	·导入特例适格退职年金制度	·55年体制（自民党为第一执政党，社会党为第一在野党）瓦解 ·非自民党的八党派联立政权诞生
1994（平成6）	·设立公共养老保险制度统一化圆桌会议 ·国民养老保险法等修正 　-基础养老金上调 　-厚生养老保险定额部分起付年龄提高：60岁→65岁 　-改善在职老龄养老金支付水准		

续表

年份（日本年号）	公共养老保险	企业年金	人口及社会经济状况
	-规定奖金也要缴纳保险费（费率：1%） -免除育儿期间本人应缴纳的厚生养老保险保费 -附则中明确研讨提高基础养老保险国库负担比例 ·共济组合四法修正 ·依据完全自动物价浮动制，养老金随物价上调1.3% ·共济组合四法修正		
1995（平成7）	·社会保障制度审议会发表《关于社会保障体制再构筑》劝告		·总人口为12 558万人 65岁以上人口为1 826万人（占总人口14.5%） ·平均寿命：76.38岁（男），82.85岁（女） ·总和出生率1.42% ·阪神·淡路大地震 ·1995年为止日元上涨最高点1美元=79日元 ·1995年为止最低利息0.1%
1996（平成8）	·内阁批准《关于公共养老保险制度的再编》报告 ·修改厚生养老保险法等 -原国企3共济组合与厚生养老保险统合	·加入适格退职年金人数达到最高：1 078万人	

续表

年份 (日本年号)	公共养老保险	企业年金	人口及社会经济状况
1997（平成9）	·国铁、日本烟草、日本电电三家原国企共济组合与厚生养老保险统合，原有积累基金统一	·厚生年金基金的数量达到最多：1 888支基金	·护理保险法成立
		·加入年金基金人数达到最多：1 265万人	·消费税率由3%上调至5%
	·导入基础养老保险号码登录制度		·亚洲金融危机爆发
			·北海道拓殖银行、山一证券等大型金融公司倒闭
2000（平成12）	·修改国民养老保险法等 —提高基础养老金金额 —厚生养老金报酬比例部分的乘数由7.5/1 000下调至7.125/1 000 —报酬比例部分起付年龄由60岁上调至65岁 —保险费收缴采用总报酬制，即工资奖金的费率均调整为13.58% —厚生养老保险的参保年龄上限由65岁提高到70岁 —设立国民养老保险的保费半额免除制度 —规定2004年将基础养老金总支出的国库负担比率提高到50% —保险费率固定不变 ·修改国家公务员共济组合法等		·总人口为12 693万人 65岁以上人口为2 201万人（占总人口17.3%） ·平均寿命：77.72岁（男），84.6岁（女） ·总和出生率1.36%

续表

年份（日本年号）	公共养老保险	企业年金	人口及社会经济状况
2001（平成13）	·公共养老保险统一化圆桌会议的活动重新开始		
	·内阁决定推进公共养老保险制度统一化进程	·制定企业确定缴费型年金法	·中央部委机构调整，成立厚生劳动省
	·废除养老保险福祉事业团法	·启动企业确定缴费型年金制度	·股价跌破1万日元大关
	·制定养老保险资金运营基金法	·制定企业确定给付型年金法	·IT泡沫破灭，日本经济持续低迷
	·制定厚生养老保险及农林共济组合统合法		·小泉政权的结构改革开始
	·厚生养老保险定额部分起付年龄上调正式实施		·美国"911事件"
2002（平成14）	·将农林共济组合与厚生养老保险统一	·启动企业确定给付型年金制度	
2003（平成15）	·首次提出养老金随物价浮动下调机制		
2004（平成16）	·修改国民养老保险法等 —保险费率逐年上调，今后的费率上限规定如下：国民养老保险16 900日元，厚生养老保险18.30% —养老金给付按宏观经济调整 —基础养老金支出的国库负担率由1/3上调到1/2 —在职老龄养老金适用范围扩大到70岁以上 —延长育儿休假期间的保费免除期间	·制定年金基金管理运用独立行政法人法 ·提高企业确定缴费型年金的缴费限额 ·放宽企业确定缴费型年金的中途提取条件	·内阁批准邮政民营化基本方针

续表

年份 (日本年号)	公共养老保险	企业年金	人口及社会经济状况
	-国民养老保险的保费免除改编为四阶段制 -允许3号参保人离婚时夫妇分别领取各自的养老金 ·修改国家公务员共济组合法等 ·修改养老金缴税方式（缩小公共养老金扣除项目） ·厚生养老保险保费率由13.58%提高到13.934%		
2005（平成17）		·强化设立厚生年金基金的批准条件 ·放宽厚生年金基金的支付时间、次数要求 ·厚生年金基金联合会改组为企业年金联合会	·总人口为12 777万人 65岁以上人口为2 567万人（占总人口20.1%） ·平均寿命：78.56岁（男），85.52岁（女） ·总和出生率1.26% ·公布邮政民营化法，2006年4月实施
2006（平成18）	·成立养老金基金管理及运营独立行政法人 ·社会保险厅5 000万余人基础养老保险号码登记错误事件		·实施邮政民营化法
2008（平成20）			·后期高龄老人医疗制度开始实施

第二章 日本公共养老保险制度的历史变迁

续表

年份 （日本年号）	公共养老保险	企业年金	人口及社会经济状况
			·受美国金融危机影响日本股市大跌，日元大幅升高，经济大幅度下滑
2009（平成21）	·实施第一次养老保险财政验证		·民主党政权诞生
	·基础养老金支出的国库负担率达到50%		·日经平均指数泡沫经济后最低值
2010（平成22）	·撤销社会保险厅，设立日本养老保险机构		·总人口为12 806万人65岁以上人口为2 925万人（占总人口22.8%）
			·平均寿命：79.55岁（男），86.3岁（女）
			·总和出生率1.39%
2011（平成23）	·全民养老保险体制实施50周年	·扩大国民年金基金的参保人范围	·东日本大地震发生，经济损失严重
	·修改国民养老保险法等 −国民养老保险保费补缴期限由2年扩大到10年（2012—2015年三年期限内完成）		
	·修改企业确定缴费型养老保险法，扩大参保对象		
2012（平成24）	·制定社会保障与租税一体化改革相关法	·废除适格退职年金制度	·民主党政权结束，第二次安倍政权开始
	·修改国民养老保险法等 −养老金领取条件由25年参保缩短为10年参保 −决定扩大非正式职工参加厚生养老保险		·启动所谓的安倍经济学

续表

年份 (日本年号)	公共养老保险	企业年金	人口及社会经济状况
	-遗属津贴支付对象扩大到父子家庭		
	·工薪阶层养老保险一体化法制定 -规划厚生养老保险和共济养老保险统一方案		
2013（平成25）	·制定社会保障及租税号码法	·修改厚生年金基金法 -停止新增基金 -下达解散命令（2019年4月以后）	·设定2%的通货膨胀目标
2014（平成26）	·修改国民养老保险法等 -国民养老保险保费5年缴纳制度的特例（2015—2018年三年期限内完成） ·实施第二次养老保险财政验证	·提高企业确定缴费型年金的缴费限额 ·禁止开设和运营新的厚生年金基金	·消费税率由5%上调至8%
2015（平成27）	·实现厚生养老保险和共济养老保险统一 ·实施社会保障及租税号码法	·修改中小企业退职金共济法	·总人口为12 709万人，65岁以上人口为3 387万人（占总人口26.6%） ·平均寿命：80.75岁（男），86.98岁（女） ·总和出生率1.45%
2016（平成28）	·养老保险改革法成立 -雇员501名以上企业非正式职工参加厚生养老保险	·修改确定缴费年金法等 -扩大个人确定缴费型年金的参保人范围	·消费税率上调再次延期

续表

年份（日本年号）	公共养老保险	企业年金	人口及社会经济状况
	-免除国民养老保险1号参保人产前产后4个月保费 ·修改国民养老保险法等	-扩大国民年金基金的参保人范围 -创立简易企业确定缴费型年金制度	
2017（平成29）	·修改国民养老保险法等 -养老金领取条件缩短为10年参保（正式实施） -国民养老保险保费提前两年缴纳制度设立 ·雇员500名以下企业非正式职工参加厚生养老保险 ·厚生养老保险保费费率固定为18.30%（10月开始）	·扩大个人确定缴费型年金的加入范围 ·设立风险应对储蓄金和风险分担型企业年金	
2018（平成30）	·养老金生活者支援给付金法实施	·重新修改企业确定给付型年金的特例	·总人口为12 644万人 65岁以上人口为3 557万人（占总人口28.1%） ·平均寿命：81.25岁（男），87.32岁（女） ·总和出生率1.42%

资料来源：吉原健二. わが国の公的年金制度［M］. 東京：中央法規出版社，2004；吉原健二，畑満. 日本公的年金制度史［M］. 東京：中央法規出版社，2016；作者整理制作。

第三章 日本公共养老保险制度的体系及现状

日本的公共养老保险制度属于政府主导型的社会保障制度，主要包含两大制度安排。第一个制度安排是以工薪阶层职工为参保对象的厚生养老保险和共济养老保险制度，第二个制度安排是以非工薪阶层的学生、农民、个体工商户（个体自营业者）等人为参保对象的国民养老保险制度。前者创建于1942年，属于"职域型保险"，类似于我国的城镇职工基本养老保险制度；后者创建于1961年，属于"地域型保险"，类似于我国的城乡居民基本养老保险制度。本章从参保对象、保险费征缴、养老金种类、养老金计发条件与标准、养老保险财政等方面详细介绍国民养老保险及厚生养老保险的基本内容，同时通过参保人员的基本情况、养老金领取人员的基本情况、保险费收缴与养老金给付等近年的相关数据考察日本公共养老保险制度的参保及财政收支的现状。

第一节 国民养老保险制度

直到1985年，国民养老保险制度、厚生养老保险制度以及共济养老保险制度都是互相独立的制度。1985年《国民养老保险法》的修改案规定：从1986年4月开始，工薪阶层的职工及其配偶也必须加入国民养老保险。从此，上述三个互相独立的制度整合为第一章中图1-4所示的第1层+第2层的两层构造，第一层的国民养老保险担负了向所有参保国民（工薪阶层职工以及非工薪阶层人员）支付基础养老金的职能，因此又被称为基础养老保险。本节具体介绍第一层的国民养老保险制度的基本内容。

一、国民养老保险的参保对象

20 岁以上、60 岁以下的全体国民以及在日本国内居住的外国人,按照法律规定被强制纳入国民养老保险制度。在海外工作和居住的日本国民可以任意成为国民养老保险制度的参保人。如第一章中图 1-4 所示,国民养老保险的参保人按照其劳动就业形态的不同分为 1 号参保人、2 号参保人和 3 号参保人三个类型。

第一类型(1 号参保人):20 岁以上、60 岁以下的学生、农民、个体工商户和无业人员等。

第二类型(2 号参保人):加入厚生及共济养老保险的工薪阶层职工等。

第三类型(3 号参保人):2 号参保人(即工薪阶层职工等)的被扶养配偶。

如果把日本的公共养老保险制度的构造比喻为两层建筑的别墅,1 号参保人和 3 号参保人的活动范围仅限于第一层,不能进入第二层;2 号参保人的活动范围则贯通第一层和第二层。从领取养老金的角度来说,1 号参保人和 3 号参保人只能领取国民养老金(即老龄基础养老金);而 2 号参保人既可以领取国民养老金(对于 2 号参保人而言的基础养老金),又可以领取基础养老金之上的厚生养老金(即老龄厚生养老金)。

二、国民养老保险的保险费

(一)国民养老保险的保险费与征缴方式

国民养老保险制度采用全国统筹方式进行保险费收缴和养老金计发。1 号参保人(个体工商户等)必须每月缴纳国民养老保险费,保险费没有地区差别,采取全国统一的定额制,2019 年度(2019 年 4 月 1 日至 2020 年 3 月 31 日)的保险费为每月 16 410 日元。①

2004 年的养老保险制度修改法案规定,从 2005 年度(2005 年 4 月)开始到 2017 年度的 13 年中,国民养老保险的保险费在原有金额 13 300 日元的基础上每年提高 280 日元,2017 年度以后固定为 16 900 日元。2016 年 12 月成立的国民养

---

① 按照 1 日元≈0.065 人民币的汇率计算大约折合 1 066 元人民币。

老保险修改法案规定，国民养老保险的保险费从2020年度（2020年4月1日）开始固定为每月17 000日元。① 但是由于受物价变动影响，2017年度以后国民养老保险费仍然配合物价调整每年有所变动。

1号参保人的保险费缴纳采取以个人为单位的缴纳方式，每个参保人按照规定向居住所在地的政府部门缴纳保险费。实际上，参保人一般利用银行账户自动缴费方式，无须直接去窗口缴费。

2号参保人（工薪阶层职工等）的国民养老保险费与厚生（共济）养老保险费合二为一，即2号参保人缴纳的厚生（共济）养老保险费中包含了国民养老保险费。2号参保人的保险费由工作单位在工资中扣缴，属于国民养老保险的费用由厚生（共济）养老保险账户转入国民养老保险账户，所以2号参保人不需要直接缴纳国民养老保险费。

3号参保人（2号参保人的被扶养配偶）的保险费由2号参保人全体负担，所以3号参保人也不需要直接缴纳国民养老保险的保险费。此部分的费用不计入厚生（共济）养老保险账户。

（二）国民养老保险费的免除制度

国民养老保险制度规定：对于由于经济原因而无法正常缴纳保险费的人员实施免除缴纳保险费的措施。免除缴纳保险费的方式分为法定免除和申请减免两个类型。法定免除的对象包括两类人群：其一是享受最低生活保障待遇的城乡居民，其二是1号参保人中的身体残疾人员以及无固定收入的贫困群体。以上两类人群按照制度规定向居住所在地政府（国民养老保险处等负责部门）提交《国民养老保险费免除理由书》，获得批准后不需要缴纳国民养老保险费，即全额免除。申请减免适用于收入在一定水准以下的低收入群体。低收入人员提交保险费减免申请，经审查批准可以获得保险费减免待遇。减免内容根据前一年的收入情况分为四分之一减免、二分之一减免、四分之三减免三个级别。

除了上述两种类型的减免措施，政府还为学生以及20~50岁的低收入人员设立了保险费延期缴纳的政策。享受了延期缴纳政策的人员在其后的补缴中需要

---

① 事实上，2020年度（2020年4月1日）的保险费为16 540日元，保险费的计算方式是在固定的17 000日元基础上乘以该年的物价调整指数得出实际的保险费金额。

负担一定的延期缴纳利息。

对于享受保险费减免政策的人员，政府规定：免除或减免期间的月数根据减免程度计入国民养老金的计发月数。享受延期缴纳政策人员的延期月数则如实计入今后的计发月数中。对于保险费的减免或延期缴纳以及养老金的计发等具体做法在第四章中详细介绍。

三、国民养老金的种类和养老金的计发

（一）国民养老金的种类和金额

国民养老保险制度支付的养老金分为老龄基础养老金、残疾基础津贴和遗属基础津贴三种。本节着重介绍老龄基础养老金，残疾基础津贴和遗属基础津贴在本章的第三节中介绍。

老龄基础养老金的计发也采用全国统一标准，不存在地区差异。年满65岁以上老人只要满足领取条件（参保年限）均可领取到老龄基础养老金。2019年度的老龄基础养老金金额为每月65 008日元，一年780 100日元。[①] 以上金额是满额领取金额，按照参保期间的不同养老金的金额会有所调整。

除了现行制度下的老龄基础养老金，现在还有极少数老人领取老龄福祉养老金。老龄福祉养老金设立于1961年。当时政府对于由于参保年限不足或者收入过低而无法参加新成立的国民养老保险制度的人员，提供了无须缴纳保险费的老龄福祉养老金制度。该制度的资金全部由中央财政，即国库负担。

另外，对于在导入基础养老保险制度之前，即1985年以前按照旧国民养老保险法领取老龄国民养老金的人员，政府规定继续按照旧制度计发老龄国民养老金。

（二）领取老龄基础养老金的基本条件

1. 参保年限

领取老龄基础养老金的条件分为对参保年限的规定和起付年龄（开始领取养老金年龄）的规定两个条件。

---

① 2020年度提高到每月65 141日元，一年781 700日元。

其中，现行养老保险法规定参保年限累计满 10 年的参保人，在达到起付年龄时可以领取老龄基础养老金；满额领取的条件是参保年限累计满 40 年。保险费免除期间按照规定计入参保期间。

2017 年 10 月之前，对参保年限的规定是累计满 25 年。25 年以上的参保期间过于漫长，如果达不到 25 年就无法领取老龄基础养老金。20 世纪 90 年代以后随着经济增长的停滞和劳动雇佣形态的变化（失业率上升，非正规劳动群体扩大等），能够满足参保年限 25 年以上的人员大幅度减少，无养老金人群不断扩大。针对上述问题，2012 年 8 月的《养老保险机能强化法》规定将原定的 25 年缩短为 10 年，2017 年 10 月得以正式实施。从 2017 年 10 月以后，领取老龄基础养老金的条件，即参保年限由原来的 25 年缩短为 10 年。缩短参保年限在一定程度上减少了无养老金人群的产生。但是由于领取满额养老金的条件是参保 40 年，所以 10 年参保人只能领取满额养老金 1/4 的金额，低养老金的问题仍然是一个有待解决的课题。

2. 起付年龄（开始领取养老金年龄）

养老保险法规定，老龄基础养老金的起付年龄为 65 周岁。原则上讲，符合上述参保年限条件的参保人年满 65 周岁就可以领取老龄基础养老金。但是，为了满足不同经济情况的老年人的要求，老龄基础养老金的领取规定中设置了提前支付制度和延期支付制度。

提前支付制度规定最多可以提前 5 年（60 岁）领取养老金，每提前一个月，养老金将减少 0.5%（提前一年领取减少 6%，60 岁开始领取的话则将减少 30%），减少比率终身适用。

延期支付制度规定最多可以延迟 5 年（70 岁）领取养老金，每推延一个月，养老金将增加 0.7%（推延一年领取增加 8.4%，70 岁开始领取的话则将增加 42%），增加比率终身适用。

3. 参保期间的计算

正常缴纳保险费的期间计入参保期间，保险费免除及减免期间等情况也可以计入参保期间。具体内容在第四章中详细介绍。

四、物价浮动制度和工资浮动制度

1973年养老保险改革以后，日本的公共养老保险制度中设置了养老金的物价浮动制度和工资浮动制度。制度规定，老龄基础养老金以及老龄厚生养老金的发放标准根据老年人消费的实际情况以及工资上涨的幅度进行调整，调整按照每年消费者物价浮动幅度和工资上涨幅度进行自动修改。2004年之前，养老金按照标准报酬、可支配收入以及物价浮动等指标的变动进行调整，但是基本上是只有上调没有下滑。2004年养老保险法修改以后，在自动物价浮动制度中导入了宏观经济调控机制（宏观经济下滑指数），通过综合考虑工资、物价、参保人数量、平均寿命以及经济增长等多项指标来调整养老金的发放标准。养老金标准根据上述多项指标的变化既有上调也有下滑，出现了上下调整的新现象。

五、国民养老保险的财政

虽然被称作保险制度，但是基础养老金的资金来源并不完全由保险费来承担，国库（中央财政）负担其中的50%，另外的50%由国民养老保险的各号参保人按人头比例分担（即保险费负担部分）。

举例来说，将一年所需基础养老金的给付总额设为B，1号参保人数为$N1$，2号参保人数为$N2$，3号参保人数为$N3$，1号参保人群体的保险费负担部分为$B\times 1/2\times N1/(N1+N2+N3)$，由于3号参保人的保险费由2号参保人负担，所以包含3号参保人在内的2号参保人群体的保险费负担部分为$B\times 1/2\times (N2+N3)/(N1+N2+N3)$。由此可以看出，2号参保人的负担比1号参保人要多。这也是日本公共养老保险财政中的一个主要指导方针，即用工薪阶层职工的保险费支援非工薪阶层人员的养老金给付，其理由有以下两点：一是工薪阶层职工的平均工资待遇普遍高于非工薪阶层人员；二是与非工薪阶层人员相比，工薪阶层职工的收入状况容易掌握，有利于保险费征缴。

2004年以前，国民养老金（基础养老金）的国库负担比例为1/3，2004年的养老保险制度改革规定将之前的1/3上调至1/2。对于国民养老金的资金筹措方式的探讨始终没有中断，如今仍有提倡取消保险费征缴方式，通过单纯的税收方式筹集国民养老金给付费用的意见。

六、国民养老金基金

对于工薪阶层来说，老龄基础养老金的基础之上还有老龄厚生养老金以及企业年金等第二层、第三层的收入保障。然而，对于非工薪阶层的1号参保人来说，年老后一般只有老龄基础养老金的收入来维持生活。2019年度，每月满额的老龄基础养老金约为65 000日元，夫妇二人相加约为13万日元。该金额只能维持夫妇二人的基本生活水平。所以，为了确保老年人的生活质量不会因养老金收入不足而发生大幅度下降，日本政府为1号参保人设立了国民养老金基金制度，并于1991年正式实施。

国民养老金基金制度采用任意参保的原则，参保人仅限于国民养老保险制度的1号参保人，不允许2号和3号参保人参加。除了20~60岁的1号参保人以外，60~65岁的国民养老保险制度的任意参保人也可以参保。为了保证基金的稳定运营，一旦参保后，不允许参保人中途退保。国民养老金基金分为地域型和职业型两个类型。从事个体经营的牙科医师、律师和司法书士[①]加入各相关行业的职业型基金组织；其余的1号参保人加入地域型的全国国民养老金基金。

国民养老金基金的制度体系更接近于商业保险的模式，即按照今后可领取的养老金的多少来决定保险费的金额。首先，国民养老金基金中设定了终身保险（A型和B型）和定期保险（Ⅰ~Ⅴ个档次）两种类型的养老金（见表3-1、表3-2和表3-3）。养老金采取按份额购买形式，即参保人按照各自的需求，通过搭配终身保险和定期保险的份额确定今后的养老金金额。第一份额必须从表3-1的A和B中任选其一，第二份额以后可以从表3-2和表3-3的终身保险、定期保险中任意搭配选择。

保险费根据参保人年龄、性别以及所选择的养老金给付类型（终身或定期的某个档次）的不同而不同。参保人的年龄越大、养老金给付期间越长、给付金额

---

① 日本的一种经国家资格考试合格后方可从业的职业，主要业务是凭借自身的法律知识为客户提供有关法律文书的咨询、制作，以及各种登记事务的代理等与司法业务相关的内容。

越多，该份额的保险费就越高；女性参保人的保险费高于同龄的男性参保人的保险费。保险费的上限额度为每月 68 000 日元，保险费全额计入社会保险费税务扣除对象。今后领取的国民养老金基金制度计发的养老金也享受税务减免待遇。

有专家指出，国民养老金基金的保险费就某种意义而言比商业养老保险的保险费还贵，缺少足够的吸引力。但是，与商业养老保险不同，国民养老金基金的保险费可以全额计入社会保险费税务扣除对象，有较好的节税效果。

表 3-1　　　　　　　　适用于第一份额的终身保险

类型	起付年龄（岁）	保险期间	养老金（日元/月）	特征
A	65	65~80 岁/15 年期限	20 000	80 岁之前死亡后的养老金由遗属继承
			15 000	
			10 000	
B	65	终身型/无期限	20 000	养老金金额与 A 一样，但是保费比 A 便宜
			15 000	
			10 000	

资料来源：中尾幸村，中尾孝子. 図解わかる年金 2019—2020 年版 [M]. 東京：新星出版社，2019：242.

表 3-2　　　　　　　　适用于第二份额以后的终身保险

类型	开始支付年龄（岁）	保险期间	养老金（日元/月）	特征
A	65	65~80 岁/15 年期限	10 000	80 岁之前死亡后的养老金由遗属继承
			5 000	
B	65	终身型/无期限	10 000	养老金金额与 A 一样，但是保费比 A 便宜
			5 000	

资料来源：中尾幸村，中尾孝子. 図解わかる年金 2019—2020 年版 [M]. 東京：新星出版社，2019：242.

表 3-3　　　　　　　　适用于第二份额以后的定期保险

类型	开始支付年龄（岁）	保险期间	养老金（日元/月）
Ⅰ	65	65~80 岁/15 年期限	10 000
			5 000

续表

类型	开始支付年龄（岁）	保险期间	养老金（日元/月）
Ⅱ	65	65~75岁/10年期限	10 000
			5 000
Ⅲ	60	60~75岁/15年期限	10 000
			5 000
Ⅳ	60	60~70岁/10年期限	10 000
			5 000
Ⅴ	60	60~65岁/5年期限	10 000
			5 000

资料来源：中尾幸村，中尾孝子. 図解わかる年金 2019—2020 年版 [M]. 東京：新星出版社，2019：242.

第二节　厚生养老保险制度

厚生养老保险制度始建于第二次世界大战时期的 1942 年。受战争影响，日本的经济生产受到了严重打击，企业存亡受到威胁，劳动者的就业与收入得不到应有的保障，劳动力流动十分频繁。政府为了消除劳动者的不安情绪，让劳动者能够长期稳定地供职于同一企业，扩大生产供给，制定和扩大了劳动者养老保险制度。之后逐渐演变为现行的厚生养老保险制度。

正如第一章概述中介绍的那样，现行的厚生养老保险（含共济养老保险）制度不是一个独立的制度，实际上包含了第一层的基础养老保险（国民养老保险）和第二层的厚生养老保险（含共济养老保险）。第一层的基础养老保险是全国统筹统发的制度设计，而第二层的厚生养老保险（含共济养老保险）是与参保人在职期间的工资与缴费挂钩（多缴多得）的制度设计。

一、厚生养老保险的参保对象

厚生养老保险法规定，拥有 5 人以上正式职工的企业（服务行业企业除外）、法人登记企业以及各类船舶企业都属于厚生养老保险的适用企业。通过法律修改，1988年4月1日以后，1人以上的法人登记企业也被划入厚生养老保险的适用企业范围。在上述企业工作的70岁以下全职劳动者（包括在日本的外国劳动者在内）必须参加厚生养老保险，成为参保人。由于厚生养老保险的基础部分是基础养老保险（国民养老保险），所以加入厚生养老保险的参保人同时也是国民养老保险的参保人，属于2号参保人。在此需要解释的是，初中毕业或高中毕业后就业的20岁以下企业职工并不是国民基础养老保险的参保人，只属于厚生养老保险制度的适用范围，只缴纳厚生养老保险费。

二、厚生养老保险的保险费

（一）厚生养老保险的保险费与征缴方式

1. 标准报酬制度和总报酬制度

在日本，适用于工薪阶层职工的厚生养老保险制度和健康保险制度的保险费的算定都以标准报酬（月额）为征缴基数。标准报酬（月额）是指包括基本工资、职务津贴、住宅补贴、家庭津贴、交通补贴、加班补贴等各种劳动报酬的总和，属于税前收入。表3-4左侧两栏标明了标准报酬（月额）的等级和金额，从1级的8.8万日元到31级的62万日元。与国民养老保险的定额制保险费不同，厚生养老保险的保险费采用征缴基数×保险费系数（保险费率）的方式计算。这里的征缴基数不是实际的税前收入，而是标准报酬（月额）表中的标准报酬。此外，值得注意的是，标准报酬（月额）表中设定了上限，即31级62万日元。超过上限的部分不需缴纳保险费。其目的是为了防止高收入群体因为多缴多得，年老后仍有较高的养老金收入，从而造成高低收入群体之间生涯收入差距不断扩大；同时也减少了高收入群体的保险费负担压力。

日本的报酬体系包括每月的劳动报酬（月工资）和一年3次以下的奖金。保险费也分别以月工资收入和奖金收入为缴纳基数，即工资收入按"标准报酬（月额）"，奖金收入按照奖金金额（以1 000日元取整）分别乘以保险费率得出实际保险费用金额。奖金收入也设定了上限，上限金额为1次（同月合计）150万日元，1年3次以下。这种分别以月工资收入和奖金收入为缴纳基数乘以相同

日本公共养老保险

保险费率的缴纳方式被称作"总报酬制度"。该制度是2000年养老保险改革时导入的新的保险费征缴方式，于2003年度（2003年4月1日）开始正式实施。在此之前，月工资收入和奖金收入的保险费率各不相同，月工资收入的保险费率为17.35%；奖金收入的保险费率为1%。2003年度开始，月工资收入和奖金收入的保险费率统一为13.58%，2004年度以后逐年上升，2017年10月以后固定为18.3%。

表3-4　　厚生养老保险保险费金额表（2017年10月至现在）　　单位：日元

标准报酬等级		实际报酬金额（日元/月）	一般劳动者·井下作业人员·船员（厚生养老金基金参保人除外；%，日元/月）	
			全额	个人负担金额
等级	标准报酬金额（日元/月）		18.300%	9.150%
1	88 000	不超过93 000	16 104	8 052
2	98 000	93 000~101 000	17 934	8 967
3	104 000	101 000~107 000	19 032	9 516
4	110 000	107 000~114 000	20 130	10 065
5	118 000	114 000~122 000	21 594	10 797
6	126 000	122 000~130 000	23 058	11 529
7	134 000	130 000~138 000	24 522	12 261
8	142 000	138 000~146 000	25 986	12 993
9	150 000	146 000~155 000	27 450	13 725
10	160 000	155 000~165 000	29 280	14 640
11	170 000	165 000~175 000	31 110	15 555
12	180 000	175 000~185 000	32 940	16 470
13	190 000	185 000~195 000	34 770	17 385
14	200 000	195 000~210 000	36 600	18 300
15	220 000	210 000~230 000	40 260	20 130
16	240 000	230 000~250 000	43 930	21 960
17	260 000	250 000~270 000	47 580	23 790
18	280 000	270 000~290 000	51 240	25 620
19	300 000	290 000~310 000	54 900	27 450

续表

标准报酬等级		实际报酬金额（日元/月）	一般劳动者·井下作业人员·船员（厚生养老金基金参保人除外；%，日元/月）	
			全额	个人负担金额
等级	标准报酬金额（日元/月）		18.300%	9.150%
20	320 000	310 000~330 000	58 560	29 280
21	340 000	330 000~350 000	62 220	31 110
22	360 000	350 000~370 000	65 880	32 940
23	380 000	370 000~395 000	69 450	34 770
24	410 000	395 000~425 000	75 030	37 515
25	440 000	425 000~455 000	80 520	40 260
26	470 000	455 000~485 000	86 010	43 005
27	500 000	485 000~515 000	91 500	45 750
28	530 000	515 000~545 000	96 990	48 495
29	560 000	545 000~575 000	102 480	51 240
30	590 000	575 000~605 000	107 970	53 985
31	620 000	605 000 以上	113 460	56 730

资料来源：https://www.nenkin.go.jp/service/kounen/hokenryo-gaku/gakuhyo/20170822.html。

2. 厚生养老保险的保险费率与征缴方式

厚生养老保险的保险费采用征缴基数（标准报酬额/奖金）×保险费系数（保险费率）的方式计算，职工与企业各自负担保险费的50%（即保险费率的50%）。2003年度，保险费率为13.58%；按照2004年的养老保险改革规定，从2004年度开始到2017年度为止保险费率每年上调0.354%。2017年10月以后，保险费率固定在18.30%，企业承担9.15%，参保人个人承担9.15%。参考表3-4，简单举例介绍厚生养老保险的保险费计算方式：一个税前收入为383 000日元的职工，其个人承担的保险费=380 000日元（标准报酬第23级）×9.15%=34 770日元。

还需要补充一点，工薪阶层职工缴纳的保险费中包含了国民养老保险的保险费，需要转移到国民养老保险账户。此外，缴纳保险费的企业职工的被扶养配偶（年收入不超过130万日元）不需要缴纳保险费。与国民养老保险不同，厚生养老保险的参保人不需要到指定部门缴纳保险费，其保险费由企业在其工资中扣除代缴。

（二）厚生养老保险费的免除制度

厚生养老保险制度中对于以下两种情况的参保人实施保险费免除政策。第一种是免除产前产后休假期间的参保人保险费。按照养老保险法的规定，产前产后休假期间是指：产前42天（双胞胎以上98天），产后56天，共计98天（双胞胎以上154天）的休假期间。第二种情况是免除育儿休假期间的参保人保险费。育儿及介护休假法规定，对于需要扶养3岁以下子女而休假的参保人，给予保险费免除政策。以上两种情况的保险费免除包括雇主和个人双方承担的部分。虽然保险费免缴，但是该免缴期间计入今后的养老金计发月数。

三、厚生养老金的种类和养老金的计发

（一）厚生养老金的种类和金额

与国民养老保险制度一样，厚生养老保险制度支付的厚生养老金中除了老龄厚生养老金，还附带了残疾厚生津贴和遗属厚生津贴。这里着重介绍老龄厚生养老金。

老龄厚生养老金实际上由三个部分构成：①定额部分；②工资比例部分；③额外支付部分。其中额外支付部分是对配偶（年收入850万日元以下）年龄低于65岁以下，子女年龄低于18岁以下的养老金领取人提供的一种额外的生活补贴。[①]

①定额部分就是第一节中介绍的老龄基础养老金的部分，即全国统一的定额养老金。

②工资比例部分是老龄厚生养老金的核心部分，与老龄基础养老金不同，其金额不是全国统一标准。老龄厚生养老金的领取金额主要取决于厚生养老保险参保人的参保（缴费）期间的平均工资（标准报酬）的高低和参保（缴费）期间

---

① 额外支付部分的标准如下：配偶 224 500 日元（年）；第一个子女 224 500 日元（年）；第二个子女 224 500 日元（年）；第三个子女以上每人 70 400 日元（年）。

的长短；平均工资（标准报酬）越高，参保期间越长，将来的老龄厚生养老金就越高。

③工资比例部分的养老金（月额）的计算公式如下：

老龄厚生养老金（月额）= 平均标准报酬月额×（9.5/1 000～7.125/1 000）×参保月数（2003 年 4 月以前部分）+平均标准报酬月额×（7.308/1 000～5.481/1 000）×参保月数（2003 年 4 月以后部分）

平均标准报酬月额是参保（缴费）期间的标准报酬月额与奖金的平均值。但是，由于物价及工资上涨等原因，迄今为止的生涯"平均标准报酬月额"需要采用修正值来计算。上述方程式中（ ）内的工资比例系数根据个人的出生日期进行调整，出生日期越早工资比例系数越大，养老金的金额就越多。厚生养老保险法规定，1946 年 4 月 1 日以后出生的参保人工资比例系数的确定标准：2003 年 4 月以前部分为 7.125/1 000，2003 年 4 月以后部分为 5.481/1 000。

2003 年 4 月前后使用不同系数的理由是为了平衡"总报酬制度"实施前后，因缴纳基数（工资收入和奖金收入）和保险费率的变化而产生的养老金数量上的差异，控制将来的养老金给付费用的激增。

厚生劳动省网页上显示：2019 年度，夫妇二人可以领取的标准养老金为每月 220 266 日元①。其中夫妇双方每人每月可以领取到 65 008 日元的老龄基础养老金，二人共计 130 016 日元；参保人本人每月可以领取到 90 250 日元老龄厚生养老金。

（二）领取老龄厚生养老金的基本条件

1. 参保年限

由于老龄厚生养老金与老龄基础养老金是一体化的组合，所以领取条件基本相同。换句话说，要想领取老龄厚生养老金，必须满足老龄基础养老金的领取条件，即参保年限达到 10 年以上。因为厚生养老保险的概念是国民基础养老保险+厚生养老保险，所以参加了厚生养老保险就等于同时参加了国民基础养老保险。在计发厚生养老金的时候也是按照国民养老金和厚生养老金的两个部分来计发

---

① 标准养老金的计算基准是：参保人本人参加厚生养老保险满 40 年，生涯平均标准报酬月额为 439 000 日元。配偶为被扶养配偶。

的。所以首先要满足国民养老金部分的 10 年参保的条件；在满足了此条件的基础上，第二部分的厚生养老金即使只参加了 1 个月，也可以按照以上介绍的公式计算发放。

2. 起付年龄（开始领取养老金年龄）

符合上述参保年限条件的参保人在年龄到达起付年龄以后，可以按照规定领取包括老龄基础养老金和老龄厚生养老金在内的厚生养老金。两种养老金的起付年龄并不相同。1994 年以前的法律规定：厚生养老金的起付年龄为 60 岁。1994 年养老保险制度改革规定从 2001 年度（2001 年 4 月 1 日）开始厚生养老保险制度中的定额部分，即老龄基础养老金的起付年龄由原来的 60 岁提高到 65 岁，每 3 年提高一岁，女性比男性晚 5 年实施。2019 年 4 月 1 日之后，男性女性所有厚生养老保险参保人的厚生养老金的定额部分（老龄基础养老金）的起付年龄都为 65 岁。

老龄厚生养老金的起付年龄调整如下。2000 年养老保险改革规定上调工资比例部分（老龄厚生养老金）的起付年龄，由原来的 60 岁提高到 65 岁。从 2013 年度（2013 年 4 月 1 日）开始厚生养老保险制度中的工资比例部分的起付年龄每 3 年提高一岁，女性比男性晚 5 年实施。男性 2025 年 4 月 1 日，女性 2030 年 4 月 1 日开始，所有厚生养老保险参保人的老龄厚生养老金（工资比例部分）的起付年龄都为 65 岁。2019 年度的老龄厚生养老金（工资比例部分）的起付年龄为男性 63 岁，女性 61 岁。

与老龄基础养老金相同，参保人也可以享受提前或延期领取老龄厚生养老金的政策。希望提前领取养老金的参保人可以通过申请特别支付制度提前领取养老金（最多可以提前 5 年），每提前一个月，养老金将减少 0.5%（提前一年领取减少 6%，60 岁开始领取的话则将减少 30%）。延期支付制度规定最多可以延迟 5 年（70 岁）领取养老金，每推迟一个月，养老金将增加 0.7%（推迟一年领取增加 8.4%，70 岁开始领取的话则将增加 42%）。需要注意的是，定额部分（老龄基础养老金）和工资比例部分既可以一起申请提前或延期领取，也可以分开申请提前或延期领取。

3. 参保期间的计算

与国民养老保险参保期间的计算方式不同，厚生养老保险制度中没有最低参保年限的要求。即使只有 1 个月参加了厚生养老保险制度，缴纳了 1 个月的保险费，在满足了领取国民养老金的基本条件下，也可以领取到按照规定计算出来的老龄厚生养老金。

四、厚生养老保险的财政

第一节的国民养老保险制度中介绍了国民养老金资金来源包括 50% 的保险费收入和 50% 的国库负担。与其相比，厚生养老保险制度的资金来源则单纯依靠保险费收入。

保险费以 2 号参保人所在工作单位从工资中扣缴的方式收缴。2 号参保人的被扶养配偶者（3 号参保人）不需要缴纳保险费，其保险费由全体 2 号参保人共同负担。2 号参保人缴纳的保险费中属于国民养老保险的费用（包括 2 号、3 号两类参保人）由厚生养老保险账户转入国民养老保险账户。

政府每 5 年对厚生养老保险制度的财政收支进行一次大规模的再计算与再评估。该项工作到 2004 年度为止被称作"养老保险财政再计算"，2009 年度以后被称作"养老保险财政评估"。每次财政再计算与再评估的目的都是为了总结养老保险财政在收入与支出方面的问题，控制养老金给付费用的激增，以及因此带来的保险费负担的加重，保持养老保险制度长期稳定的可持续发展。通过对养老保险财政的再计算、再评估，政府会对保险费负担以及养老金给付的方式进行一定程度的修改和调整。

养老保险制度的财政状况、运营方式以及最近的财政评估结果等内容将在之后的第六章中详细论述。

第三节 残疾人津贴制度与遗属津贴制度

一、残疾津贴

公共养老保险制度的参保人如果出现一定程度上的生活不便（残疾或重

病），就可以领取到养老保险制度中的残疾津贴。残疾津贴是一种为因事故或疾病而导致生活不便的参保人所设立的生活支援制度，支援的对象包括出现四肢缺陷、罹患癌症以及糖尿病、器官疾病和精神疾病等人员。残疾津贴原则上持续发放到领取人死亡为止，但是领取人如果恢复了健康状态，或者脱离了生活不便的状态，残疾津贴将停止发放。

领取国民养老保险制度中的残疾基础津贴需要满足以下三个条件：

一是需要医生开具诊断书证明是否因为残疾或疾病而造成生活不便，而且在确诊时，必须已经是国民养老保险的参保人（或者曾经是参保人，而且确诊时年龄在60岁以上、65岁以下）。

二是在初诊日之后的一年零六个月以后，身体状况被确诊为终身残疾（残疾认定日），根据国民养老保险的残疾等级表中的等级划分标准，将当事人的残疾等级确定为1级或者2级，当事人按照相应等级标准申请领取残疾津贴。其中1级残疾是指借助各种辅助器材也难以维持正常生活的残疾程度，比如盲人或卧床瘫痪人员；2级残疾是指能够借助辅助器材维持一定程度的正常生活的残疾程度，比如无法站立或者听觉受限等。此外精神疾病以及内脏疾病也会根据其严重程度被划分为1级或者2级残疾。

三是在初诊日的前一天，到初诊日月份之前两个月为止，保险费缴纳期间和保险费免除期间（包括学生特别免除）的累计期间达到整体的2/3以上。

但是对于第三个条件，制度中设定了特殊规定，即尽管没有满足上述条件，但是在到初诊日月份为止的两个月之前的一年之内没有发生过滞纳保险费的情况，可以领取残疾津贴。

另外，初诊日时还未满20周岁的人群无法满足上述三个条件。所以，当该人群达到20周岁时（20周岁以上人群的残疾认定日才被称为残疾认定日），并且当时的状态符合残疾等级的话，就可以领取残疾基础津贴。为20周岁以上有残疾的参保人所支付的残疾基础津贴，如果其本人收入所得超过一定标准，残疾基础津贴的给付金额会减半或者取消。① 此外，在残疾认定日当天还没有被确定

---

① 当该人年收入达到398.4万日元时，残疾基础津贴金额减少一半，达到了500.1万日元时则全额取消。根据参保人家庭人数以及需要扶养者人数的变化对残疾基础津贴进行增减。

已达到相应残疾等级，但在此之后残疾程度发生恶化，并且在 65 岁之前达到了生活不便状态并被确认达到相应残疾等级时，如果本人提出申请同样可以领取残疾基础津贴，这被称为事后重症应对方式。残疾厚生津贴中也有与此相似的认定方式。

残疾基础津贴计发标准：确定为 2 级残疾，可以领取到和老龄基础养老金同样金额的残疾基础津贴，残疾程度更加严重的 1 级残疾能够领取到 2 级残疾津贴的 1.25 倍。2019 年度的金额如下：2 级残疾每月 65 008 日元，每年 780 100 日元；1 级残疾每月 81 260 日元，每年 975 125 日元。如果残疾津贴领取人有子女，其残疾津贴会有一定的额外给付。给付标准：有 2 名子女，每人每年可以领取 224 500 日元（每月 18 708 日元）；有 3 名以上子女，从第三名子女开始每人每年可以领取 74 800 日元（每月 6 223 日元）。

厚生养老保险也支付残疾厚生津贴。支付条件是：原则上在初诊日必须已经是厚生养老保险的参保人，并且在残疾认定日必须处于残疾等级的 1 至 3 级（3 级包括视力低下等）。此外，在初诊日的前一天必须满足和残疾基础津贴同样的条件。在残疾等级处于 1 级或者 2 级的情况下，残疾厚生津贴会在残疾基础津贴之上进行加算给付。

残疾厚生津贴计发标准：与老龄厚生年金为同一计发标准，2 级或者 3 级残疾金额相同（3 级的最低金额为每年 585 100 日元）；1 级残疾是前者的 1.25 倍。参保期间未满 300 个月的情况下依然会按照 300 个月进行计算，年度金额也会累计增加。另外，1 级或者 2 级的领取人如果有未满 65 岁的配偶者，会有追加金额（2019 年度为每年 224 500 日元）。

二、遗属津贴

公共养老保险的参保人或者养老金领取人死亡的情况下，其遗属可以领取遗属津贴，这是为了保障参保人死亡之后，被其扶养的直系亲属能够维持正常生活所设立的生活支援制度。遗属津贴将一直发放到其遗属津贴领取人（配偶）再婚或者死亡为止，以及其子女达到一定年龄为止。2019 年至今，领取遗属津贴的人员数量接近 600 万人。

国民养老保险中的遗属基础津贴是当国民养老保险的参保人和拥有老龄基础养老金领取权的领取人死亡之时,对于需要靠其维持生计且需要养育子女的配偶或者单纯是向其子女而支付的生活保障费用。领取遗属津贴的基本条件如下:参保人的累计参保年限必须满25年,或其缴费期间超过参保期间的2/3。但是,与残疾基础津贴一样,现行制度中设立了特殊规定,即在65岁之前死亡时,到死亡月份为止的前两个月之前的一年之内没有发生过滞纳保险费的情况,可以正常发放遗属津贴。

作为被扶养子女的支付标准,必须满足以下两个条件:①对子女的支付期间到其满18岁之后的第一个3月末为止(对于有残疾的子女可以延迟到20周岁为止);②未满20周岁,且达到了残疾津贴中残疾等级的1级或者2级标准。津贴金额和老龄基础年金为同等金额,即每年780 100日元(2019年度标准),并且与残疾津贴相同,根据子女的人数给予追加补贴,即额外给付。

在厚生养老保险中,当厚生养老保险参保人和拥有老龄厚生养老金(或者是1级和2级的残疾厚生津贴)领取权的领取人死亡时,符合领取条件的被扶养亲属可以领取遗属厚生津贴。领取人条件与上述遗属基础津贴的领取条件基本相同。领取对象的范围比遗属基础津贴更加宽松,包括死亡人的被扶养配偶、子女、父母、孙子女、祖父母等,配偶优先。领取人为参保人的丈夫、父母以及祖父母时,需要满足参保人死亡时年满55周岁的要求,其领取开始年龄为60周岁。另外,对于无子女且未满30周岁妻子的领取期间被限定于丈夫死亡后5年之内。遗属厚生津贴的计发与老龄厚生养老金采用相同的计算方式,但是计发金额仅为老龄厚生养老金3/4。

遗属厚生津贴和残疾厚生津贴一样也拥有根据年龄进行加算的制度。领取对象为没有子女的妻子时,如果满足参保人死亡时自身满40周岁以上等条件,能够获得遗属厚生津贴中老龄寡妇追加金额。

第四节 公共养老保险制度的现状

一、参保人的基本情况

(一) 参保人数

根据表3-5可以了解到，2018年度（至2019年3月底），日本的公共养老保险制度的参保人总数约为6 746万人[①]，比上一年度增加了大约13万人（0.2%）；其中国民养老保险参保人中的1号参保人（学生、农民、个体工商户和无业人员等）人数约为1 471万人，比上一年度减少了大约34万人（2.3%）；参加厚生养老保险及共济养老保险的2号参保人（工薪阶层职工等）人数约为4 428万人，比上一年度增加了大约70万人（1.6%）；3号参保人（2号参保人的被扶养配偶）人数约为847万人，比上一年度减少了23万人（2.7%）。

表3-5　　　　　　　2018年度公共养老保险制度参保人数

未参保人员9万人	公共养老保险参保人数 (6 746万人)					
	1号参保人 (1 471万人)			2号参保人 (4 428万人)		3号参保人 (847万人)
	未缴纳人员 138万人	保费免除 340万人 学特·缓缴234万人	保费缴纳参保人	厚生养老保险 (3 981万人)	共济保险 (447万人)	

资料来源：厚生劳働省（2019）《平成30年度の国民年金の加入・保険料納付状況》。

注：学特是指学生缴纳特例人员。按照学生缴纳特例制度规定，年收入在一定金额以下的大专院校等在学学生可以通过申请方式享受保险费缓缴的优惠政策。

(二) 未参保、未缴纳保险费人数

表3-5还展示了没有参加公共养老保险制度的未参保人、保险费未缴纳人员以及享受保险费减免和保险费缓缴人员的基本情况。2018年度，由于各种原因

[①] 日本的公共养老保险制度的参保人总数与国民养老保险的参保人数相符。

没有加入公共养老保险的未参保人约有 9 万人，参保却没有缴纳保险费的人员约有 138 万人。此外，由于参保人的收入较低等原因享受保险费免除政策的人员大约有 340 万人，享受学生缴纳特例制度等缓缴人员大约有 234 万人。由于 2 号参保人的保险费原则上是由企业从职工工资中代扣，所以基本不会发生保险费欠缴现象。保险费的未缴纳（包括滞纳）问题主要存在于国民养老保险制度中。有关国民养老保险制度中的保险费欠缴问题，将在第九章中进行详细分析。

（三）参保人的男女比例

表 3-6 显示了公共养老保险制度中男女参保人的基本情况。从参保人总数来看男女比例基本持平，分别为 52% 和 48%。其中，1 号参保人中的男女比例与参保人总数的状况相似，分别为 52% 和 48%；2 号参保人中女性参保人的比例略低，无论是厚生养老保险还是共济养老保险女性的比例都低于 40%，在 38%~39% 之间；3 号参保人由于在制度中被定义为 2 号参保人的被扶养配偶，所以女性参保人占绝大多数，高达 99%；而剩余的 1% 左右（11 万余人）的男性参保人由于收入较低等原因在制度上被定义为女性配偶的被扶养人。以上现象说明，与 20 世纪六七十年代相比，虽然日本女性参加社会劳动的比率大幅度上升，但是与男性相比，女性正式职工的比例还有待提高。

表 3-6　　　　2018 年度公共养老保险制度参保人的性别比较

（单位：万人；2019 年 3 月末）

	总数	国民养老保险 1 号参保人	厚生养老保险参保人（国民养老保险 2 号参保人）			国民养老保险 3 号参保人
				厚生养老保险	共济养老保险	
总数	6 746	1 471	4 428	3 981	448	847
男性	3 516 (52%)	764 (52%)	2 741 (62%)	2 469 (62%)	272 (61%)	11 (1%)
女性	3 230 (48%)	707 (48%)	1 687 (38%)	1 512 (38%)	176 (39%)	836 (99%)

资料来源：厚生労働省年金局. 平成 30 年度 厚生年金保険・国民年金事業の概況 [EB/OL]. [2020-04-18]. https://www.mhlw.go.jp/content/000578278.pdf.

注 1：国民养老保险 1 号参保人中包括任意加入的参保人；厚生养老保险参保人中包括国民养老保险 2 号参保人以及 65 岁以上的所有拥有养老金领取权利的老人。

(四) 近年的参保人数变化

图 3-1 显示了近年来的参保人数变化情况。首先，近年来参保人数呈微弱上升趋势，由 2013 年度的 6 718 万人上升到 2018 年度的 6 746 万人，增长 0.4%。其次，2 号参保人的增幅较大，由 2013 年度的 3 966 万人增加到 2018 年度的 4 428 万人，增长约 11.6%；与此相反，3 号参保人和 1 号参保人的减少较为突出，其中 1 号参保人由 2013 年度的 1 805 万人减少到 2018 年度的 1 471 万人，下降幅度高达 18.5%。

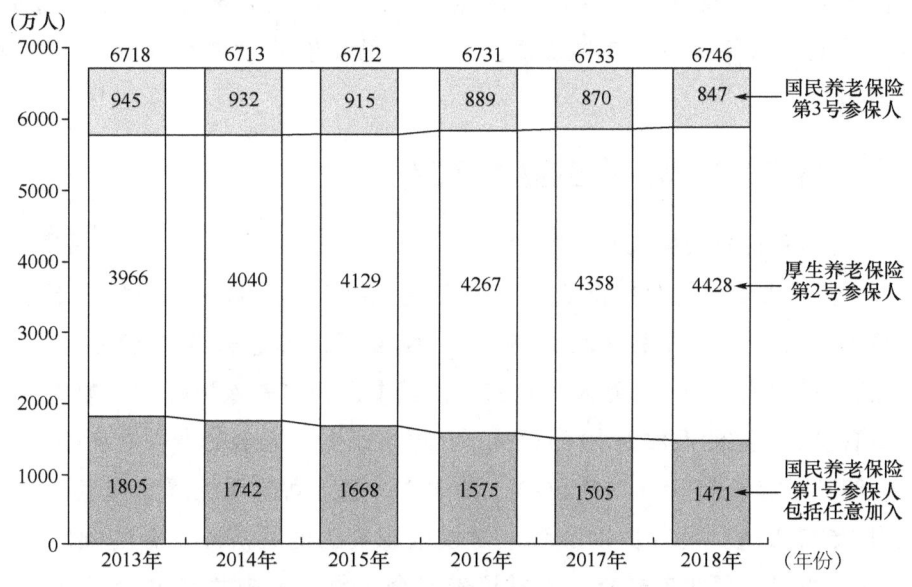

图 3-1 公共养老保险制度参保人数的变化

资料来源：厚生劳働省年金局. 平成 30 年度 厚生年金保险·国民年金事业の概况 [EB/OL]. [2020-04-18]. https：//www. mhlw. go. jp/content/000578278. pdf.

近几年的参保人总数以及 2 号参保人数上升的背景可以归纳为以下三点。其一，2012 年第 2 次安倍政权登场以来，政权的长期稳定在某种程度上起到了维护社会安定、保持经济平稳发展的作用；与之前相比，失业率下降[1]，从业人数上

---

[1] 近年来，日本的失业率稳步下降，2017 年度及 2018 年度的失业率分别为 2.8% 和 2.4%，恢复到 20 世纪 80 年代中期的优良水准。

升，由此带来了参保人总数，特别是2号参保人的上升。其二，安倍政权为了维持养老保险制度的财政平衡，积极实施扩大参保人范围的政策①，促进厚生养老保险制度参保人数量上升。其三，2017年10月开始，养老金的领取条件由原来的25年参保年限减少到10年；领取养老金条件的放宽大大提高了年轻人的参保意识。

1号参保人大幅度减少的主要原因是经济生产状况的好转带动工薪阶层职工数量及厚生养老保险参保人数量上升，从而导致非工薪阶层人员减少。3号参保人的减少背景主要有以下两点：①女性从业人员数量上升；②扩大短期劳动人员参保政策的实施提高了包括大量女性劳动者在内的非正式职工的参保数量。

二、养老金领取人员的基本情况

（一）领取养老金的人数

厚生劳动省年金局发布的《平成30年度 厚生年金保险·国民年金事业の概况》显示，2019年3月末（2018年度），领取国民养老金的老年人有3 529万人，比上一年度增加了46万人（1.3%），其中，领取残疾津贴的人数为196万人，领取遗属津贴的人数为10万余人。② 领取厚生养老金的老人有4 014万人，比上一年度增加了33万人（0.8%），其中，一般工薪阶层的厚生养老金的领取人数为3 530万人，公务员以及私立学校教职员工的共济养老金的领取人数为484万人。此外，厚生养老金（含共济养老金）领取人中共有49万余人领取残疾津贴，658万余人领取遗属津贴。

按照厚生劳动省的解释，如果把领取国民养老金（含厚生养老金中的基础养老金部分）和厚生养老金（含共济养老金）的人数单纯相加的话，领取各类养老金的人数为7 543万余人。由于厚生养老保险中的老龄基础养老金（定额部

---

① 比如，2016年10月和2017年4月开始，分别要求拥有501人以上企业和500人以下企业的短时间劳动人员（周20小时以上、劳动合同1年以上、月工资8.8万日元以上）参加厚生养老保险等政策。

② 平成30年度等西历2018年度（2018年4月1日到2019年3月31日）。详细数据参见厚生劳働省年金局. 平成30年度 厚生年金保险·国民年金事业の概况［EB/OL］.［2020-04-18］. https://www.mhlw.go.jp/content/000578278.pdf.

分）与国民养老金重复，所以扣除掉该部分的重复人数以及忽略女性领取人年龄上调①等影响因素，2018年度（2019年3月末）实际领取养老金的人数为4 067万人，比前一年度减少10万余人（0.3%）。

（二）近年的领取人数变化

2013年以后的基本情况详见图3-2。伴随老年人口数量的不断增加，近年来领取养老金的人数也不断增加。但是，由于采取了阶段性提高养老金起付年龄等改革措施，所以总体上看，领取养老金人数的增加幅度得到了一定的控制。2015年度领取养老金的实际人数首次突破4 000万人大关达到4 025万人，之后有降有升，2019年3月末达到4 067万人。

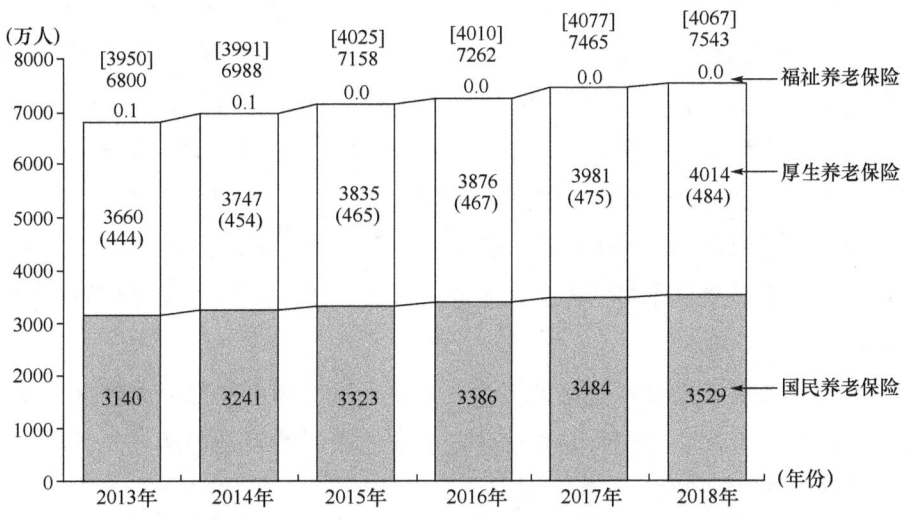

图3-2 公共养老保险制度中领取养老金人数的变化

资料来源：厚生劳働省年金局. 平成30年度 厚生年金保险·国民年金事业の概况［EB/OL］.［2020-04-18］. https://www.mhlw.go.jp/content/000578278.pdf.

注1：（ ）内的数据表示厚生养老保险中共济养老金的领取人员数量；［ ］内的数据为无重复的实际拥有领取权人数。此数据为实际领取人数。

---

① 按照厚生养老保险法修改规定，1958年4月2日到1960年4月1日出生的女性厚生养老保险参保人领取厚生养老金中的老龄厚生养老金（工资比例部分）的年龄由60岁上调到61岁。也就是说，原本1958年4月2日到1958年12月31日出生的女性可以从2018年的60岁生日开始领取养老金，但是按照法律修改规定改为2019年61岁生日时方可领取。领取年龄的上调造成领取人员数量上的减少。

两大类型的养老保险之中，国民养老金领取人员的增加幅度略高于厚生养老金。其主要原因如上所述，是由于2000年的养老保险改革规定自2013年度和2018年度开始，分阶段将男性、女性参保人的老龄厚生养老金（工资比例部分）的起付年龄由60岁上调至65岁，由此减缓了厚生养老金领取人数的上升速度。相比之下，领取国民养老金的人数增加较为明显。

（三）养老金金额

在本章第一节中已经详细介绍了老龄基础养老金的满额领取金额以及夫妇二人标准养老金（包括国民养老金和厚生养老金）的金额。在此，简单介绍一下国民养老金和厚生养老金的人均领取金额的基本情况。

《平成30年度 厚生年金保险·国民年金事业の概况》还显示，2018年度国民养老金（老龄基础养老金）的平均金额大约为每月56 000日元；厚生养老金（定额部分+工资比例部分）大约为每月144 000日元。国民养老金（老龄基础养老金）的男女差距不大，男性平均每月59 000日元，女性平均每月53 000日元。但是，厚生养老金（老龄厚生养老金）的男女差距较大，男性平均每月164 000日元，女性平均每月103 000日元。男女参保人在人均老龄厚生养老金领取金额方面的差距主要是受到了男女职工工资差距较大、参加工作与参保年限不同等因素的影响。

以上数据反映的是日本全国的人均养老金水平。相当一部分老年人，特别是只参加了国民养老保险的单身老人的养老金收入较低的问题仍然是公共养老保险制度中有待解决的问题之一。

三、国民养老保险及厚生养老保险的收支状况

（一）国民养老保险及厚生养老保险的收入状况

根据《厚生年金·国民年金の平成30度收支决算の概要》[①] 可知，2018年度公共养老保险制度中的国民养老保险账户收入为39 330亿日元，其中保险费收入为13 904亿日元（35%），中央及地方财政拨款18 234亿日元

---

① 厚生劳働省年金局. 厚生年金·国民年金の平成30年度收支决算の概要 [EB/OL]. [2020-04-19]. https：//www.mhlw.go.jp/content/12501000/010809kessan.pdf.

（46%），财政拨款大于保险费收入的状况仍然持续。此外收入中还有来自养老金积累基金运用独立行政法人（GPIF）的 3 300 亿日元交付金和 3 822 亿日元的基础养老金交付金等收入。与 2017 年度相比，由于财政拨款的减少（1 159 亿日元，减少 6%）和基础养老金交付金的大幅度减少（906 亿日元，减少 19%）等原因，2018 年度的国民养老金账户收入比上一年度减少 2 410 亿日元（减少 6%）。

厚生养老保险账户收入为 479 827 亿日元，其中保险费收入为 319 287 亿日元（67%），中央及地方财政拨款 97 987 亿日元（20%），与国民养老保险账户相比，由于工薪阶层参保人的保险费承担能力较强，加之企业代缴的收缴方式有利于保险费的顺利收缴，所以厚生养老保险账户中的保险费收入大大高于财政拨款。其他主要收入还有来自共济养老保险账户的厚生养老保险转移支付的 44 791 亿日元，来自养老金积累基金运用独立行政法人（GPIF）的 4 000 亿日元交付金及 4 340 亿日元的基础养老金交付金等收入。与 2017 年度相比，2018 年度参保人数的上升带来了保险费收入的增加（9 845 亿日元，增幅 3%），财政拨款也增加了（3 168 亿日元，增幅 3%）；但是由于厚生养老保险基金组织的减少加剧了征缴费用的下滑，加之 GPIF 交付金和基础养老金交付金的减少等原因，2018 年度的厚生养老金账户的收入比上一年度减少了 287 亿日元。

由于共济养老保险并入厚生养老保险时间较短，过渡期间的收支统计较为复杂，所以本章省略共济养老金的收支状况的介绍。根据厚生劳动省公布《公的年金の単年度収支状況 平成 30 年度》①的数据表明，2018 年度公共养老保险体系的总收入为 527 796 亿日元，比 2017 年度微增 769 亿日元。

（二）国民养老金及厚生养老金的给付状况

厚生劳动省公布的《厚生年金·国民年金の平成 30 度収支決算の概要》显示，2018 年度公共养老保险制度中的国民养老保险账户的支出为 38 130 亿日元，较上一年度减少 3 477 亿日元，收支差额为 1 199 亿日元。年度末的账户积累为

---

① 厚生労働省年金局.厚生年金·国民年金の平成 30 年度収支決算の概要 [EB/OL].[2020-04-19]. https：//www. mhlw. go. jp/content/12501000/010809kessan. pdf.

74 436 亿日元①，较上一年度增加 1 304 亿日元。

厚生养老保险账户的支出为 473 863 亿日元，较上一年度增加 9 630 亿日元，收支差额为 5 963 亿日元。年度末的账户积累为 1 125 431 亿日元②，较上一年度增加 6 136 亿日元。

厚生劳动省公布《公的年金の単年度収支状況 平成 30 年度》的数据表明（见表 3-7），2018 年度公共养老保险体系的总支出为 529 727 亿日元，比 2017 年度微增 769 亿日元。年度末的总积累金为 2 006 594 亿日元③，较上一年度增加 26 000 亿日元。

表 3-7　　　　　　2018 年度公共养老保险制度的收支状况

（单位：亿日元，2019 年 3 月末）

年度		国民养老保险		厚生养老保险					公共养老保险合计
		国民养老保险账户	基础养老保险账户	厚生养老保险账户	国家公务员共济组合	地方公务员共济组合	私立学校教职员共济	合计	
	合计	36 002	241 117	475 825	29 793	79 643	8 834	501 301	527 796
收入	保险费收入	13 904		319 287	12 744	33 476	4 384	369 892	383 795
	中央及地方财政负担	18 207		97 988	2 817	7 106	1 268	109 178	127 385
	基础养老金交付金收入	3 822		4 340	451	945	35	5 772	④
	厚生养老保险转移支付收入			44 791	—	—	—	①	①
	养老金发放机构交付金收入			—	11 066	33 124	2 773	②	②
	财政调整支付金收入					1 040		③	③
	基础养老保险账户转移支付收入		241 031						⑤

---

① 此数据为账面价值，时价价值为 91 543 亿日元。
② 此数据为账面价值，时价价值为 1 573 302 亿日元。
③ 此数据为时价价值，是国民养老保险、厚生养老保险和各类共济养老保险的合计金额。

第三章 日本公共养老保险制度的体系及现状

续表

	年度	国民养老保险		厚生养老保险					公共养老保险合计
		国民养老保险账户	基础养老保险账户	厚生养老保险账户	国家公务员共济组合	地方公务员共济组合	私立学校教职员共济	合计	
支出	合计	38 103	238 644	473 864	30 953	83 109	8 472	503 604	529 727
	养老金支出	4 770	229 047	238 045	13 097	38 149	2 818	292 108	525 925
	基础养老保险账户转移支付	32 103		186 968	5 480	13 985	2 494	208 928	⑤
	养老金发放机构交付金			46 963				②	②
	厚生养老保险转移支付			—	10 761	30 896	3 134	①	①
	基础养老金交付金		9 594						④
	财政调整支付金			—	1 040	—	—	③	③
	本年度收支差额	-2 100	2 473	1 961	-1 160	-3 466	362	-2 303	-1 931
	运营收益	1 329	15	22 133	1 182	2 696	298	26 309	27 653
	年度末积累金	91 543	33 355	1 573 302	72 709	212 807	22 878	1 881 696	2 006 594
	年度末积累金增减	-667	2 488	24 267	22	-770	660	24 178	26 000

资料来源：厚生劳働省年金局. 厚生年金·国民年金の平成30年度収支決算の概要［EB/OL］. ［2020-04-19］. https://www.mhlw.go.jp/content/12501000/010809kessan.pdf.

注：该表中收入项目中没有显示来自养老金积累基金运用独立行政法人（GPIF）的交付金收入和一些可以忽略不计的收入项目；收入与支出中的①~③为厚生养老保险各制度间的账户转换；④~⑤厚生养老保险制度与国民养老保险制度账户之间的转换。

表3-7是作者根据《公的年金の単年度収支状況 平成30年度》的数据编制的2018年度公共养老保险制度的收支状况。此表中的国民养老保险和厚生养老保险的收入合计与以上介绍的数据有所不符，其主要原因是表格中没有显示来自养老金积累基金运用独立行政法人（GPIF）的交付金收入和一些可以忽略不计的收入项目。支出费用基本吻合。表内的年度末积累金数据

为时价价值。

从表3-7显示的公共养老保险的总收入与总支出的数据可以发现，383 795亿日元的保险费收入仅占包括运营管理费用在内的529 727亿日元总支出的72.5%，超过25%的给付金额要依赖财政支援。养老金给付费用给国家及地方财政带来的压力相当沉重。

第四章　日本公共养老保险制度的资金筹措方式

养老保险制度是一项主要针对老年人群体的现金给付制度，其目的是通过向老年人提供养老金，来保障其在退休后能够继续维持稳定的基本生活。所以养老保险制度采用什么样的资金筹措方式，如何保证资金来源的充实和稳定是制度可持续发展的关键所在。本章希望通过介绍国民养老保险和厚生养老保险两项制度的资金筹措方式、资金筹措情况等内容，帮助读者对日本的公共养老保险制度的资金筹措有一个整体的了解。在介绍过程中，着重强调以下两点：①由于职业的不同，参保人所承担的保险费负担与缴费方式有所不同；②国家财政对于两项养老保险制度的扶持程度与指导思想有一定区别。

第一节　混合型资金筹措方式

一、社会保险方式与税收方式的混合

众所周知，通过征缴保险费来筹集养老金给付费的方式被称为社会保险方式，国家通过税收来筹集养老金给付费的方式被称为税收方式。在世界各国的公共养老保险制度中，早期的英国、丹麦以及现在的新西兰等国家的国民养老保险制度中的资金筹措方式都属于典型的税收方式[1]；而世界上最早建立社会保险制

---

[1] 特别是英国，受 1942 年贝弗里奇报告的影响，"统一缴费、统一给付"的方针一直贯彻于早期的社会保险制度设计中。

度的德国从最初就采用了社会保险方式。

1942年，作为公共养老保险制度的开端，日本实施了劳动者养老保险制度。该制度模仿了德国的制度设计，采用了社会保险方式。但是除了由参保人和雇主双方共同承担的保险费之外，制度规定，中央财政承担10%的养老金给付费和事务性经费。1954年的养老保险改革又把10%的中央财政负担比率提高到了15%。1961年，在厚生养老保险制度和共济养老保险制度基础上建立了国民养老保险制度，确立了全民养老金体制。国民养老保险制度与厚生养老保险制度相比，更加重视贝弗里奇报告中的"统一缴费、统一给付"的方针，对保险费负担和养老金计发标准都采用了全国统一的形式。而且，为了实现对全体国民的公平待遇，国民养老保险制度特别强调了国家财政的扶持作用，规定国民养老金总支出的50%由中央财政负担，其余的50%由保险费承担。由此可见，税收方式占据了国民养老保险资金筹措的"半壁江山"。之后，随着社会发展与经济发展的变化，中央财政负担比率经历了下降与上升的调整历程，2009年度以后一直保持在50%的基准上。

通过以上的说明，可以清晰地认识到，日本的公共养老保险制度的资金筹措方式是社会保险方式与税收方式的混合型方式。

二、从完全积累模式到现收现付模式

以保险费征缴为主要筹资方式的财政运营又可以分为现收现付模式、完全积累模式和部分积累模式三种。从日本的公共养老保险制度的历史变迁过程来看，最初建立的劳动者养老保险制度属于完全积累模式。该制度并没有赋予当时的老年人养老金领取权，由参保人和雇主缴纳的保险费积累起来的资金仅限于参保人退休后的养老金发放。①

1954年的养老保险制度改革将原来的单一性的工资比例型养老金待遇划分为两个部分，即定额部分和工资比例部分，并且规定为配合今后养老金上涨，实施保险费率分阶段上调计划，以及由中央财政负担15%的厚生养老金给付费用等

---

① 吉原健二，畑满. 日本公的年金制度史［M］. 東京：中央法规出版社，2016：6-8.

政策。通过上述改革，厚生养老保险的筹资方式由原来的完全积累模式改变为部分积累模式。

1961年国民养老保险制度出台，制度规定国民养老金计发标准全国统一，养老金给付费用的50%由中央财政负担。

特别是1973年的养老保险制度改革，在养老金计发方法中导入了物价浮动和工资浮动机制，并且规定今后养老金与在职职工平均工资的替代率必须保持在60%以上。物价浮动指数、工资浮动指数以及明确的养老金替代率等机制的导入，明确了养老金伴随物价和工资上涨的政策方向。在大幅度提高养老金计发标准的同时，部分积累模式也逐渐转变为现在的现收现付模式。

三、定额型征缴方式与定率型征缴方式

保险费征缴又可分为定额型征缴方式与定率型征缴方式两种形式。顾名思义，前者是指按一定额度征缴保险费，后者是指按一定比率征缴保险费。1942年开始实施的厚生养老保险制度始终采用的是定率型征缴方式，即按职工标准报酬（月额）作为征缴基数，在此基数上乘以规定的保险费率。1961年开始实施的国民养老保险制度则采用了定额型征缴方式，规定了全国统一的缴费金额。

国民养老保险制度之所以采用定额型征缴方式主要有以下两个原因。其一，实现统一的国民待遇，即在缴费条件相同的情况下，国家向全体国民发放同等金额的老龄基础养老金，以保障其最低水准的基本生活。所以保险费的征缴也采取全国统一的定额型征缴方式。其二，与工薪阶层职工不同，政府很难准确掌握农民和个体工商户等1号参保人的实际收入情况，因此难以征缴到与实际收入相符的保险费。所以采用了固定金额的定额型征缴方式。但是，定额型征缴方式对于低收入群体来说，会带来保险费负担过重的负面效果，所以国家对于该群体人员采取了相应的保险费减免措施。

与强调公平性原则的国民养老保险制度相比，厚生养老保险制度的目的则是为了能更加体现效率与公平相结合的原则，为参保人提供一个与其在职期间的工资和缴费挂钩，多缴多得，尽量能维持其原有的生活水准的制度设计。所以厚生养老保险的筹资方式采用了定率型的工资比例征缴方式。

第二节　国民养老保险的资金筹措方式

一、国民养老保险的资金筹措方式

（一）全国统一的保险费负担标准

如第三章第一节中所述，现行的国民养老保险制度采用全国统一的定额型保险费征缴方式。1号参保人（个体工商户等）以个人为单位，每月缴纳全国统一的国民养老保险费，没有地区差别。2019年度（2019年4月1日到2020年3月31日）的保险费为每月16 410日元。2号参保人（工薪阶层职工等）按照"夫妇单位"缴纳的厚生（共济）养老保险费中包含了夫妇二人的国民养老保险费。该部分费用由厚生（共济）养老保险账户转移支付给国民养老保险账户。3号参保人（2号参保人的被扶养配偶）不需要缴纳国民养老保险费，其保险费由2号参保人全体负担，由厚生（共济）养老保险账户转移支付给国民养老保险账户。

（二）中央财政承担50%的资金筹措责任

从名称上来看，虽然国民养老保险制度被定义为保险制度，但是该制度发放的国民养老金的资金来源并不是完全来自于保险费收入。事实上，中央财政承担了50%的资金筹措责任。国民养老保险制度开始实施时，法律规定养老金给付费用的50%由中央财政负担。后来中央财政的负担比率经历了下降与上升的调整历程，2004年的养老保险制度改革规定，中央财政负责承担的资金筹措比例由当时的1/3逐渐提高，最终于2009年度达到1/2，并保持永久不变。政府允诺由中央财政负担基础养老金50%的筹资责任是日本公共养老保险制度的一大特点。该方式不仅体现了政府希望通过财政手段保证全民养老保障体系持续稳定发展的决心，同时也反映了全民统一待遇的基础养老保障的筹资政策不追求代际责任。既明确了义务与权利的辩证关系，又体现了全民共同承担筹资任务的合理性。

（三）来自厚生养老保险参保人的财政调剂

国民养老保险的资金筹措还有一个特色，即3号参保人所领取的基础养老金的资金筹措由全体2号参保人承担，3号参保人本人不需要缴纳任何保险费。这种方式与国民养老保险制度创立之时，即20世纪60年代的"男主外、女主内"的日本人生活方式密切相关。当时，由于女性主要从事家庭内部劳动，没有稳定的收入，所以没有要求作为专职主妇的女性承担养老保险的缴费义务。此方式一直延续至今，是现在日本社会关注的养老保险问题中的主要问题之一，将在第九章中详细说明。

在养老保险的资金流动方面，2号参保人缴纳的保险费用先计入厚生养老保险账户，然后再从厚生养老保险账户中将2号参保人和3号参保人的国民养老保险费用转移支付给国民养老保险账户，由国民养老保险账户负责养老金发放。转移支付中也包含了由中央财政承担的筹资部分。

二、保险费的调整情况

如前所述，2019年度的保险费为每月16 410日元。按照2004年养老保险制度改革的规定，从2005年4月开始，国民养老保险的保险费在13 300日元的基础上每年提高280日元，2017年4月以后固定为16 900日元。由于上调后的保险费是按2004年度价格计算的，所以受物价变动等原因影响，2017年4月以后保险费的名目金额仍在变化之中。2016年12月通过的国民养老保险改革法案规定，从2020年4月1日开始，国民养老保险的保险费固定为每月17 000日元。

事实上，从1961年开始实施国民养老保险制度以来到2019年3月底为止，国民养老保险的保险费几乎每年都在调整。调整的主要目的是满足伴随物价上涨而不断增加的养老金给付费用的资金筹措目标。表4-1展示了从1961年4月开始到2020年3月止的保险费调整情况。从1998年4月到2005年3月止的7年时间可以说是国民养老保险费上调过程中的一个特殊时期。在此期间，保险费一直保持在每月13 300日元的收缴标准没有上调。其主要背景是：①1994年的养老保险制度改革提高了2号参保人的定额养老金（老龄基础养老金）的起付年龄，减轻了基础养老金给付费用上升的压力；②受1997—1998年亚洲金融危机的影响，日本经济出现了连续两年的负增长，物价指数下滑严重。加上1998年联合政权上台等政治方面的影响，政府为了稳定民心、恢复经济发展，暂停了国民养老保险费的上调。

表 4-1　　国民养老保险制度保险费的调整情况

时间	月额保险费（日元）		时间	月额保险费（日元）
	未满 35 岁	35 岁以上		
1961 年 4 月至 1966 年 12 月	100	150	1992 年 4 月至 1993 年 3 月	9 700
1967 年 1 月至 1968 年 12 月	200	250	1993 年 4 月至 1994 年 3 月	10 500
1969 年 1 月至 1970 年 6 月	250	300	1994 年 4 月至 1995 年 3 月	11 100
1970 年 7 月至 1972 年 6 月	450		1995 年 4 月至 1996 年 3 月	11 700
1972 年 7 月至 1973 年 12 月	550		1996 年 4 月至 1997 年 3 月	12 300
1974 年 1 月至 1974 年 12 月	900		1997 年 4 月至 1998 年 3 月	12 800
1975 年 1 月至 1976 年 3 月	1 100		1998 年 4 月至 2005 年 3 月	13 300
1976 年 4 月至 1977 年 3 月	1 400		2005 年 4 月至 2006 年 3 月	13 580
1977 年 4 月至 1978 年 3 月	2 200		2006 年 4 月至 2007 年 3 月	13 860
1978 年 4 月至 1979 年 3 月	2 730		2007 年 4 月至 2008 年 3 月	14 100
1979 年 4 月至 1980 年 3 月	3 300		2008 年 4 月至 2009 年 3 月	14 410
1980 年 4 月至 1981 年 3 月	3 770		2009 年 4 月至 2010 年 3 月	14 660
1981 年 4 月至 1982 年 3 月	4 500		2010 年 4 月至 2011 年 3 月	15 100
1982 年 4 月至 1983 年 3 月	5 220		2011 年 4 月至 2012 年 3 月	15 020
1983 年 4 月至 1984 年 3 月	5 830		2012 年 4 月至 2013 年 3 月	14 980
1984 年 4 月至 1985 年 3 月	6 220		2013 年 4 月至 2014 年 3 月	15 040
1985 年 4 月至 1986 年 3 月	6 740		2014 年 4 月至 2015 年 3 月	15 250
1986 年 4 月至 1987 年 3 月	7 100		2015 年 4 月至 2016 年 3 月	15 590
1987 年 4 月至 1988 年 3 月	7 400		2016 年 4 月至 2017 年 3 月	16 260
1988 年 4 月至 1989 年 3 月	7 700		2017 年 4 月至 2018 年 3 月	16 490
1989 年 4 月至 1990 年 3 月	8 000		2018 年 4 月至 2019 年 3 月	16 340
1990 年 4 月至 1991 年 3 月	8 400		2019 年 4 月至 2020 年 3 月	16 410
1991 年 4 月至 1992 年 3 月	9 000			

资料来源：作者根据日本年金机构网页资料制作。https://www.nenkin.go.jp/service/kokunen/hokenryo/20150331.html。

第三节　厚生养老保险的资金筹措方式

一、厚生养老保险的资金筹措方式

(一) 定率型征缴方式

1942年制定的劳动者养老保险制度规定，每月从工资中提取6.4%的资金作为今后的养老金资金来源。到现在为止，厚生养老保险制度的资金筹措方式一直采用的是上述定率型的保险费征缴方式，老龄厚生养老金计发也体现了与工资比例型的征缴方式相对应的多缴多得的理念和方针。

厚生养老保险制度所采用的定率型资金筹措方式中，保险费率由雇主与雇员共同承担，分别缴纳50%保险费的做法是日本的一大特点。日本的社会保险制度包括养老、医疗、失业、工伤和护理保险五项保险制度，其中的养老、医疗和护理三大保险制度对于工薪阶层职工都采用了雇主与雇员保险费率折半负担的原则。这一原则起源于1922年制定的医疗保险制度。其主要理由有以下两点：①雇员的健康问题关系到企业的生产和利润，所以雇主承担部分保险费是自身受益的一种回报；②从医疗政策上来看，保险人承担部分保费筹资责任对于平衡保险人与参保人及医疗供给方的关系有重要意义。

与国民养老保险不同，厚生养老保险的参保人不需要到指定部门缴纳保险费，其保险费由企业在其计发工资中扣除代缴。征缴的来自雇主和雇员共同负担的保险费一起计入厚生养老保险账户。

(二) 征缴基数

1. 总报酬制度和标准报酬制度

第三章第二节在介绍厚生养老保险制度时提到了征缴方式中的征缴基数、保险费率等内容，这里再对以上内容加以总结归纳，希望能够加深读者对厚生养老保险制度资金筹措方式的理解。

厚生养老保险的保险费征缴范围包括两类：一类是以每月的劳动报酬（月工资）收入作为征缴对象，另一类是以奖金收入作为征缴对象，即所谓的总报酬制度。2003年4月开始实施的总报酬制度规定，对于每月的工资收入和年度内的各种奖金收入采用相同的保险费率，但是征缴基数标准不同。前者按标准报酬（月额），后者按照奖金实际金额（以1 000日元取整）作为征缴基数。

标准报酬制度中使用的标准报酬（月额）是指包括基本工资、职务津贴、住宅补贴、家庭津贴、交通补贴、加班补贴等各种劳动报酬的总和，属于税前收入。如第三章中的表3-4所示，厚生养老保险制度的保险费征缴基数包括31个收入区间，日文称之为31个等级。比如最低档的1级收入区间为月收入0~93 000日元，该区间的标准报酬（月额）是88 000日元；15级收入区间为月收入210 000~230 000日元，该区间的标准报酬（月额）是220 000日元；最高档的31级收入区间为月收入605 000日元以上，该区间的标准报酬（月额）是620 000日元。通过上述例子可以看出，报酬基数，即标准报酬（月额）表中的标准报酬不是实际的税前收入，而是该收入区间的中间值。

厚生养老保险的保险费采用征缴基数×保险费率的方式计算。2017年10月以后，保险费率固定在18.30%，雇主承担9.15%，雇员（参保人）个人承担9.15%。简单举例介绍厚生养老保险的保险费计算方式：一个税前收入为228 000日元的职工，其个人承担的保险费＝220 000日元（标准报酬第15级）×9.15%＝20 130日元。

2. 征缴基数上限

厚生养老保险制度的保险费征缴基数设置了上限，其目的是防止高收入群体因为多缴多得，退休后领取的养老金过高，从而造成高低收入群体之间生涯收入差距不断扩大的结果。同时设置缴费上限也是为了缓解过高的保险费负担给高收入群体带来缴费压力和劳动积极性的下降。

2019年度至现在，标准报酬（月额）表中的上限是31级62万日元，即月工资收入超过605 000日元的职工，无论收入有多高，其缴费基数固定为62万日元，超过该上限的工资收入不计入缴费基数。

厚生养老保险制度对奖金收入也设置了上限，金额为1次（同月合计）150

万日元，1年3次以下的奖金收入按此上限标准征缴保险费。如果年度内奖金发放次数超过3次，则每次奖金收入也按照标准报酬（月额）表中的上限执行征缴任务。

厚生养老保险制度中，2号参保人按照上述征缴标准缴纳的保险费中包含了参保人本人与被扶养配偶（年收入不超过130万日元）的国民养老保险的保险费，此部分费用由厚生养老保险账户转移支付给基础养老保险账户。具体内容将在第六章中介绍。

（三）中央财政补贴

与国民养老保险相同，厚生养老保险的财政收入中也有来自中央财政的补贴，该部分保险财政收入主要是针对基础养老金给付的资金筹措。1942年劳动者养老保险制度开始实施时，中央财政补贴比率被规定为养老金给付费用的10%，只占相当小的份额。之后直到1985年为止，中央财政补贴比率也只有20%。

1986年开始，国民养老保险制度与厚生养老保险（含共济养老保险）制度整合为二层结构的复合型制度，第一层的基础养老保险制度适用于包括1号、2号以及3号参保人等在内的全体国民。为了提高政府对基础养老保险财政的扶持作用，国民养老保险法明确规定中央财政负责承担1/3的老龄基础养老金给付费用。自此，中央财政补贴比率上调为1/3。

2004年的养老保险制度改革，为了减轻因保险费不断提高而给参保人带来的经济压力，降低老百姓对养老保险制度的不信任程度，再次决定加强财政对基础养老金给付费用的投入。改革文件规定，截至2009年，中央财政承担的老龄基础养老金的负担比率由1/3提高到1/2。到现在为止，中央财政补贴比率一直保持在1/2的水准。

二、扩大参保范围增加资金筹措

如何增加厚生养老保险的财政收入，特别是保险费收入是资金筹措领域中最为关注的问题。厚生养老保险制度的老龄厚生养老金给付费用伴随经济增长、物价与工资水平上涨而不断增加。为了满足不断提高的养老金待遇的筹资需求，政府通过提高保险费率，增加中央财政负担比例以及扩大参保人范围等手段，增加养老保险的资金筹措能力。在接下来的第三项中，将通过具体数据分析提高保险费率与增加中央财政负担比例的历史过程。在此，先简单介绍扩大参保范围增加资金筹措的几项举措。[1]

1944 年的劳动者养老保险法修改法案将参保企业由原来职工人数 10 人以上的工厂扩大到职工人数 5 人以上的工厂，并将参保人范围由工人扩大到一般事务人员，女性工人也被纳入参保对象范围之内，实现了参保范围的首次扩大。

1980 年的养老保险制度改革规定，每月劳动时间相当于正式职工 3/4 以上的非正式职工也必须参加厚生养老保险，开拓了非正式职工参保的先河。

1985 年的养老保险制度改革将职工人数不足 5 人的企业单位也划入参保范围，加大了对小微企业职工强制参保的力度。

2012 年民主党政权时期的养老保险制度改革再次扩大了非正式职工的参保范围，规定从 2016 年 10 月开始，职工人数超过 501 人的企业中的所有短时间劳动（周 20 小时以上）职工也必须加入厚生养老保险。

2017 年 4 月开始，又规定职工人数 500 人以下企业中的所有短时间劳动（周 20 小时以上）职工也必须加入厚生养老保险。

通过以上扩大参保范围的方式，厚生养老保险的保费收入有所增加。但是，参保人员的增加意味着今后领取养老金人员的增加。所以从长远角度来看，扩大参保范围只能是解决财政收支的"燃眉之急"，长期效果可能并不理想。

三、保险费率的调整情况

（一）保险费率与征缴基数的提高过程

2019 年度，厚生养老保险制度的保险费率为 18.30%，雇主和雇员（2 号参保人）各自承担 9.15%。此保险费率自 2017 年 10 月以来一直固定在 18.30%，

---

[1] 1961 年国民养老保险制度建立，参保人数迅速增加。1986 年以后 3 号参保人由任意参保改为强制参保。1989 年以后 20 岁以上学生也由任意参保改为强制参保。以上参保范围的扩大属于国民养老保险制度范畴。

第四章 日本公共养老保险制度的资金筹措方式

没有改变。如第二章中所介绍的那样，按照 2004 年养老保险制度改革的规定，从 2004 年 10 月开始，厚生养老保险的保险费率在当时 13.58% 的基础上每年提高 0.354%，到 2017 年 10 月达到 18.30% 以后，保险费率固定在 18.30%。

通过表 4-2 可以发现，1954 年以前，厚生养老保险的保险费率有过大幅度上调的历史，其主要背景是为了应对当时比较严重的通货膨胀所引发的货币贬值问题。但是由于养老金领取人数有限，所以养老保险财政没有出现大的收不抵支的问题。1954 年以后，日本经济步入正轨，迎来了高速增长时代，保险费率和征缴基数（标准报酬月额）逐渐上升。

进入 20 世纪 80 年代，随着养老保险制度的成熟，领取养老金人数上升，养老金给付费用增加，保险费征缴的力度也被大幅度强化。保险费率和征缴基数都有大幅度调整。到 1993 年为止，在保险费率的调整过程中，男性参保人与女性参保人的调整幅度与调整速度不同。与男性相比，女性的保险费率偏低，调整速度也是渐进型。这主要是由于到 20 世纪 90 年代初为止，日本女性在劳动市场中的人数和地位都低于男性，其工资待遇等也明显低于男性。由此可见，之所以采取上述调整方式，是为了确保女性参保人的可支配收入不会因为保险费的增加而大幅度下降。

1994 年以后，日本统一了男女参保人的保险费率，保险费率的上调也同步进行。2000 年 10 月以后，征缴基数改变为 98 000 日元（第 1 级）到 620 000 日元（第 31 级）。该缴费基数维持的时间最长，一直到 2016 年 9 月。2016 年 10 月，参保人范围扩大到职工人数超过 501 人企业的所有短时间劳动（周 20 小时以上）职工。这一部分群体的工资收入普遍偏低，为了保证其有参保资格，并且能够感受到参保魅力，最低缴费基数由 98 000 日元下调到 88 000 日元。第 1 等级标准报酬（月额）的保险费为：88 000 日元×18.3% = 16 104 日元，参保人个人负担 8 052 日元。2019 年度国民养老保险的保险费是 16 410 日元。所以对于从事短时间劳动的非正式职工来说，缴纳国民养老保险费用一半的保险费就可以参加厚生养老保险制度，具有相当大的魅力。参加了厚生保险制度，参保人本人不仅可以领取老龄基础养老金，还可以领取与工资比例相对应的老龄厚生养老金（虽然由于工资收入不高，养老金也不会太多），而且被扶养配偶也可以不用缴纳保险费而领取老龄基础养老金。

(二) 中央财政补贴比例的变化

表4-2的最右侧还显示了中央财政补贴的负担比例。到1985年养老保险制度改革为止，中央财政负担厚生养老金给付费用10%~20%的资金筹措。1986年基础养老保险诞生以后，中央财政对厚生养老金给付费用的补贴取消，该补贴的对象改变为厚生养老保险参保人（包括3号参保人）的基础养老金给付费用。从1986年4月开始，中央财政补贴的负担率上调为基础养老金给付费用的1/3。后来的2004年养老保险制度改革又将此负担率逐渐上调为1/2，并于2009年度以后一直维持该比例。

表4-2 厚生养老保险制度保险费率及中央财政补贴的调整情况

调整时期	保险费基数	保险费率（%）		标准报酬月额（日元）		中央财政负担（%）
		男性	女性	下限	上限	
1942年6月	工资（标准报酬月额）	6.400	—	10	150	男性10
1944年10月		11.000	11.000	10	200	男性·女性10
1946年4月				30	600	
1947年6月		9.400	6.800	100	600	
1947年9月						
1948年8月		9.400	5.500	300	8 100	
1949年5月				2 000	8 000	男性·女性15
1953年11月				3 000	8 000	
1954年5月		3.000	3.000	3 000	18 000	
1960年5月		3.500		3 000	36 000	
1965年5月		5.500	3.900	7 000	60 000	
1969年11月		6.200	4.600	10 000	100 000	
1971年11月		6.400	4.800	10 000	134 000	
1973年11月		7.600	5.800	20 000	200 000	
1976年8月		9.100	7.300	30 000	320 000	男性·女性20
1980年10月			8.900			
1981年6月			9.000			
1982年6月		10.600	9.100	45 000	410 000	
1983年6月			9.200			
1984年6月			9.300			

第四章　日本公共养老保险制度的资金筹措方式

续表

调整时期	保险费基数	保险费率（%）		标准报酬月额（日元）		中央财政负担（%）
		男性	女性	下限	上限	
1985年10月	工资（标准报酬月额）	12.400	11.300	68 000	470 000	男性·女性20
1986年10月			11.450			
1987年10月			11.600			
1988年10月			11.750			
1989年10月			11.90			
1989年12月				80 000	530 000	男性·女性1/3（1986年4月开始）
1990年1月		14.300	13.800			
1991年1月			14.150			
1992年1月		14.500	14.300			
1993年1月			14.450			
1994年1月		14.500				
1994年11月		16.500		92 000	590 000	
1996年10月		17.350				
2000年10月						
2003年4月	工资·奖金（标准报酬月额·标准奖金额）	13.580		98 000	620 000	
2004年10月		13.934				
2005年10月		14.288				
2006年10月		14.642				
2007年10月		14.996				
2008年10月		15.350				
2009年10月		15.704				男性·女性1/2（2009年10月开始）
2010年10月		16.058				
2011年10月		16.412				
2012年10月		16.766				
2013年10月		17.120				
2014年10月		17.474				
2015年10月		17.828				
2016年10月		18.182		88 000		
2017年10月		18.30（固定）				

资料来源：作者根据日本年金机构网页资料制作。https://www.nenkin.go.jp/service/kounen/hokenryo/ryogaku/20140710.html。

(三) 共济养老保险与厚生养老保险的保险费率统一

按照《被用者年金一元化法》的规定，2015年10月共济养老保险制度并入厚生养老保险制度，实现了争论已久的工薪阶层职工养老保险制度的统合。《被用者年金一元化法》规定，共济养老保险的保险费率分阶段与厚生养老保险的保险费率统一。具体的统一日程安排见表4-3。由于国家公务员共济养老保险与地方公务员共济养老保险的保险费率本身已经接近厚生养老保险的保险费率，所以调整时间比较短，2018年9月以后固定于18.300%。私立学校教职员共济养老保险的保险费率比较低，所以调整时间比较长。按照计划，2027年4月以后将完成上调并固定在18.300%。

但是，在上调过程中保险费率会根据每年的物价与工资指数的变化进行相应调整，所以实际的保险费率与表4-3中的数据可能会有一些误差。

表4-3　　共济养老保险与厚生养老保险的保险费率的统一进程

共济养老保险				厚生养老保险
国家公务员·地方公务员		私立学校教职员		
2015年10月至2016年8月	17.278%	2016年4月至2017年3月	14.708%	17.826%
2016年9月至2017年8月	17.632%	2017年4月至2018年3月	15.062%	18.182%
2017年9月至2018年8月	17.986%	2018年4月至2019年3月	15.416%	18.300%
2018年9月以后	18.300%	2019年4月至2020年3月	15.770%	
		2020年4月至2021年3月	16.124%	
		2021年4月至2022年3月	16.478%	
		2022年4月至2027年3月	略	
		2027年4月以后	18.300%	

资料来源：作者根据厚生劳动省相关资料制作。

第四节　养老保险制度中的资金筹措问题

一、国民养老保险制度中的资金筹措问题

国民养老保险制度中的资金筹措方面最重要的问题是如何确保保险财政收支

平衡。2018年度，国民养老金给付费用总体规模在23万亿~24万亿日元左右，单纯依靠参保人缴纳的保险费收入和中央财政补贴收入根本无法实现收支平衡。

国民养老保险制度中的缴费方式导致保险费不能根据参保人数量如实征缴。与2号参保人的工资代扣型缴费不同，1号参保人按照自主缴费方式，个人每月向居住所在地的政府缴纳保险费。由于缺乏强制缴费措施，出现了不参保、不缴费、拖延缴费的群体，造成国民养老保险资金筹措不足，即所谓的"空洞化"现象。在国民养老保险制度中还存在一类群体，与上述的不参保、不缴费、拖延缴费性质不同，但是结果相仿。这类人群就是由于低收入等原因享受保险费减免或延期缴纳政策的人员。以上两类人员的存在降低了国民养老保险的财政收入，影响了资金筹措。

另一个影响国民养老保险资金筹措的问题是3号参保人中专职主妇的问题。专职主妇无须个人缴纳保险费，但是晚年可以正常领取基础养老金。从资金筹措层面来看，专职主妇的保险费由其配偶负责缴纳，并没有给养老保险财政收入带来不利影响。但是实际上，专职主妇的保险费并不只是由其配偶负担，而是由包括在职女性参保人、在职单身男性参保人在内的所有2号参保人共同负担。而且，1号参保人的妻子以及母子家庭的母亲都需要自己缴纳保险费才有资格领取养老金。所以专职主妇与1号、2号等女性参保人之间在保险费负担与养老金给付方面形成的不平等待遇遭到了人们的质疑，也成为一部分不参保、不缴费人员的借口，影响了资金筹措。

与上述两个问题相关的另一个核心问题是是否应该把基础养老保险的资金筹措方式由社会保险方式转变为税收方式？毕竟，只要是社会保险方式就不可能完全消除不参保、不缴费、拖延缴费等现象，因此也不可能避免低养老金和无养老金老人的产生。另外，为了解决3号参保人所引发的不公平待遇问题，最为行之有效的办法恐怕还是忽略义务与权利一致的税收方式。

上述三个问题将在第九章中详细分析。

二、厚生养老保险制度中的资金筹措问题

《厚生养老保险法》规定，雇主有强制雇员参加厚生养老保险，并从雇员工

资中代扣保险费的义务，同时雇主也要缴纳与雇员相同的保险费。所以，理论上来看只要雇主不是有意违反上述规定，厚生养老保险的参保人（2号参保人）中基本不会出现不参保、不缴费、拖延缴费的现象。但是，从20世纪90年代后期开始，由于经济的长期停滞、企业经营业绩恶化等原因，一些职工数量少的小微企业利用煽动职工自己参加国民养老保险，谎报停业整顿等手段逃避企业应该承担的养老保险缴费责任，破坏了厚生养老保险制度的财政收支平衡。厚生养老保险制度中的"空洞化"问题属于新生现象，随着经济状况的好转以及针对企业收缴力度的加大，该问题会逐渐得到改善。

与国民养老保险制度相似，厚生养老保险制度在资金筹措方面的最大任务是扩大参保人范围、增加保险费收入。扩大参保人范围的方法主要是吸引迄今没有参保的非正式职工参加厚生养老保险，提高保险费率、加大征缴基数等手段是增加保险费收入的基本路径。

吸引非正式职工参加厚生养老保险的前提条件是降低参保门槛，比如缩短参保年限、降低征缴基数下限等方法。提高保险费率以及加大征缴基数是加大参保人缴费负担的举措，往往难以实现。专家学者之间探讨的方法包括提高缴费基数上限等，比如把62万日元（2019年度）的标准报酬月额上限和1次150万日元的奖金上限逐渐提高，增加每年的奖金征缴次数（如把1年3次变为1年4次）等。

有关厚生养老保险制度中的资金筹措问题的详细探讨，也将在第九章中介绍。

第五章 日本公共养老保险制度的养老金给付政策

公共养老保险制度的养老金给付水平是关系到老年人基本生活保障的重要问题，同时养老金给付水平的高低也直接影响到保险费征缴标准的设定与调整。如何设定一个合理的养老金给付水平涉及诸多方面的内容。比如，养老金计发的基本方针和理念、养老金替代率的设定、养老金的计发标准和计发方式等相关问题都需要加以考虑。本章希望通过分析影响养老金给付水平制定的主要政策方针和制度安排，探讨日本政府根据经济发展和人口结构变化协调给付水平的思路和方法，加深读者对日本公共养老保险制度的养老金给付水平制定与调控的理解。

第一节 养老金给付政策的基本方针和理念

一、定额型养老金和工资比例型养老金

从结构上看，现行的公共养老保险制度分为国民养老保险制度和厚生养老保险制度两个层次。两个制度的共同目的是通过向老年人提供养老金来保障其晚年仍然能够维持稳定的基本生活。

但是，由于两个制度的参保人在就业形态与收入（缴费）水平方面有较大区别，因此两个制度在制定给付标准合理性上的基本方针和理念也有所不同。第四章中介绍过国民养老保险制度重视英国贝弗里奇报告中提倡的"统一缴费、统一给付"的原则。根据上述原则，国民养老保险制度在创立当初，即1961年就

规定了国民养老保险的养老金给付的基本方针是向全国的参保老年人发放同等金额的老龄基础养老金，以达到保障其晚年拥有最低生活水准的制度目的。重视公平性原则与统一的国民待遇一直是国民养老保险制度中养老金给付政策的基本理念。该理念在三个各自独立的养老保险制度统一为现行制度结构（1986年）以后也没有改变，一直持续至今。

与第一层的国民养老保险制度不同，第二层的厚生养老保险制度的目的是为参保老年人提供一个与其在职期间的工资收入和缴费金额相对应的养老金给付水平，以此来维持其原有的生活水准。

该政策目标早在1942年就已经被明确规定于劳动者养老保险制度中。当时的劳动者养老保险制度采用的是单纯的工资比例型保险费征缴方式，养老金也是按照完全积累模式从积累基金中提取发放给个人，属于多缴多得的工资比例型给付方式。

如图5-1所示，1954年的养老保险制度改革为了保障低收入职工退休后可以领取到最低保障养老金，在养老金给付方式中增设了定额部分，与原有的工资比例型养老金相结合形成了第一层的定额型加第二层的工资比例型的新模式。1954年以后的厚生养老保险制度中的养老金给付政策更加重视效率与公平相结合的政策理念。

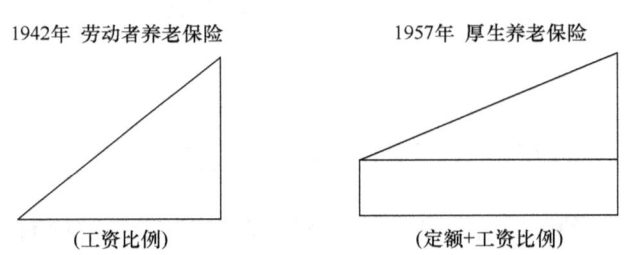

图5-1 工资比例型向定额与工资比例结合型的转变

资料来源：井口直樹．日本の年金政策—負担と給付・その構造と機能—［M］．京都：ミネルヴァ書房，2010：14．

二、以夫妇为单位设定的养老金替代率

养老金替代率是养老保险制度体系的重要组成部分，也是衡量养老金给付水平、反映领取养老金人员生活水平的基本指标之一。政府既可以通过上调养老金替代率达到增加养老金给付金额，提高老年人的养老金待遇和生活水平的目的，也可以稳定或下调养老金替代率，达到控制养老金的整体给付规模，抑制养老金给付费用急剧增加的目的。通常，养老金替代率的计算方法是用某一年度的养老金领取人员的平均养老金除以同一年度在职职工平均工资收入，由此获得的数值就是该年度的养老金替代率。

在1973年的养老保险法修改中，日本政府首次将养老金替代率的最低标准明确定位在60%。此后，伴随经济增长、物价上升以及工资上涨等因素，养老金替代率最高达到过68%、69%的水平。

2014年与2019年的养老保险财政评估报告中显示，2014年、2019年的养老金替代率分别为62.7%和61.7%。与中国的养老金替代率相比，日本的养老金替代率看上去似乎比较高，老年人领取的养老金也比较多。那么，这种观点是否正确呢？

其实，在不同的国家或不同的时期，养老金替代率的计算方法有所不同。比如，中国的养老金替代率是以个人为单位来计算，而日本则是以家庭，即夫妇二人为单位来计算的。计算方式不同，其结果也大不相同。日本养老金替代率的计算公式如下：

$$养老金替代率=\frac{丈夫的老龄厚生养老金+丈夫的老龄基础养老金+妻子的老龄基础养老金}{在职男性职工的可支配收入}$$

上述公式的分子部分不是个人养老金收入，而是采用了夫妇双方养老金的合计金额来计算；而分母部分则是在职男性职工个人的可支配收入。如此的计算方式才是导致日本养老金替代率较高的原因。日本养老金给付政策的核心是把养老金收入作为夫妇二人的共同生活资金来考虑的。所以日本的养老金替代率与中国的不同，不能准确反映老年人的个人养老金给付水平。

日本公共养老保险

关于养老金替代率以及养老金给付水平，到底应该按照个人单位来计算，还是应该按照夫妇单位来计算是一个争议较大的问题。老年人的晚年生活是与子女在一起，还是夫妇二人，或是单身，由于个人环境以及时代背景的不同而不同。由于生活方式和形态不同，所需要的养老金金额自然不同。20 世纪 70 年代前后日本政府在制定养老金替代率时，既参考了 ILO 报告书《社会保障への途》中关于"家庭是社会保障的基本单位"的建议，同时又考虑了当时日本国内的劳动就业和家庭形态的状况，将社会保障的保障对象确定为家庭而不是个人。[①] 养老金给付水平的标准也随之被确定为夫妇二人的养老金替代率。

然而，现在的就业与家庭形态与 20 世纪六七十年代相比有很大区别。而且，上述计算公式中的"标准"夫妇，即丈夫为参保缴费 40 年以上的企业职工或公务员等（2 号参保人），妻子为从事家庭劳动 40 年以上的专职主妇（3 号参保人），这样的家庭正在逐渐减少。所以，在探讨养老金给付水平和替代率标准时，是延续现行的夫妇单位，还是将其改变为个人单位，专家学者以及政府之间的意见分歧较大，很难统一。

$$62.7\%（2014\ 年代替率）= \frac{9\ 万日元（老龄厚生养老金·夫）+ 6.4\ 万日元（老龄基础养老金·夫）+ 6.4\ 万日元（老龄基础养老金·妻）}{34.8\ 万日元（在职男性职工的可支配收入）}$$

以上公式显示的是 2014 年"标准"夫妇二人的养老金替代率的计算方法，替代率为 62.7%。但是，如果把替代率按基础养老金与厚生养老金分别计算的话，2014 年，只能领取国民养老金的夫妇（1 号参保人）二人的基础养老金替代率大约在 36%~37%；单身老年人（2 号参保人）厚生养老金（含基础养老金）的替代率大约在 44%~45%；国民养老保险参保人的个人基础养老金替代率大约在 18%~19%。可见，养老金替代率因其定义不同，数值也会大相径庭。

[①] 井口直樹. 日本の年金政策—負担と給付・その構造と機能—[M]. 京都：ミネルヴァ書房，2010：48.

除了定义与计算方式不同，影响养老金替代率的还有个人的参保与缴费年限（包括退休年龄等）、养老金起付年龄等其他因素。此外，社会经济的发展水平、养老保险财政的收支状况等也会成为政府调整替代率的外部要因。接下来再来分析一下参保年限与起付年龄等内容。

三、参保年限与起付年龄

第三章中已经介绍过，领取养老金有两个基本条件：参保年限和起付年龄。这两个条件与养老金给付政策关系密切，既会影响到养老金领取人个人的养老金给付水平，也会影响到养老金整体给付规模。

首先，考察参保年限。老龄基础养老金的领取条件中，参保年限又分为可领取养老金资格和领取满额养老金资格，前者为 10 年（2017 年 10 月以前为 25 年），后者为 40 年。所以，参保年限不同，领取到的基础养老金金额自然不同。厚生养老保险包含基础养老金和厚生养老金两个部分，所以首先要满足基础养老金的领取条件，其次是满足厚生养老金的领取条件。然而，厚生养老保险对参保人的规定是从参加工作开始到 70 岁为止，只要在职工作都必须参保缴费，所以领取老龄厚生养老金时以参保人的实际参保缴费年数为基准，参保年数越长可领取的老龄厚生养老金就越多。

两个制度对参保年限的不同规定也符合各自的理念与目的。基础养老保险制度强调公平性原则，所以采用了全体国民"一刀切"的方式，参保年限最长 40 年，满额养老金领取条件也是 40 年。厚生养老保险制度更重视效率与公平相结合的原则，所以采用了与个人缴费挂钩，多缴多得的"百花齐放"的方式。但是，无论是哪个制度，参保年限越长，养老金给付水平越高，即参保年限与养老金给付水平的正比关系是相同的。由此看来，如果想控制养老金整体给付规模，抑制养老金给付总费用的增加，一个简单的办法是提高参保年限。比如把基础养老金的满额领取年限由现行的 40 年增加到 45 年。相反，缩短参保年限对于增加养老保险的信任度、提高参保的积极性有推动作用。所以说缩短参保年限是提高参保率以及保险费缴纳率，增加保险财政收入的有效方法。

其次，再来分析一下养老金起付年龄与养老金给付政策的关系。养老金，顾名思义，是为老年人提供的晚年生活资金。那么，当参保人达到什么年龄才应该为其发放养老金呢？对于上述疑问有两个答案：其一，当参保人退休时，作为退休的条件（或补偿），从退休开始时发放养老金；其二，当参保人达到一定年龄时，按照规定为其发放养老金。从上述第一个答案中可以得到以下的结论，即参保人超过退体年龄后仍然继续工作并有一定工资收入的话，就没有必要为其发放养老金。但是，随着健康水平的提高以及社会经济发展的变化，达到退休年龄以后仍然继续工作的老年人并不少见，反而在当今社会中越来越多。所以，很多国家都改变了以前的退休年龄与养老金起付年龄挂钩的做法，将养老金起付年龄与退休年龄分开考虑，一般设定为高于退休时的年龄。当然为了防止既有工资收入又可以领取养老金的"高级老人"带来的不公平感，大部分国家对在职老年人的养老金给付加以限制。比如日本就采用了"在职者养老金"的政策，当在职老年人的工资收入与养老金超过一定金额以后，按照标准减少其养老金金额。

从上述的分析中可以看出，养老金起付年龄的设定与劳动就业、退休制度等关系紧密。日本对于退休年龄的法律规定并没有那么严格。1971年以前，对于企业的退休年龄没有严格的法律规定，规定55岁退休的企业占大多数。1971年《高年龄者雇用安定法》中首次提出60岁退休的方针，但是没有绝对的法律约束性。1986年上述法律的修改法中将60岁退休作为"努力目标"，要求企业尽量执行。1994年的法律修改才将60岁退休作为法律规定，要求企业必须履行。

养老金起付年龄也好，退休年龄也好，其实对于两者影响最大的因素是平均寿命。平均寿命的延长通常会带来要求提高退休年龄和养老金起付年龄的呼声。1942年创立的劳动者养老保险制度之所以把起付年龄确定为55岁，主要是参考了当时的平均寿命与大多数参保企业的退休年龄。同样出于对上述两个因素的判断，1954年的养老保险制度改革决定分阶段将男性参保人的起付年龄上调为60岁，女性参保人的起付年龄保持在55岁。1985年的养老保险制度改革规定，从1987年开始将女性参保人的起付年龄从55岁分阶段上调到60岁，其中的一个理由是为了配合政府提倡的"努力目标"。

起付年龄的提高势必会影响养老金领取人的生涯养老金给付金额。同时,需要注意的是,养老金领取规定中设置的提前支付制度和延期支付制度。享受提前支付制度,养老金计发金额会随之减少;享受延期支付制度,养老金计发金额会随之增加。利用上述制度等于通过自身的选择降低或提高了养老金起付年龄,从而降低或提高了领取期间的养老金给付水平。但是,生涯养老金给付金额是增是减不得而知。因为生涯养老金给付金额的多少由个人寿命决定。

通过以上分析不难得到以下的结论:提高养老金起付年龄可以有效控制养老金整体给付规模,抑制养老金给付总费用的增加。同时,对于领取人来说,在平均寿命相同的情况下,会减少其生涯养老金给付金额。

四、物价浮动指数与工资浮动指数以及宏观经济调控机制

公共养老保险制度与民间的养老保险制度的主要区别之一是有无物价浮动指数与工资浮动指数的调剂功能。作为保障全体国民晚年基本生活的公共养老保险制度,必须考虑应该如何维持养老金的实际货币价值。物价浮动指数与工资浮动指数是能够达到上述目的的最好方法。物价浮动指数是为了消除由于通货膨胀而带来的养老金实际货币价值的下降,工资浮动指数是为了削弱由于在职职工工资上涨而带来的养老金与工资差距的扩大。两种方法对于维持和提高养老金给付水平效果明显,同时也会带动养老金整体给付规模的上升。

1973年日本政府对养老保险财政进行了第三次财政再计算,并修改了养老保险法。在此次养老保险制度改革中,导入了利用物价浮动指数调整养老金给付标准的调控机制。制度规定,当物价浮动超过5%时,以物价浮动指数为基准对养老金给付标准进行调整。按照上述方式,国民养老保险和厚生养老保险每年都对养老金给付标准进行调整。同时,厚生养老保险还根据在职职工工资变化情况调整老龄厚生养老金的给付标准。1973年的导入背景主要是第一次石油危机前后日本国内出现了严重的通货膨胀。

1989年的养老保险制度改革改进了原有的物价浮动指数的调控方法,取消了5%的限制,实施完全自动物价浮动指数方式。该方式的导入主要是应对20世纪80年代后期逐渐升级的泡沫经济中的物价上升现象。到80年代末为止,物价

日本公共养老保险

浮动指数与工资浮动指数的调控方式基本上起到了维持和提高养老金给付水平的作用，同时也导致了日本公共养老金整体给付规模不断扩大。

20世纪90年代初，泡沫经济破灭以后，日本的经济环境急剧恶化，少子老龄化日益严重，由此而导致养老金给付规模不断扩大、养老保险财政压力上升。90年代以后的养老保险制度改革的主要目标是控制不断增加的养老金给付水平和持续扩大的整体给付规模，维持养老保险财政收支平衡。物价浮动指数与工资浮动指数也配合上述目标改变了其调控方式。

1994年的养老保险制度改革对工资浮动指数的调控方法进行了更改，采用了"可支配"工资浮动指数方式。与原来的方法相比，新方法的特点是改变了原来对名义工资（实际货币工资）增长率的调整，采用了从工资收入中扣除所得税、居民税和社会保险费等费用后的可支配工资收入增长率。通过上述更改可以适当遏制厚生养老金给付水平的不断提高，抑制给付整体规模的急剧增加。

2000年以后，日本政府加大了通过更改物价浮动指数与工资浮动指数调控方式降低养老金给付水平、抑制给付费整体规模增加的力度。首先，2000年的养老保险制度改革取消了用工资浮动指数调控养老金给付水平的方法，只采用物价浮动指数调控方式，从而减缓了厚生养老金给付水平上升。其次，2000—2002年间暂停物价浮动指数调控，控制了国民养老金给付水平的上升。最后，2004年导入宏观经济调控机制用来控制养老金给付水平上升。宏观经济调控机制根据参保人数的减少、平均寿命的延长以及经济增长的下滑等因素制定一个宏观经济下滑指数，当工资和物价浮动指数高于宏观经济下滑指数时，宏观经济调控机制对养老金的增加部分进行下滑调整，以起到控制养老金不断增加的效果。举例来说，假设宏观经济下滑指数为0.9%，①当工资和物价浮动指数为2%时，养老金给付水平修改比率为：2%-0.9%=1.1%；②当工资和物价浮动指数为0.5%时，0.5%-0.9%=-0.4%，因为出现负增长，所以养老金给付水平修改比率保持不变（0%）；③当工资和物价浮动指数为-0.5%时，-0.5%-0.9%=-1.4%，结果与②相同也是负增长，所以养老金给付水平修改比率保持不变（0%）。宏观经济调控机制（宏观经济下滑指数）的导入有效地控制和削减了养老金给付水平的上升空间，对于抑制给付整体规模起到了关键性作用。

第二节　国民养老金给付水平

一、国民养老金的标准给付金额

国民养老保险制度支付的养老金分为老龄基础养老金、残疾基础津贴和遗属基础津贴三种。这里只介绍老龄基础养老金的给付情况。

（一）给付条件及给付水平（金额）

国民养老保险法规定，参保并累计缴费满 10 年参保人，年满 65 岁时可以领取老龄基础养老金；满额领取的条件是参保并累计缴费满 40 年。保险费免除期间按照规定计入参保年限。2017 年 10 月之前，领取资格的参保年限为 25 年以上。1961 年，国民养老保险制度刚建立的时候，考虑到部分参保人的年龄已经较大，到 65 岁领取养老金时满足不了 40 年缴费的要求，所以对该部分参保人给予缩短参保年限的特殊政策，根据出生日期不同分别对待。

2019 年度的国民养老金的满额给付金额为每月 65 008 日元，一年 780 100 日元。但是，由于保险费免除期间的月数并不是完全如数计入参保年限，所以养老金计发金额不是按照参保年限计算，而是按照实际缴费月数计算。2019 年度老龄基础养老金额（月）的计算公式如下：

老龄基础养老金额（月）= 65 008 日元×(保险费缴纳月数+保险费全额免除月数×4/8+保险费 3/4 免除月数×5/8+保险费 1/2 免除月数×6/8+保险费 1/4 免除月数×7/8)÷480 月

比如，参保期间有 2 年享受了保险费全额免除、35 年缴纳全额保险费、3 年没有缴纳保险费的参保人的老龄基础养老金给付金额为 58 507 日元（月）。计算方法如下：

65 008 日元×(35 年×12 月+2 年×12 月×4/8)÷480 月 = 58 507 日元

综上所述，满足了 40 年参保并缴费的参保人年满 65 岁开始可以领取到满额的全国统一的老龄基础养老金。2019 年夫妇二人的合集给付金额约为 13 万日元

（月）。该年度男性在职职工的可支配工资收入为 35.77 万日元，所以夫妇二人的基础养老金替代率为 36.4%。单身 1 号参保人的满额基础养老金的替代率为 18.2%。

（二）提前支付与延期支付制度和养老金的增减

国民养老保险法规定，老龄基础养老金的起付年龄为 65 周岁。原则上讲，符合上述参保年限条件的参保人年满 65 周岁就可以领取老龄基础养老金。但是，为了满足不同收入水平和生活水准的老年人的要求，老龄基础养老金的领取规定中设置了提前支付制度和延期支付制度。

提前支付制度规定，年满 60 岁以上、缴纳保险费满 10 年的参保人可以申请提前领取基础养老金。提交申请后的下一个月起就可以开始领取基础养老金。比如，60 岁生日前一个月提出申请的话，从 60 岁生日的月份起最多可以提前 5 年领取养老金。提前支付制度规定，每提前一个月领取，养老金将减少 0.5%，该减少比率终身适用。具体减少比率请参见表 5-1。

表 5-1　　提前支付制度中养老金减少比率　　　　%

提前支付时的年龄/岁	0 个月	1 个月	2 个月	3 个月	4 个月	5 个月	6 个月	7 个月	8 个月	9 个月	10 个月	11 个月
60	30.0	29.5	29.0	28.5	28.0	27.5	27.0	26.5	26.0	25.5	25.0	24.5
61	24.0	23.5	23.0	22.5	22.0	21.5	21.0	20.5	20.0	19.5	19.0	18.5
62	18.0	17.5	17.0	16.5	16.0	15.5	15.0	14.5	14.0	13.5	13.0	12.5
63	12.0	11.5	11.0	10.5	10.0	9.5	9.0	8.5	8.0	7.5	7.0	6.5
64	6.0	5.5	5.0	4.5	4.0	3.5	3.0	2.5	2.0	1.5	1.0	0.5

资料来源：作者根据日本年金机构发表资料整理制作。

与提前支付制度相同，延期支付制度规定最多可以延期 5 年（70 岁）领取基础养老金。但是，该制度规定，开始延期的最短时间为 1 年，所以延期支付的开始年龄是 66 岁，从 66 岁到 70 岁之间可以以月为单位延期。每延期一个月，养老金将增加 0.7%，该增加比率终身适用。延期支付制度中养老金的增加比率参见表 5-2。

表 5-2　　　　　　　　　延期支付制度中养老金增加比率　　　　　　　　　%

延期支付时的年龄/岁	0个月	1个月	2个月	3个月	4个月	5个月	6个月	7个月	8个月	9个月	10个月	11个月
66	8.4	9.1	9.8	10.5	11.2	11.9	12.6	13.3	14.0	14.7	15.4	16.1
67	16.8	17.5	18.2	18.9	19.6	20.3	21.0	21.7	22.4	23.1	23.8	24.5
68	25.2	25.9	26.6	27.3	28.0	28.7	29.4	30.1	30.8	31.5	32.2	32.9
69	33.6	34.3	35.0	35.7	36.4	37.1	37.8	38.5	39.2	39.9	40.6	41.3
70	42.0	—	—	—	—	—	—	—	—	—	—	—

资料来源：作者根据日本年金机构发表资料整理制作。

二、国民养老金给付水平的变化

国民养老保险制度创立于1961年，创立初期，按照参保25年的原则实施养老金计发，领取人员很少。20世纪70年代以后，按出生时间缩短了部分参保人的参保年限，领取人逐渐增加，但是给付水平较低。

表 5-3　　　　　　　　　国民养老金给付水平的变化

年份	养老金给付方针	标准养老金（月金额）
1966	夫妇二人1万日元	5 000日元 200日元×25年＝5 000日元 （参保年限：25年）
1969	夫妇二人2万日元 （含附加养老金）	8 000日元 320日元×25年＝8 000日元 （参保年限：25年）
1973	夫妇二人5万日元 （含附加养老金）	20 000日元 800日元×25年＝20 000日元 （参保年限：25年）
1976	夫妇二人6.5万日元	32 500日元 1 300日元×25年＝32 500日元 （参保年限：25年）
1980	夫妇二人8.4万日元	42 000日元 1 680日元×25年＝5 000日元 （参保年限：25年）

续表

年份	养老金给付方针	标准养老金（月金额）
1985	综合社会经济与生活水准制定合理养老生活资金标准	50 000 日元 50 000 日元×480 月/480 月 = 50 000 日元 （满额参保 40 年）
1989	综合社会经济与生活水准制定合理养老生活资金标准	55 000 日元 55 000 日元×480 月/480 月 = 55 000 日元 （满额参保 40 年）
1994	综合社会经济与生活水准制定合理养老生活资金标准	65 000 日元 65 000 日元×480 月/480 月 = 65 000 日元 （满额参保 40 年）
2000	综合社会经济与生活水准制定合理养老生活资金标准	67 000 日元 67 000 日元×480 月/480 月 = 67 000 日元 （满额参保 40 年）
2004	综合社会经济与生活水准制定合理养老生活资金标准	65 100 日元（正常给付水平：满额参保 40 年） 66 200 日元 [物价浮动指数调整后水平]
2009	综合社会经济与生活水准制定合理养老生活资金标准	65 467 日元（正常给付水平：满额参保 40 年） 66 008 日元 [物价浮动指数调整后水平]
2014	综合社会经济与生活水准制定合理养老生活资金标准	64 100 日元（正常给付水平：满额参保 40 年） 64 400 日元 [物价浮动指数调整后水平]
2019	综合社会经济与生活水准制定合理养老生活资金标准	65 075 日元（正常给付水平：满额参保 40 年） 65 008 日元 [物价浮动指数调整后水平]

资料来源：作者根据厚生劳动省相关资料制作。

如表 5-3 所示，1966 年，政府将国民养老金的计算单价设定为 200 日元，按照参保 25 年计算标准养老金给付金额（月金额）。1966 年的标准夫妇二人养老金给付水平为 1 万日元（每人每月 5 000 日元）。以后，日本政府每年通过提高国民养老金的计算单价的方式不断提高养老金给付水平。1969 年计算单价上调为 320 日元，个人养老金给付标准为 8 000 日元，夫妇二人加上附加养老金可以达到 2 万日元的水平。但是，据相关资料显示，1971 年平均养老金金额仅为每

第五章　日本公共养老保险制度的养老金给付政策

人每月4 348日元，远远达不到政府制定的目标。[①]

1973年被称为日本的"福祉元年"，社会保障以及社会福利制度中有很多大手笔的政策出台。特别是通过导入物价浮动指数，将夫妇二人的国民养老金给付水平提高到5万日元的举措备受关注。同年男性在职职工的厚生养老保险平均标准报酬（月额）为105 747日元[②]，如果按照现行的养老金替代率计算方式，1973年的夫妇二人国民养老金的替代率可以达到47.3%，远远超过2019年度的36.4%。1980年，国民养老金计算单价被上调到1 680日元，是1966年的8.4倍，夫妇二人的国民养老金给付水平也上升到了8.4万日元。1985年，三大养老保险制度统合，建立了基础养老保险，将基础养老金给付标准设定为每人每月5万日元，夫妇二人每月10万日元。1985年以来，政府一直按照社会经济发展状况和生活水准等指标适当调整基础养老金给付水平。

表5-4显示了近年来基础养老金的领取情况。从表中数据可以得知，3 000余万基础养老金领取人的平均养老金金额为56 000日元左右，与满额金额65 000日元相差大约10 000日元。其中享受提前支付制度人员的基础养老金在43 000日元左右，比平均数又减少了约12 000日元；享受延期支付制度人员的基础养老金在76 000日元左右，比平均数增加了约21 000日元。按规定于65岁开始正常领取养老金人员的平均金额在57 000日元左右。所以，现实生活中的基础养老金替代率比之前提到的36.4%（夫妇二人）还要低。

表5-4　　　　老龄基础养老金（25年以上）领取状况　　　单位：万人、日元

年份	总数		提前支付		正常支付		延期支付	
	领取人数	平均养老金（月）	领取人数	平均养老金（月）	领取人数	平均养老金（月）	领取人数	平均养老金（月）
2014	2 871	55 026	398	42 159	2 437	56 792	36	77 624
2015	2 974	55 688	397	42 820	2 539	57 369	38	77 777
2016	3 056	55 831	393	43 067	2 623	57 416	40	77 270

---

① 井口直樹. 日本の年金政策—負担と給付・その構造と機能—[M]. 京都：ミネルヴァ書房，2010：51.

② 1973年的平均标准报酬（月额）数据来源于厚生劳动省相关资料。https：//www.mhlw.go.jp/topics/nenkin/zaisei/zaisei/data/data01/kousei/ks-12.html.

续表

年份	总数		提前支付		正常支付		延期支付	
	领取人数	平均养老金（月）	领取人数	平均养老金（月）	领取人数	平均养老金（月）	领取人数	平均养老金（月）
2017	3 125	55 918	387	43 268	2 696	57 410	42	76 655
2018	3 177	56 058	380	43 479	2 752	57 466	45	76 274

资料来源：厚生労働省年金局. 平成30年度 厚生年金保険・国民年金事業の概況 [EB/OL]. [2020-04-18]. https://www.mhlw.go.jp/content/000578278.pdf.

三、国民养老金给付水平低于低保老人待遇

到1986年为止，关于夫妇二人的养老金给付水平仍没有一个比较全面的判断标准。1986年开始实施的基础养老保险制度明确规定，按照《全国消费实態調査》的方法计算65岁以上老龄夫妇的基础消费支出，并以此作为基础养老金给付标准。这里所说的基础消费主要包括：食品、住房、水电煤气、家具、日常用具、被褥、衣服等支出项目。调查结果显示，满额基础养老金确实略高于上述调查结果，属于合理给付水平。但是，如果是夫妇双方有一人死亡，或者是单身老人的话，个人的基础养老金就很难满足单身家庭的基础消费需求。

此外，与中国的最低生活保障制度相似，日本也有救济贫困群体的生活保护制度。为了便于理解，我们把日本的制度也称为最低生活保障制度（以下简称低保）。基础养老金给付水平低于低保老人待遇是一个争论已久的话题。

低保制度以家庭为单位，为低保对象提供以下八项补贴：生活补贴、住房补贴、教育补贴、医疗补贴、生育补贴、创业补贴、丧葬补贴和介护补贴。每项补贴都有其相应的补贴标准。其中生活补贴包含的内容最多，金额也最大，是低保制度中的核心部分。住房补贴标准按居住地的不同分为两个档次：一、二类地区每月13 000日元，三类地区每月8 000日元，东京大阪等特大城市按特别标准计算。医疗服务享受公费医疗待遇，无须个人付费。表5-5是2018年度低保老人可领取的生活补贴情况。在一类1级地区（东京市区）居住的夫妇二人每月可领取12万日元左右的生活补贴，高于表5-4中正常支付的基础养老金平均值（57 466日元×2人=114 932日元）。在三类2级地区（地方乡镇）居住

的单身老人每月可领取 65 000 日元左右的生活补贴,高于表 5-4 中正常支付的基础养老金平均值(57 466 日元)。除生活补贴之外,低保老人还有包括住房补贴、医疗补贴等待遇。所以,享受低保老人的待遇水平高于基础养老金给付水平的问题是不可否认的事实。

表 5-5　　　　　　　　2018 年度低保的生活补贴待遇　　　　　　　单位:日元

	一类 1 级地区（东京市区）	三类 2 级地区（地方乡镇）
夫妇二人家庭 （男 68 岁、女 65 岁）	120 410	100 190
单身家庭（68 岁）	79 550	65 500

资料来源：厚生労働統計協会. 国民の福祉と介護の動向 2018/2019.

第三节　厚生养老金给付水平

一、厚生养老金的标准给付金额

第三章中已经介绍过,厚生养老金的给付内容实际包括三个部分:①定额部分的给付,即老龄基础养老金;②工资比例部分的给付,即老龄厚生养老金;③额外支付部分。额外支付部分是当养老金领取人的配偶年龄低于 65 岁且年收入不足 850 万日元、子女年龄低于 18 岁时,对其提供的一种补充养老金。定额部分就是老龄基础养老金,该养老金的给付情况我们已经在第二节中介绍过,所以本节只介绍工资比例部分的给付情况。另外,需要补充说明的是,与国民养老保险制度一样,厚生养老保险制度支付的厚生养老金中除了老龄厚生养老金以外,还有残疾厚生津贴和遗属厚生津贴。对于上述两种津贴不作具体介绍。

（一）给付条件及给付水平

1. 给付条件

由于老龄厚生养老金与老龄基础养老金是上下两层结构的组合,所以获得第二层的老龄厚生养老金给付的条件是,必须满足第一层的老龄基础养老金的给付条件，即参保与缴费年限达到 10 年以上。但是，对于达到给付条件的老人，领取老龄厚生养老金时没有最低参保年限的要求。即使只参加了 1 个月厚生养老保险，缴纳了 1 个月的保险费，也可领取到按照规定计算出来的老龄厚生养老金。

关于另一个给付条件，即养老金起付年龄的规定，厚生养老保险与国民养老保险不同，长期以来采用的是 60 岁起付。而且，在近 80 年的历史中，男性与女性参保人在定额部分的老龄基础养老金与工资比例部分的老龄厚生养老金的起付年龄上一直存在区别对待的现象。经过多次调整，从 2019 年度开始男性、女性参保人的老龄基础养老金起付年龄统一为 65 岁，老龄厚生养老金的起付年龄为男性 63 岁、女性 61 岁。起付年龄的调整过程将单独阐述。

2. 给付水平

与老龄基础养老金不同，老龄厚生养老金的金额不是全国统一标准。老龄厚生养老金的给付水平因人而异，主要取决于参保人在参保（缴费）期间的平均工资（标准报酬）的高低和参保（缴费）期间的长短；平均工资（标准报酬）越高，参保期间越长，老龄厚生养老金的给付水平就越高。老龄厚生养老金（月额）的计算公式如下：

老龄厚生养老金（月额）= 平均标准报酬月额 × (9.5/1 000 ~ 7.125/1 000) × 参保月数（2003 年 4 月以前部分）+ 平均标准报酬月额 × (7.308/1 000 ~ 5.481/1 000) × 参保月数（2003 年 4 月以后部分）

上述方程式中括号内的工资比例系数根据个人的出生日期进行调整。出生日期越早工资比例系数越大，养老金的金额就越多。厚生养老保险法规定，1946 年 4 月 1 日以后出生的参保人工资比例系数的确定标准为：2003 年 4 月以前部分 7.125/1 000，2003 年 4 月以后部分 5.481/1 000。

对 2003 年 4 月前后进行调整的理由是 2003 年 4 月开始实施总报酬制度，实施前后的缴纳基数（工资收入和奖金收入）和保险费率不同，因此会产生养老金金额上的差异。为了削减上述差异，政府采取了调整系数的措施，同时也可以控制将来养老金整体给付规模的急剧扩大。

厚生劳动省网页上公布的数据显示，按照标准养老金的计算标准得出的 2 号参保人（参保并缴费满 40 年、生涯平均标准报酬月额为 439 000 日元）2019 年度的老龄厚生养老金是 90 250 日元（月）。该年度男性在职职工的可支配工资收入为 357 000 日元，所以 2 号参保人个人的老龄厚生养老金替代率为 25.3%，加上老龄基础养老金的厚生养老金替代率则为 43.5%。夫妇二人的养老金替代率为 61.7%。

（二）起付年龄的上调

如第二章中介绍，从 1942 年建立劳动者养老保险制度到现在为止，日本的公共养老保险制度一共经历了四次养老金起付年龄的上调。四次都是针对厚生养老保险制度的养老金起付年龄的上调，具体过程见表 5-6。

表 5-6　厚生养老保险制度中养老金起付年龄的上调过程

起付年龄上调	决定时间	开始实施时间	上调结束时间	决定-上调结束所需时间	开始实施-上调结束所需时间
55 岁→60 岁（男）	1954 年度	1957 年度	1973 年度	19 年	16 年
55 岁→60 岁（女）	1985 年度	1987 年度	1999 年度	14 年	12 年
60 岁→65 岁（定额部分·男）	1994 年度	2001 年度	2013 年度	19 年	12 年
60 岁→65 岁（定额部分·女）	1994 年度	2006 年度	2018 年度	24 年	12 年
60 岁→65 岁（工资比例部分·男）	2000 年度	2013 年度	2025 年度	25 年	12 年
60 岁→65 岁（工资比例部分·女）	2000 年度	2018 年度	2030 年度	30 年	12 年

资料来源：堀江奈保子. 年金支給開始年齢のさらなる引き上げ~67 歳支給開始の検討とその条件[J]. みずほ総研論集，2008（1）：67；作者整理制作。

第一次是 1954 年，该年的养老保险制度改革将厚生养老保险中的男性厚生养老金的起付年龄由原来的 55 岁分阶段上调到 60 岁。该政策于 1957 年度开始实施，到 1973 年度结束，共用了 16 年时间。

第二次是 1985 年的养老保险制度改革，将厚生养老保险中的女性老龄厚生养老金的起付年龄由原来的 55 岁分阶段上调到 60 岁。该政策于 1987 年度开始实施，到 1999 年度结束，用了 12 年时间。

第三次是 1994 年的养老保险制度改革，此次改革规定将厚生养老保险中的男性老龄基础养老金的起付年龄由原来的 60 岁分阶段上调到 65 岁。该政策于 2001 年度开始实施，到 2013 年度结束，用了 12 年时间。同时规定将厚生养老保险中的女性老龄基础养老金的起付年龄由原来的 60 岁分阶段上调到 65 岁。该政策于 2006 年度开始实施，到 2018 年度结束，也用了 12 年时间。

第四次是 2000 年的养老保险制度改革，这次改革规定将厚生养老保险中的男性老龄厚生养老金的起付年龄由原来的 60 岁分阶段上调到 65 岁。该政策于 2013 年度开始实施，到 2025 年度结束，花费了 12 年的时间。同时规定将厚生养老保险中的女性老龄厚生养老金的起付年龄由原来的 60 岁分阶段上调到 65 岁。该政策于 2018 年度开始实施，到 2030 年度结束，也将花费 12 年的时间。

到 1994 年的养老保险制度改革为止，厚生养老保险中的老龄基础养老金与老龄厚生养老金的起付年龄同为 60 岁。1994 年的养老保险制度改革规定，将厚生养老保险中的老龄基础养老金起付年龄由 60 岁分阶段上调到 65 岁。男性于 2001 年度开始实施，到 2013 年度结束；女性于 2006 年度开始实施，到 2018 年度结束。此次年龄上调导致 2 号参保人在领取养老金时出现了两个不同的起付年龄，即从 60 岁开始领取老龄厚生养老金，从 65 岁开始领取老龄基础养老金。为了履行原制度对退休职工领取老龄基础养老金起付年龄（60 岁）的承诺，政府设立了"特别给付老龄厚生养老金"这一制度过渡措施。该制度规定 1941 年 4 月 1 日（女性：1946 年 4 月 1 日）以前出生的参保人可以在 60~64 岁领取定额部分的老龄基础养老金。2019 年度开始，男女参保人的老龄基础养老金的起付年龄均上调为 65 岁，所以上述过渡措施也因此成为历史。

2000 年的养老保险制度改革又规定将厚生养老保险中的男性老龄厚生养老金的起付年龄由原来的 60 岁分阶段上调到 65 岁。男性于 2013 年度开始实施，到 2025 年度结束；女性于 2018 年度开始实施，到 2030 年度结束。同样作为过渡措施，政府采用"特别给付老龄厚生养老金"制度。该制度规定，1961 年 4 月 1 日（女性：1966 年 4 月 1 日）以前出生的参保人可以在 60~64 岁领取工资比例部分的老龄厚生养老金。如今该措施仍在执行过程中，具体调整步骤见图 5-2。

第五章 日本公共养老保险制度的养老金给付政策

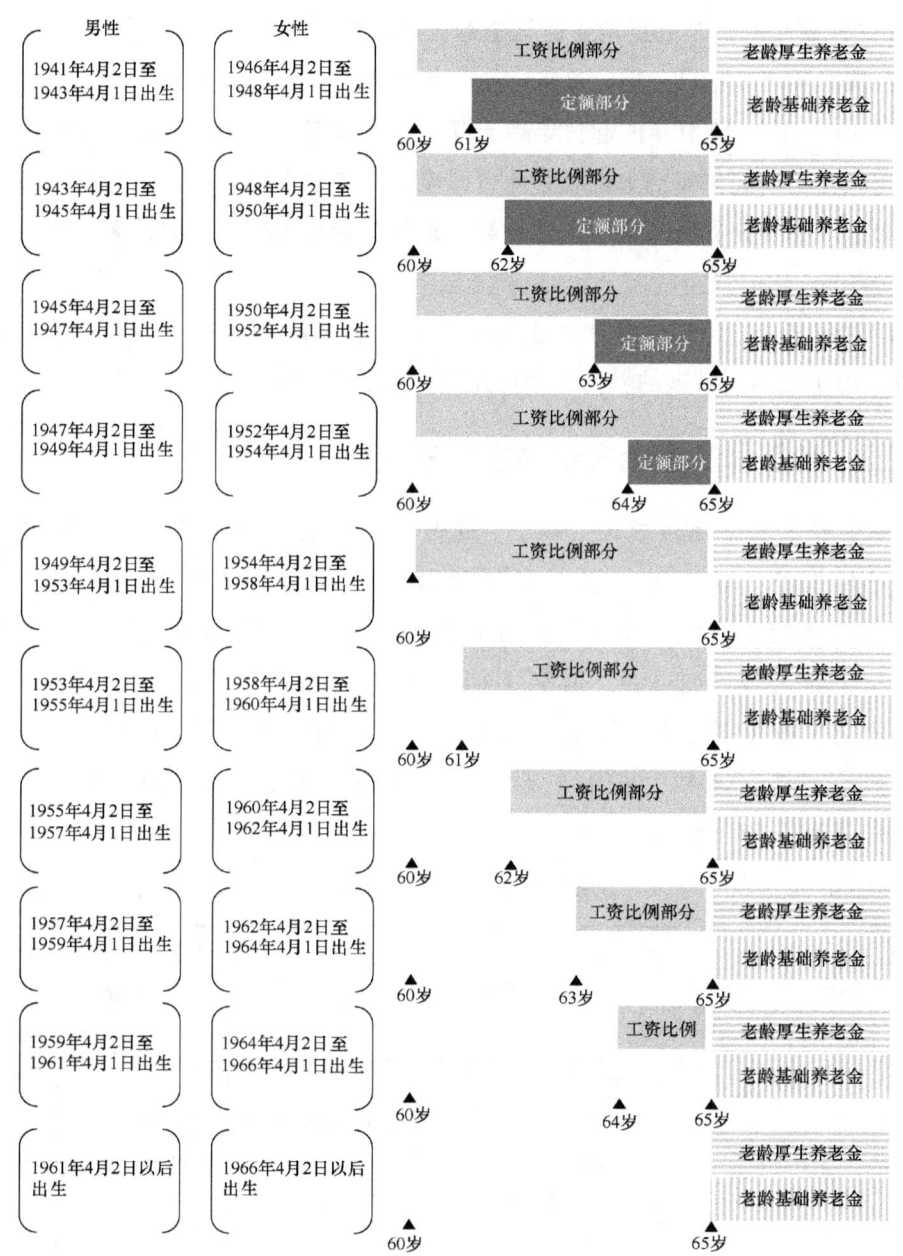

图 5-2 厚生养老保险制度中养老金起付年龄（男女）上调过程

资料来源：日本年金機構. 老齢年金ガイド 平成 31 年度版 [EB/OL]. [2020-09-25]. 2019：7. https://roumu.com/pdf/nlb1239.pdf.

(三) 厚生养老金的提前支付与延期支付制度

与国民养老金相同,厚生养老金也有提前支付与延期支付制度。但是,由于经历了1994年与2000年的起付年龄上调,厚生养老金的提前支付制度要求,男女参保人在达到起付年龄上调以后才可以申请相应的老龄基础养老金与老龄厚生养老金部分的提前支付。提前支付政策带来的养老金减少比率的计算方法与国民养老金相同。

厚生养老金的延期支付制度也与国民养老金相同,延期支付的开始年龄是66岁,由于延期而带来的养老金增加比率终身适用。

二、老龄厚生养老金给付水平的变化

厚生养老保险制度始于1942年的劳动者养老保险制度。当初制定的养老金给付政策:对年满55岁、参保并缴费满20年以上的参保人支付厚生养老金,养老金给付标准(年金额)为年平均工资的25%,参保年数每增加1年,养老金增加1%,最高不能超过年平均工资的50%。建立初期,由于职工工资水平较低,参保人较少,参保年限较短,所以政府把养老金计算单价(给付系数)控制的较低。有文献表明,1960年厚生养老金平均每月只有3 530日元。[1]

表5-7   厚生养老金给付水平的变化

年份	养老金给付方针	标准养老金(月)(A)	该年男性在职职工标准报酬(月)(B)	养老金替代率(A)/(B)
1965年	1万日元	10 000日元 (250日元×20年)+(25 000日元×10/1 000×20年)+400日元 平均参保年限:20年 平均标准报酬月额:25 000日元	27 725日元 (1965年3月末)	36.1%

---

[1] 井口直樹. 日本の年金政策—負担と給付・その構造と機能—[M]. 京都:ミネルヴァ書房,2010:55.

第五章 日本公共养老保险制度的养老金给付政策

续表

年份	养老金给付方针	标准养老金（月）(A)	该年男性在职职工标准报酬（月）(B)	养老金替代率 (A)/(B)
1969	2万日元	19 997 日元 （400 日元×24.333 年）+（38 096 日元×10/1 000×24.333 年）+1 000 日元 平均参保年限：24 年零 4 月 平均标准报酬月额：38 096 日元	44 851 日元 （1969 年 3 月末）	44.6%
1973	养老金代替率：60% 5万日元	52 242 日元 （1 000 日元×27 年）+（84 600 日元×10/1 000×27 年）+2 400 日元 平均参保年限：27 年 平均标准报酬月额：84 600 日元	84 801 日元 （1973 年 3 月末）	61.6%
1976	养老金代替率：60%	90 392 日元 （1 650 日元×28 年）+（136 400 日元×10/1 000×28 年）+6 000 日元 平均参保年限：28 年 平均标准报酬月额：136 400 日元	141 376 日元 （1976 年 3 月末）	63.9%
1980	养老金代替率：60%	136 050 日元 （2 050 日元×30 年）+（198 500 日元×10/1 000×30 年）+15 000 日元 平均参保年限：30 年 平均标准报酬月额：198 500 日元	201 333 日元 （1980 年 3 月末）	67.6%
1985	养老金代替率：60%	173 100 日元 （2 400 日元×32 年）+（254 000 日元×10/1 000×30 年）+15 000 日元 平均参保年限：32 年 平均标准报酬月额：254 000 日元	254 000 日元 （估计值）	68.1%
1985	养老金代替率：60%	176 200 日元 （50 000 日元+50 000 日元）+（254 000 日元×7.5/1 000×40 年） 平均参保年限：40 年 平均标准报酬月额：254 000 日元		69.4%

续表

年份	养老金给付方针	标准养老金（月）(A)	该年男性在职职工标准报酬（月）(B)	养老金替代率 (A)/(B)
1989	维持上次修改水平	195 492 日元 （1 388 日元×1.707×35 年）+（288 000 日元×9.58/1 000×35 年）+16 000 日元 平均参保年限：35 年 平均标准报酬月额：288 000 日元	288 000 日元（估计值）	67.9%
1989	维持上次修改水平	197 400 日元 （55 500 日元+55 500 日元）+（288 000 日元×7.5/1 000×40 年） 平均参保年限：40 年 平均标准报酬月额：288 000 日元	288 000 日元（估计值）	68.5%
1994	导入可支配工资浮动指数调控方式	220 092 日元 （1 625 日元×1.458×37 年）+（336 600 日元×8.91/1 000×37 年）+18 700 日元+2 758 日元 平均参保年限：37 年 平均标准报酬月额：340 000 日元	340 000 日元（估计值）	64.7%
1994	导入可支配工资浮动指数调控方式	230 983 日元 （65 000 日元+65 000 日元）+（336 000 日元×7.5/1 000×40 年） 平均参保年限：40 年 平均标准报酬月额：337 000 日元	340 000 日元（估计值）	67.9%
2000	给付系数的5%合理化	238 000 日元 平均参保年限：40 年 平均标准报酬月额：360 000 日元	367 000 日元（可支配总报酬 401 000 日元）	59.4%（可支配总报酬）
2004	给付的自动调整	233 000 日元 平均参保年限：40 年 平均标准报酬月额：468 000 日元	393 000 日元（可支配总报酬）	59.3%
2009 年财政评估结果	给付的自动调整	223 000 日元（正常给付水平） 平均参保年限：40 年 平均标准报酬月额：429 000 日元	358 000 日元（可支配总报酬）	62.3%

续表

年份	养老金给付方针	标准养老金（月）(A)	该年男性在职职工标准报酬（月）(B)	养老金替代率 (A)/(B)
2014年财政评估结果	给付的自动调整	218 000日元（正常给付水平） 平均参保年限：40年 平均标准报酬月额：428 000日元	348 000日元（可支配总报酬）	62.7%
2019年财政评估结果	给付的自动调整	220 000日元（正常给付水平） 平均参保年限：40年 平均标准报酬月额：439 000日元	357 000日元（可支配总报酬）	61.7%

资料来源：作者根据厚生劳动省相关资料制作。

如表5-7所示，由于1954年的养老保险制度改革中增加了定额部分的给付，所以从那时起厚生养老金的给付就分为两个部分。1965年的标准养老金的计算公式中，定额部分的给付水平与当时的国民养老金（夫妇二人）给付水平持平，工资比例部分的给付水平与定额部分持平，另外附加了针对扶养配偶（专职主妇）的补充型养老金，所以厚生养老金的整体给付水平略微高于国民养老金给付水平，养老金替代率为36.1%。1969年政府上调了定额与工资比例两个给付部分的计算单价（给付系数）和补充型养老金，均衡了整体给付水平与夫妇二人国民养老金给付水平。

1973年，政府初次提出厚生养老金替代率不得低于60%，将养老金给付水平提高到标准养老金52 242日元，替代率达到61.6%。1985年，三大养老保险制度统合，建立了基础养老保险，基础养老金给付大幅度调高到每人每月5万日元。厚生养老金的给付水平也大幅度上升，标准养老金金额上升为173 100日元，替代率高达68.1%。如果按照基础养老金给付标准（成熟期）计算的话，替代率更是高达69.4%，接近70%。

1994年以后，政府紧缩了1973年导入的物价浮动指数和工资浮动指数的调控机制，采用可支配工资浮动指数调控养老金给付水平，并提高了定额部分的养老金起付年龄，由此导致了养老金给付水平增长停滞及小幅度下滑现象。2000年取消了物价浮动指数5%的规定，再度提高工资比例部分的养老金起付年龄；

日本公共养老保险

2004年更是导入宏观经济调控机制，出台了降低今后养老金替代率的政策。这一系列的控制给付水平上升，抑制给付整体规模扩大的举措取得了较为明显的效果。

表5-8显示了近年来的厚生养老金（不含共济养老金）的领取情况。从表中数据可以得知，厚生养老金领取人仍然处于上升过程中，2018年达到3 530万人。近年来，单身2号参保人的平均养老金（定额+工资比例）金额呈下降趋势，2018年度为145 800日元。2018年度男性在职职工的可支配工资收入为348 000日元，所以该群体的厚生养老金替代率仅为41.9%。

表5-8　　　老龄厚生养老金（不含共济养老金）领取状况

单位：万人、日元

年份	领取人数	平均养老金（月）	有基础养老金（定额部分）	没有基础养老金（定额部分）
2014	3 293	147 513	156 245	77 556
2015	3 370	147 872	156 904	75 632
2016	3 409	147 927	155 341	73 805
2017	3 506	147 051	153 861	72 228
2018	3 530	145 865	153 049	69 095

资料来源：厚生労働省年金局. 平成30年度 厚生年金保険・国民年金事業の概況［EB/OL］.［2020-04-18］. https://www.mhlw.go.jp/content/000578278.pdf.

第六章　日本公共养老保险制度的财政状况

日本公共养老保险制度的财政按照制度设计分为国民养老保险财政和厚生养老保险财政两大体系三个财政账户。本章首先考察两大养老保险制度中的资金筹措及养老金发放过程中财政账户之间的资金流动情况。其次，介绍公共养老保险制度财政收支的现状和历史变化，并在此基础上分析和介绍21世纪以来的几次养老保险财政评估的内容和结果。在明确了影响公共养老保险制度财政稳定的诸多因素的基础上，通过分析经济状况的变化以及人口结构的变化，指明公共养老保险制度的财政安定化条件，以及确保今后财政安定发展的诸项可行性改革方针。

第一节　公共养老保险制度的财政状况

一、公共养老保险特别账户中的资金流动

之前已经介绍过，日本的公共养老保险制度是由国民养老保险和厚生养老保险（含共济养老保险）组成的。因此公共养老保险财政也分为国民养老保险财政和厚生养老保险财政两个体系。2007年度以前，国民养老保险的财政收入与支出通过国民养老保险特别账户、厚生养老保险的财政收入与支出通过厚生养老保险特别账户分别管理和运营。

从2007年度开始，由厚生劳动省管辖的上述两个特别账户被统一为养老保险特别账户，包括国民养老保险账户、基础养老保险账户和厚生养老保险账户三个部分。其中，国民养老保险账户和基础养老保险账户虽然都属于国民养老保险

财政体系，但是前者是专门针对1号参保人的财政账户，负责管理与1号参保人相关的保险费、中央财政拨款等收入以及老龄国民养老金支出等会计业务。后者是管理包括1号、2号、3号参保人的保险费等收入与养老金（含老龄国民养老金和老龄基础养老金）支出的财政账户。而厚生养老保险账户则是专门负责管理2号、3号参保人的保险费等收入与养老金（含老龄基础养老金和老龄厚生养老金）支出等相关会计业务的财政账户。

这三个账户之间的主要收支项目以及资金流动情况如图6-1所示。国民养老保险账户的收入包括来自1号参保人的保险费收入、基金运营收益部分的收入和中央财政的法定拨款；厚生养老保险账户的收入包括来自2号参保人的保险费收入、基金运营收益部分的收入和中央财政的法定拨款。国民养老保险账户收入中的中央财政拨款是按照法律规定，由中央财政承担的1号参保人老龄国民养老金总体给付费用50%的财政给付金。厚生养老保险账户收入中的中央财政拨款是负责2号、3号参保人所领取的老龄基础养老金总体给付费用50%的财政给付金。

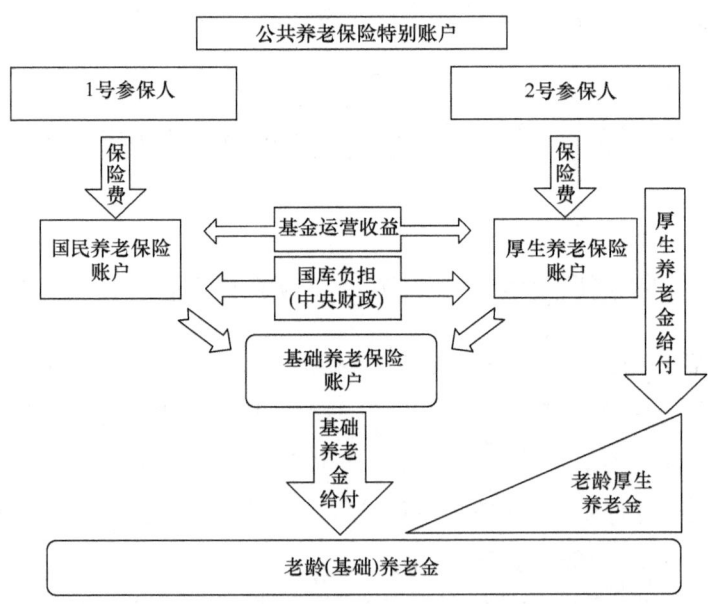

图6-1 公共养老保险财政的基本构造（资金流向）

资料来源：土田武史.社会保障論［M］.東京：成文堂，2015：84；作者修改制作。

第六章　日本公共养老保险制度的财政状况

该年度应该支付给1号参保人的老龄国民养老金总金额由国民养老保险账户转移支付给基础养老保险账户，2号、3号参保人应该领取的老龄基础养老金总金额由厚生养老保险账户转移支付给基础养老保险账户。基础养老保险账户再分别向1号参保人以及2号、3号参保人发放老龄国民养老金和老龄基础养老金。厚生养老保险账户还承担了向2号参保人发放老龄基础养老金以外的老龄厚生养老金，即工资比例部分养老金的任务。

二、公共养老保险财政的基本状况

（一）2018年度的养老保险财政的基本情况

养老保险账户中的实际财政收支状况简单介绍如下。[①] 2018年度的公共养老保险特别账户决算中，从基础养老保险账户中支付的老龄基础养老金总金额大约为238 645亿日元，账户总收入中来自国民养老保险账户和厚生养老保险账户的转移支付收入合计大约241 046亿日元，积累基金转移收入和运营收益等大约1万亿日元。由于2018年度老龄基础养老金的实际给付费用大大低于预算金额，所以当年账户剩余大约12 300亿日元。年度末账户中的积累金总额大约21 010亿日元。此外，国民养老保险账户中支付给基础养老保险账户的转移支出大约32 100亿日元，旧国民养老保险法的老龄国民养老金给付费大约4 800亿日元，账户总收入中保险费收入大约13 900亿日元，中央财政拨款大约18 235亿日元。积累基金转移收入和运营收益等大约7 200亿日元，当年剩余大约1 200亿日元，年度末账户中的积累金总额大约73 130亿日元。厚生养老保险账户中支付给基础养老保险账户的转移支出大约187 000亿日元，老龄厚生养老金给付费大约238 050亿日元，划拨原制度运营机构交付金47 000亿日元。账户总收入中保险费收入大约319 300亿日元，中央财政拨款大约98 000亿日元，原制度运营机构交付金收入大约44 800亿日元。积累基金转移收入和运营收益等大约17 000亿日元，该年度账户剩余大约6 000亿日元，年度末账户中的积累金总额大约

[①] 养老保险账户中的财政收支状况中的数据来源于厚生劳动省资料：《平成30年度决算（年金特别会计　基礎年金勘定）》《平成30年度决算（年金特别会计　国民年金勘定）》《平成30年度决算（年金特别会计　厚生年金勘定）》。https://www.mhlw.go.jp/wp/yosan/kaiji/nenkin01.html.

1 119 300 亿日元。

总体来看，基础养老保险账户的决算规模大约 25 万亿日元，国民养老保险账户的决算规模大约 4 万亿日元，厚生养老保险账户的决算规模大约 48 万亿日元（含基础养老保险账户转移支付金额）。从账户规模来看，公共养老保险财政中厚生养老保险的财政规模最大。

（二）养老保险财政的历史收支状况

由于在养老保险制度的发展过程中，几个主要制度经过了数次的统一整合，有些年代的数据难以查找，所以以下几个表格中的年代没能统一。有些数据因为资料来源不同，比如预算与决算数据不同、数据公开主体不同等原因，表格中的数据与其他章节数据可能有所不同。仅对数据相对完整和准确的国民养老保险账户以及不包括共济养老保险的厚生养老保险账户的收支状况进行简单分析。

1. 国民养老保险账户收支状况的历史变化

首先，根据表 6-1，了解一下国民养老保险账户收支状况的历史变化。1961 年，国民养老保险制度开始实施，该年度的总收入为 305 亿日元，其中保险费收入为 184 亿日元，国库（中央财政）负担了 116 亿日元。该年度没有养老金支出。20 世纪 70 年代以后，随着参保人数的增加和保险费的提高，保险费收入及总收入都有大幅度上升。特别是 1986 年度旧国民养老保险与厚生养老保险实现了整合统一，作为全体国民共通的基础养老保险制度开始实施以后，由厚生养老保险账户转移支付给国民养老保险账户的收入剧增，加之保险费的上调等因素，总收入的增加十分显著。2007 年度开始，养老保险特别账户划分为国民养老保险账户、基础养老保险账户和厚生养老保险账户三个部分，厚生养老保险账户转移支付给国民养老保险账户的基础养老保险账户转移支付收入也逐渐减少，加上 1 号参保人的减少造成的保险费收入减少，国民养老保险账户总收入明显下降。2018 年度国民养老保险账户的财政规模大约 3.6 万亿日元，与 20 世纪 90 年代末的最高峰相比缩小了一半左右。

其次，伴随养老保险制度的不断成熟、养老金领取人数的不断增加以及养老金计发标准的不断提高，国民养老保险账户的总支出自 20 世纪 80 年代中期开始出现了大幅度上升的趋势。2005年总支出达到历史高峰,接近62 245亿日元。与此同时,自2002年度以来,国民养老保险账户开始出现财政赤字,并且一直持续了8年。正是由于养老保险支出的不断攀高以及持续多年的财政赤字,2004年的养老保险制度改革作出了大幅度提高保险费率、降低养老金替代率、提高中央财政对国民养老保险账户拨款比例等重磅决定。2010年度以后的几年中财政赤字得到了一定的缓解,但是2015年度开始再次出现了持续的财政赤字现象。

表6-1 国民养老保险账户收支状况的变化 单位:亿日元

年度	收入 合计	保险费	国库负担	运营收益	基础养老金账户划拨收入	支出 合计	养老金给付费	基础养老金账户转移支出	收支差	年度末积累金
1961	305	184	116	5	—	0	—	—	305	305
1965	497	248	146	103	—	19	15	—	478	1 946
1970	1 849	1 064	394	391	—	163	151	—	1 686	7 271
1975	6 938	3 691	2 113	1 093	—	4 624	4 566	—	2 314	19 221
1980	19 077	11 824	5 420	1 507	—	15 978	15 763	—	3 100	26 387
1985	27 323	15 762	8 431	1 827	—	26 884	26 500	—	439	25 939
1990	57 148	13 053	9 548	1 737	30 411	50 709	31 728	18 503	6 438	36 317
1995	66 730	18 251	11 846	3 184	31 868	59 940	32 193	27 055	6 790	69 516
2000	61 888	19 678	13 637	2 828	25 701	58 361	26 454	30 925	3 527	98 208
2001	60 389	19 538	14 307	2 263	24 245	59 205	25 133	32 871	1 184	99 490
2002	58 224	18 958	14 565	1 897	22 771	58 709	23 819	33 693	−485	99 108
2003	57 677	19 627	14 963	1 523	21 534	58 177	22 293	34 853	−500	98 612
2004	55 709	19 354	15 219	1 044	20 076	57 416	20 888	35 437	−1 707	96 991
2005	61 175	19 480	17 020	1 357	18 763	62 245	19 527	38 976	−1 071	91 514
2006	59 165	19 038	17 971	1 965	17 108	60 358	18 149	41 002	−1 194	87 660
2007	55 729	18 582	18 436	1 113	15 772	59 322	16 862	41 151	−3 593	82 692
2008	54 144	17 470	18 558	1 093	14 863	58 344	15 779	41 218	−4 199	76 920
2009	51 347	16 950	20 554	3	13 534	53 598	14 773	37 389	−2 251	74 822
2010	47 050	16 717	16 898	3	13 040	44 658	13 386	29 836	2 392	77 333

续表

年度	收入					支出			收支差	年度末积累金
	合计	收入项目				合计	支出项目			
		保险费	国库负担	运营收益	基础养老金账户划拨收入		养老金给付费	基础养老金账户转移支出		
2011	46 731	15 807	18 660	15	11 529	46 398	11 884	33 152	333	77 318
2012	5 221	16 124	21 938	343	8 629	51 945	10 590	39 987	276	72 789
2013	49 762	16 178	21 119	1 733	7 835	49 019	9 410	38 378	743	70 945
2014	45 609	16 255	19 319	2 710	7 198	44 718	8 276	34 992	891	721 965
2015	39 562	15 139	18 094	-3 417	6 190	41 155	7 311	32 400	-1 593	87 768
2016	40 720	15 069	19 966	4 854	5 593	43 785	6 400	35 935	-3 064	89 669
2017	38 164	13 964	19 363	5 892	4 728	41 578	5 541	34 571	-3 414	92 210
2018	36 002	13 904	18 207	1 329	3 822	38 103	4 770	32 103	-2 100	91 543

资料来源：2008年以前的数据：厚生労働省年金局. 国民年金収支状況の推移（国民年金勘定）[EB/OL]. [2020-11-18]. https://www.mhlw.go.jp/topics/nenkin/zaisei/zaisei/data/data01/kokumin/kk-08.html.

2008年以后的数据：厚生労働省年金局. 厚生年金・国民年金の年度収支決算の概要[EB/OL].

2. 厚生养老保险账户收支状况的历史变化

表6-2为厚生养老保险账户收支状况的历史变化情况。从收入方面来看，自20世纪70年代以来厚生养老保险账户的总收入由1万亿日元上升到2018年度的47.6万亿日元，如此大幅度的上升与国民养老保险账户形成了鲜明的对比。其主要原因是，国民养老保险的保险费征缴与养老金计发均为定额型，且属于基本收入保障。而厚生养老保险的保险费征缴与养老金计发为工资比例型，与工资和经济增长挂钩。所以，加上参保人数的增加和保险费率的上调，厚生养老保险账户总收入的增加幅度惊人。

1985年基础养老保险制度出台之前，国库（中央财政）对厚生养老保险财政的支持不大，仅占养老金给付费用的15%。1986年以后由于加大了中央财政对基础养老保险的扶持力度，厚生养老保险账户总收入中的国库负担部分的收入大幅度增加，2018年度接近10万亿日元。与国民养老保险账户收入变化相似，厚生养老保险账户收入在20世纪90年代末到21世纪初也出现过下滑现象。其

第六章 日本公共养老保险制度的财政状况

主要原因是20世纪90年代中期泡沫经济破灭以后，破产企业和下岗职工失业人员增加，因此产生了大量的未参保人员和保险费未缴、滞缴人员。此现象一直延续到2003—2004年。收入方面的另一个特征是基金运营收益比较高，但是起伏也比较大。收益最好的2017年度高达9.4万亿日元，而2015年度则出现过5万亿日元的运营损失。运营收益的多少不仅取决于市场环境和投资方式与技巧，还与用于投资的资金数量密切相关。厚生养老保险账户的年度末积累基金规模大大高于国民养老保险账户的年度末积累基金规模。

20世纪70年代后期，老龄厚生养老金领取人数仍然停留在200万~300万人，但是20世纪80年代以后，特别是90年代以后开始大幅度上升。夫妇二人标准养老金替代率也于1980年上升到68%，1985年更是高达69%。在养老金领取人数不断增加，养老金计发标准不断提高等背景下，厚生养老保险账户的总支出也从1985年度的约6.5万亿日元飞速上升到1990年度的约19.4万亿日元、1995年的约30.8万亿日元。20世纪90年代末到21世纪初，受经济下滑、企业倒闭和失业人数增加，以及定额部分养老金起付年龄上调和控制养老金给付政策的影响，厚生养老保险账户总支出出现了数次下滑。2018年度厚生养老保险账户的总支出规模上升到47.6万亿日元左右，是有史以来的最高水准。

表6-2　　　　　厚生养老保险账户收支状况的变化　　　　　单位：亿日元

年度	收入 合计	收入项目 保险费	收入项目 国库负担	收入项目 运营收益	收入项目 基础养老金账户划拨收入	支出 合计	支出项目 养老金给付费	支出项目 基础养老金账户转移支出	收支差	年度末积累金
1965	3 815	2 974	57	784	—	398	376	—	3 417	14 414
1970	10 264	7 479	278	2 496	—	1 606	1 545	—	8 658	44 202
1975	31 161	22 020	1 589	7 510	—	9 711	9 537	—	21 450	122 869
1980	70 393	47 007	5 466	17 846	—	34 075	32 515	—	36 318	279 838
1985	117 599	75 053	9 135	33 294	—	64 615	62 274	—	52 984	507 828
1990	260 580	130 507	21 442	42 152	22 122	194 152	105 031	42 646	66 428	768 605
1995	380 708	186 933	28 295	55 268	25 689	307 949	150 413	70 154	72 760	1 118 111

续表

年度	收入					支出			收支差	年度末积累金
	合计	收入项目				合计	支出项目			
		保险费	国库负担	运营收益	基础养老金账户划拨收入		养老金给付费	基础养老金账户转移支出		
2000	306 989	200 512	37 209	43 067	19 574	286 210	191 544	91 272	20 779	1 368 804
2001	297 886	199 360	38 164	38 607	15 566	292 818	196 228	93 048	5 067	1 373 934
2002	308 884	202 034	40 036	31 071	14 240	305 878	203 466	98 961	3 007	1 377 023
2003	311 022	192 425	41 045	22 884	13 921	314 401	208 140	102 986	-3 379	1 374 110
2004	328 477	194 537	42 792	16 125	16 060	326 118	215 380	107 874	2 359	1 376 619
2005	385 740	200 584	45 394	18 298	19 474	376 068	219 863	112 831	9 672	1 324 020
2006	354 996	209 835	48 285	25 708	19 989	343 975	222 541	119 224	11 021	1 300 980
2007	360 830	219 691	51 659	16 582	18 832	351 451	223 179	126 233	9 378	1 270 568
2008	364 217	226 905	54 323	17 682	18 797	361 078	226 870	133 162	3 139	1 240 188
2009	380 079	222 409	77 983	50	19 935	387 813	238 467	148 176	-7 734	1 195 052
2010	404 056	227 252	84 326	2 518	18 825	401 151	240 092	159 880	2 905	1 134 604
2011	403 781	234 699	84 992	1 403	19 639	397 473	237 342	159 002	6 308	1 085 263
2012	391 600	241 549	80 583	5 965	17 507	387 650	238 627	148 006	3 950	1 050 354
2013	392 448	250 472	83 058	19 396	11 005	389 197	237 814	150 310	3 251	1 031 737
2014	413 134	263 196	87 690	30 008	6 749	395 497	233 036	161 290	17 637	1 049 500
2015	451 641	278 362	92 264	-50 081	6 777	429 008	234 298	169 495	22 633	1 339 311
2016	487 551	294 754	92 458	74 076	7 388	456 595	234 814	172 624	30 955	1 444 462
2017	474 311	309 442	94 819	94 401	5 559	464 234	236 669	178 570	10 078	1 549 035
2018	475 825	319 287	97 988	22 133	4 340	473 864	238 045	186 968	1 961	1 573 302

资料来源：2008年以前的数据：厚生労働省年金局. 国民年金収支状況の推移（国民年金勘定）[EB/OL]. [2020-11-18]. https://www.mhlw.go.jp/topics/nenkin/zaisei/zaisei/data/data01/kokumin/kk-08.html.

2008年以后的数据：厚生労働省年金局. 厚生年金・国民年金の年度収支決算の概要[EB/OL].

表 6-3 显示了 1995 年以来，包括共济养老保险在内的公共养老保险制度的财政收支的整体情况。总体来看，20 世纪 90 年代中后期到 2006 年左右，受经济环境变化的影响，养老保险制度的整体财政收入出现了持续下降，下降幅度高达

12.5万亿日元（25%）。同期的整体财政支出也受提高起付年龄和控制给付水平等数次制度改革的影响，出现了下滑或停滞。2007年以后，财政收入方面有了比较稳定的增加，支出方面虽然在金额上有所增加，但是增长率钝化现象明显。其理由正如之前所分析的那样，参保人范围的扩大、中央财政负担比例的提高以及保险费率的提高等对策有效地增加了财政收入；起付年龄的提高、养老金给付单价的下调、宏观经济调控机制等措施在一定程度上起到了控制养老金给付上升的作用。

值得注意的是，20世纪90年代末开始到2014年度为止，单纯依靠保费收入和中央财政扶持，日本的公共养老保险财政已经无法保持收支平衡，持续16年出现财政赤字，年度财政赤字最高曾达到过接近9万亿日元（2005年度）。2018年度末，公共养老保险制度整体的基金积累金余额大约200万亿日元，相当于近4年的养老金给付费用。

表6-3　　　　　公共养老保险财政总体收支状况的变化　　　　　单位：亿日元

年度	收入		支出		收支差额	运营收益	年度末积累金
	合计	保险费	合计	养老金			
1995	485 598	251 116	459 444	254 740	26 154	76 351	1 615 146
1996	501 558	260 451	479 549	260 872	22 009	77 154	1 713 929
1997	419 218	271 397	392 963	263 555	26 255	75 032	1 790 320
1998	410 574	271 398	406 572	274 297	4 002	70 396	1 864 871
1999	411 852	267 931	416 235	278 568	−4 383	66 895	1 927 489
2000	404 167	265 919	426 264	282 023	−22 097	59 211	1 964 706
2001	396 593	264 640	433 762	286 172	−37 169	52 039	1 949 628
2002	376 085	263 555	396 919	391 711	−20 834	42 742	1 968 904
2003	374 986	254 618	407 566	402 821	−32 580	34 513	1 969 758
2004	396 539	256 525	420 610	416 200	−24 071	27 632	1 980 611
2005	387 525	263 242	475 344	427 694	−87 819	37 124	1 931 622
2006	377 818	272 435	441 539	437 809	−63 721	47 289	1 914 928
2007	388 580	282 029	450 987	447 338	−62 407	33 492	1 884 852
2008	394 314	288 186	462 818	460 269	−68 504	−125 731	1 721 362
2009	426 200	282 483	484 264	481 557	−58 064	122 737	1 783 247

续表

年度	收入 合计	收入 保险费	支出 合计	支出 养老金	收支差额	运营收益	年度末积累金
2010	422 377	286 854	490 688	488 095	−68 311	−2 284	1 707 203
2011	431 573	294 019	491 168	488 675	−59 595	36 315	1 678 694
2012	433 682	301 519	500 685	497 941	−67 003	150 610	1 781 849
2013	441 632	310 539	507 009	504 583	−65 377	135 594	1 863 310
2014	478 117	325 640	505 746	503 009	−27 629	199 678	2 035 950
2015	515 612	338 065	509 602	506 592	6 010	−57 594	1 747 161
2016	535 019	357 927	516 626	513 481	18 393	91 819	1 858 241
2017	527 027	372 687	523 914	520 403	3 113	119 084	1 980 595
2018	527 796	383 795	529 727	525 925	−1 931	27 653	2 006 594

资料来源：2008年以前的数据：厚生劳働省年金局. 国民年金収支状況の推移（国民年金勘定）[EB/OL]. [2020-11-18]. https://www.mhlw.go.jp/topics/nenkin/zaisei/zaisei/data/data01/kokumin/kk-08.html.

2008年以后的数据：厚生劳働省年金局. 厚生年金・国民年金の年度収支決算の概要 [EB/OL].

表6-4和表6-5分别为公共养老保险制度的参保人数与养老金领取人数的历史变化情况。通过考察参保人数与养老金领取人数的变化，有助于理解国民养老保险账户和厚生养老保险账户的收支状况变化的背景。

表6-4　　　　　公共养老保险制度参保人数的历史变化　　　　单位：万人

年度	国民养老保险1号参保人	国民养老保险3号参保人	厚生养老保险	旧三共济	旧农林养老保险	国家公务员共济	地方公务员共济	私学共济	公共养老保险制度全体
1970	1 951	483	2 252	79	41	115	254	19	5 194
1975	2 004	585	2 389	89	45	116	300	27	5 546
1980	1 973	786	2 545	79	48	118	324	32	5 905
1985	1 764	745	2 723	62	49	116	330	35	5 824
1990	1 758	1 200	3 100	50	50	113	329	37	6 631
1995	1 910	1 220	3 281	47	51	113	334	40	6 995
2000	2 154	1 153	3 219		47	112	324	41	7 049

第六章 日本公共养老保险制度的财政状况

续表

年度	国民养老保险1号参保人	国民养老保险3号参保人	厚生养老保险	旧三共济	旧农林养老保险	国家公务员共济	地方公务员共济	私学共济	公共养老保险制度全体
2001	2 207	1 133	3 158		46	111	321	41	7 017
2002	2 237	1 124	3 214			110	318	43	7 046
2003	2 240	1 109	3 312			109	315	43	7 029
2004	2 217	1 099	3 249			109	311	44	7 029
2005	2 190	1 092	3 302			108	307	45	7 045
2006	2 123	1 079	3 379			108	304	46	7 038
2007	2 035	1 063	3 457			106	299	46	7 007
2008	2 001	1 044	3 445			105	295	47	6 936
2009	1 985	1 021	3 425			104	291	48	6 874
2010	1 938	1 005	3 441			106	288	49	6 826
2011	1 904	978	3 452			106	286	49	6 775
2012	1 864	960	3 472			106	284	50	6 736
2013	1 805	945	3 527			106	283	51	6 718
2014	1 742	932	3 599				440		6 713
2015	1 668	915	3 686				443		6 712
2016	1 575	889	3 822				442		6 731
2017	1 505	870	3 911				447		6 733
2018	1 471	847	3 981				447		6 746

资料来源：厚生劳働省年金局.厚生年金保险・国民年金事业の概况［EB/OL］.

表6-5　公共养老保险制度养老金领取人数的历史变化　　单位：万人

年度	总数（扣除重复部分后）	国民养老金	厚生养老金（含共济养老金）		福祉养老金
			第1号（一般工薪阶层）	第2~4号（共济养老金）	
1975	1 169	312	242	101	514
1980	1 664	626	471	152	416
1985	2 115	884	739	239	254

续表

年度	总数（扣除重复部分）	国民养老金	厚生养老金（含共济养老金）		福祉养老金
			第1号（一般工薪阶层）	第2~4号（共济养老金）	
1990	2 501	1 100	1 002	303	96
1995	3 237	1 475	1 362	360	40
2000	4 079 (2 858)	1 930	1 807	328	14
2001	4 273 (2 951)	2 024	1 901	338	11
2002	4 475 (3 076)	2 122	2 032	313	8
2003	4 677 (3 137)	2 211	2 137	323	6
2004	4 871 (3 223)	2 300	2 233	333	5
2005	5 057 (3 287)	2 395	2 316	342	3
2006	5 254 (3 366)	2 497	2 404	351	2
2007	5 480 (3 480)	2 593	2 523	363	2
2008	5 744 (3 593)	2 695	2 668	379	1
2009	5 988 (3 703)	2 779	2 814	395	1
2010	6 188 (3 796)	2 834	2 943	410	1
2011	6 384 (3 867)	2 912	3 048	424	0
2012	6 622 (3 942)	3 031	3 154	437	0
2013	6 800 (3 950)	3 140	3 216	444	0
2014	6 988 (3 991)	3 241	3 293	454	0
2015	7 158 (4 025)	3 323	3 370	465	0
2016	7 262 (4 010)	3 386	3 409	467	0
2017	7 465 (4 077)	3 481	3 506	475	0
2018	7 543 (4 067)	3 529	3 530	484	0

资料来源：厚生劳动省年金局《厚生年金保险·国民年金事业の概况》《厚生白书》《厚生劳动白书》等各年度资料。

注：括号内为无重复的实际领取人数。

第二节　近年的养老保险财政评估与结果

一、由财政再计算到财政评估

2004 年实施了进入 21 世纪以来第一次的养老保险财政再计算，日本政府通过此次财政再计算的结果对养老保险制度进行了大胆的改革，改革作出了以下的决定。第一，增加财政对国民养老金给付费用的投入，将国库（中央财政）承担的老龄基础养老金负担比率由 1/3 提高到 1/2。第二，导入宏观经济调控机制，运用宏观经济下滑指数在养老保险财政收入范围内自动调整养老金给付水平，达到确保养老保险财政长期稳定运转的目的。通过上述方式，政府计划将标准夫妇二人的养老金替代率由 2004 年度的 59.3% 下调到 50.2%（2023 年度以后）。第三，从 2005 年度开始到 2017 年度逐渐提高国民养老保险和厚生养老保险的保险费率，并在提高后予以固定。

同时，在 2004 年养老保险制度改革中，政府将原来的"永久均衡方式"的财政收支方式转变成"有限均衡方式"的收支均衡方式。2004 年以前，日本的养老保险财政方式采用"永久均衡方式"，即为了维持长期稳定的养老金给付水平，实现养老保险财政收支均衡，通过调整当前在职职工的缴费水平，来保证既定的养老金给付水平，并在养老保险账户中始终保持一定年份的积累基金以备万一。然而，经济长期停滞、财政收入下滑、人口老龄化加剧等情况超出了政府的预期，单纯依靠提高保险费率已然不能确保养老保险财政的收支平衡。因此，在 2004 年决定今后实行"有限均衡方式"的收支均衡方式，期待通过利用养老金积累基金的运营收益和基金的灵活运营，达到增加养老金基金储备、维持养老金给付水平以及保险财政百年均衡的目的。

由于在 2004 年的改革中明确规定了 2005 年度开始提高保险费率，2017 年度以后固定养老金保险费率，以及实施"有限均衡方式"的收支均衡方式，所以 2004 年改革后，保险费率无须再重新估算，有限均衡的财政方式需要定期评估。

正是因为以上理由，2004 年以后，养老保险财政再计算被改称为养老保险财政评估。

二、2009 年度的养老保险财政评估

2009 年 2 月 23 日，厚生劳动省公布了第 1 次国民养老保险与厚生养老保险的财政评估报告《国民年金及び厚生年金に係る財政の現状及び見通し》（以下简称养老保险财政评估结果）。

财政评估的前提条件设定包括，将来人口预测指标中的总和出生率（TFR）和平均寿命[1]，将来劳动力供需预测指标中的女性、老年人及年轻人的劳动市场参与程度[2]，经济发展指标中的物价上升比率、工资上升比率以及积累基金运营收益率等[3]。

如表 6-6 所示，根据上述各项前提条件预测的 9 种假设（可能性）中的基本假设[4]，到 2038 年为止，标准养老金替代率（夫妇二人）可以保持 50% 以上水平。但是，与 2009 年当时的替代率 62.3% 相比下降了大约 20%。而且，9 种假设中最差假设（出生低位、经济低位），到 2048 年养老金替代率有可能下跌到 43.1%，只有 2009 年的 70%。另外，2009 年的财政评估对单身以及双职工家庭的养老金给付情况预测如下：2038 年，男性单身职工家庭可领取养老金 19.3 万日元（替代率 36.8%）；女性单身职工家庭可领取养老金 14.9 万日元（替代率 43.8%）；可见，无论是男性还是女性，单身职工家庭的养老金替代率都低于 50%。双职工家庭的情况是，妻子参保缴费时间越长，养老金收入越多，但是养老金替代率有所下降。[5]

财政评估结果发表以后，很多专家学者提出财政评估的前提条件设定得过于

---

[1] 国立社会保障与人口问题研究所于 2006 年 12 月发表的《日本の将来推計人口》（中文为将来人口预测）中的数据。
[2] 独立行政法人劳动政策研究研修机构于 2008 年 3 月发表的《労働力需給の推計》（中文为劳动力供需预测）中的数据。
[3] 社会保障审议会养老金委员会经济前提委员会以及内阁府发表的经济财政相关的试算指标。
[4] 基本假设是指出生率（含平均寿命）中位预测与经济前提（含劳动力）中位预测的组合。
[5] 财政评估中，单身家庭与双职工家庭的养老金替代率计算中，分母分别采用了不同性别在职职工可支配收入和男女在职职工可支配收入之和。

乐观,特别是工资上升比率以及积累基金运营收益率等高于2004年的财政再计算,似乎很不现实。

通过2009年的养老保险财政评估不难发现,今后的养老金给付水平将会大幅度下降。针对不同劳动就业形态的个人或家庭,政府有必要明确提示其今后养老金给付水平的变化趋势,以便其提前做好各种应对措施,不能单纯指望公共养老金的保障机能。

表6-6　　　　　　　　　　　2009年度财政评估结果

		出生率		
		低位	中位	高位
经济前提	高位	出生低位、经济高位47.5%（2040年度以后）	出生中位、经济高位50.7%（2037年度以后）	出生高位、经济高位54.6%（2032年度以后）
	中位	出生低位、经济中位46.9%（2041年度以后）	出生中位、经济中位50.1%（2038年度以后）	出生高位、经济中位53.9%（2033年度以后）
	低位	出生低位、经济低位43.1%（2048年度以后）	出生中位、经济低位47.1%（2043年度以后）	出生高位、经济低位51.5%（2038年度以后）

资料来源：堀江奈保子.2009年の年金財政検証結果をどうみるか[EB/OL].[2020-10-16].https://www.mizuho-ri.co.jp/publication/research/pdf/policy-insight/MSI090227.pdf.

三、2014年度的养老保险财政评估

厚生劳动省于2014年6月3日公布了2004年以来的第2次养老保险财政评估结果。2014年财政评估的前提条件与2009年基本相同,但是在经济前提条件中增加了全要素生产率的上涨比率,并把今后养老保险财政运营的可能性分为8个假设进行了预测与评估。其中假设1~5的前提条件中,对于经济增长率的设定较高,假设6~8的经济增长率设定得较低。

如表6-7所示,根据上述各项前提条件预测的8种假设中,女性、老年人及年轻人的劳动市场参与程度较高的假设1~5可以维持养老金替代率在50%以上。反之,如果女性、老年人及年轻人的劳动市场参与率较低,劳动市场不活跃,到21世纪50年代以后,标准养老金替代率（夫妇二人）可能会下降到35%~37%,仅相当于2014年（62.7%）的一半左右。与2009年的情况相同,大多数专家认

为，假设1~5的经济前提条件过于理想化。现实生活中的工资远远达不到预期的上升比率，积累基金的运营收益也受经济大环境所左右，很难达到预期的高收益率。所以，养老金替代率在今后几十年内是否仍然可以一直保持在50%以上，这一问题实在难以预测。

但是，通过2014年的财政评估，基本上可以得出以下两条客观性结论。第一，对应少子老龄化带来的劳动力人口减少这一现实问题，提高包括女性、老年人在内的所有群体的劳动市场参与率是今后日本经济能否复苏的关键。也只有实现了较高的经济增长，才能保证养老保险财政的可持续发展。第二，由于2004年以后，采用了保险费率固定方式，所以短期内不可能指望通过提高保险费率增加收入来平衡养老保险财政收支。所以，扩大非正式职工的厚生养老保险参保范围，延长参保及缴费年限等增加收入的措施，以及提高养老金起付年龄等抑制给付整体规模的措施需尽早提上日程。

值得注意的是，2009年和2014年的财政评估都发生了一件2004年财政评估中没有预料到的事情：标准养老金替代率与2004年的财政再计算结果相反，出现了持续上升的现象。2004年的财政再计算中预测，标准夫妇二人养老金替代率会从2004年的59.3%逐渐下降，2009年下降到57.5%，2014年下降到54%。然而事实却表明，2009年上涨到62.3%，2014年为62.7%。导致上述这种与预期背道而驰的结果的主要原因有两点：其一，在所得税与社会保险费率上涨而工资收入基本没有变化的情况下，在职男性职工的可支配收入逐年下降；其二，由于2004年推出的宏观经济调控机制没有正式实施，所以既定的养老金标准没有大幅度改变。也就是说，相对分母中逐渐减少的工资而言，分子中的养老金与之前基本持平，所以造成了标准养老金替代率"未降反升"的现象。正是因为工资和物价的持续下跌，所以用来控制养老金给付水平上升过快的"王牌"，即宏观经济调控机制一直没有启动。就此，专家学者和政府官员一致认为，启动宏观经济调控机制的条件逐渐成熟，有必要及时启动宏观经济调控机制制约养老金给付水平的上升。通过该机制中的宏观经济下滑指数降低养老金给付水平，带来养老保险财政健全化效果，进一步提高养老保险财政的可持续发展。政府于2015年首次使用了宏观经济调控机制。

表 6-7　　2014 年度财政评估结果

未来经济状况		经济前提			养老金替代率
劳动力比率	全要素生产性上升率（TFP）	物价上涨率	工资上升率	基金运营收益率	
假设 1	劳动市场活跃参与率高	1.8%	2.0%	4.3%	5.4%	50.9%（2044 年度）
假设 2		1.6%	1.8%	3.9%	5.1%	50.9%（2043 年度）
假设 3		1.4%	1.6%	3.4%	4.8%	51.0%（2043 年度）
假设 4		1.2%	1.4%	3.0%	4.5%	50.8%（2043 年度）
假设 5		1.0%	1.2%	2.5%	4.2%	50.6%（2043 年度）
假设 6	劳动市场不活跃参与率不高	1.0%	1.2%	2.5%	4.0%	45.7%（2050 年度）
假设 7		0.7%	0.9%	1.9%	3.1%	42.0%（2058 年度）
假设 8		0.5%	0.6%	1.3%	2.3%	35%~37%（2055 年度）

资料来源：堀江奈保子. 年金の財政検証による将来見通し [EB/OL]. [2020-10-16]. https://www.mizuho-ri.co.jp/publication/research/pdf/insight/pl140605.pdf；作者整理制作。

四、2019 年度的养老保险财政评估

2019 年 8 月 23 日，厚生劳动省公布了时隔 5 年的第 3 次养老保险财政评估结果，再次给出了如果经济增长和劳动参与程度取得进展的话，今后的养老金给付水平，即标准夫妇二人养老金替代率可以维持在 50% 以上的结论。

如表 6-8 所示，2019 年财政评估的前提条件与 2014 年完全相同，假设的种类被简化为 6 个。其中，假设 3 与 2014 年的假设 5 基本相同，2047 年以后也可以维持 50.8% 左右的水平。假设 1~3 的前提条件是经济增长良好，劳动市场活

跃、参与率高。该假设条件与 2014 年的假设 1~5 一致。再次说明劳动市场参与率和经济增长率的高低是保证养老保险财政可持续发展的关键因素。

2014 年以后，2015 年和 2019 年连续两次启动宏观经济调控机制，对控制养老金给付水平的上升起到了一定作用。标准夫妇二人养老金替代率由 2014 年的 62.7% 下降到 2019 年的 61.7%，证实了宏观经济调控机制对控制养老金给付水平、抑制给付整体规模扩大有切实可行的作用。但是，过度的宏观经济调控机制肯定会带来养老金给付水平的下跌，尤其会带来基础养老金给付水平的大幅下跌。所以，国民养老保险制度本身的脆弱性，以及标准夫妇二人养老金替代率定义的合理性等是今后养老保险制度改革中需要关注的环节。

表 6-8　　　　　　　　　　　2019 年度财政评估结果

	未来经济状况	全要素生产性上升率（TFP）	物价上涨率	经济前提		基金运营收益率		GDP 增长率（实际）2029 年度以后 20~30 年	养老金替代率
				工资上升率（对物价）		对物价	对工资		
假设 1	经济增长良好、劳动力市场活跃	1.3%	2.0%	1.6%		3.0%	1.4%	0.9%	51.9%（2046 年度）
假设 2		1.1%	1.6%	1.4%		2.9%	1.5%	0.6%	51.6%（2046 年度）
假设 3		0.9%	1.2%	1.1%		2.8%	1.7%	0.4%	50.8%（2047 年度）
假设 4	经济增长劳动力市场进展一般	0.8%	1.1%	1.0%		2.1%	1.1%	0.2%	46.5%（2053 年度）
假设 5		0.6%	0.8%	0.8%		2.0%	1.2%	0.0%	44.5%（2058 年度）
假设 6	经济增长劳动力市场发展停滞	0.3%	0.5%	0.4%		0.8%	0.4%	▲0.5%	36%~38%（2052 年度）

资料来源：堀江奈保子，2019. 财政検证から考える年金改革［EB/OL］.［2020-10-16］. https：//www.mizuho-ri. co. jp/publication/research/pdf/insight/pl190909. pdf；作者整理制作。

第三节　养老保险财政稳定发展的必要条件

专家学者对 2009 年以来的三次财政评估的一致意见是，每次评估仅仅展示了今后的几种假设前景，没能对养老保险财政的稳定发展给出明确的结论以及对应方法和政策。

事实上，在探讨公共养老保险财政稳定发展的必要条件时，主要需要思考以下三个问题：第一，养老保险财政的可持续发展；第二，切实合理的养老金给付水平；第三，代际间的公平性。上述三个条件的同时成立，可以说是难上加难，因为每一个条件都无法依靠制度自身的调整与改革来实现。

对于养老保险财政的可持续发展来说，就像养老保险财政评估中设置的前提条件一样，其制度外部的条件包括：与经济发展相关的经济增长率、消费者物价上升比率、工资上升率以及积累基金运营收益率等；与人口结构相关的总和出生率和平均寿命；与劳动力供需相关的劳动市场参与率（女性、老年人、年轻人以及外国人）等。政府已经探讨并掌握了可以满足养老保险财政可持续发展的基础数据，关键是这些数据是否可以在 100 年内按照政府期待的方向发展。所以说，相比预期较高的数据而言，更应该着重分析有恶化趋势的数据。如何应对恶化后的情况才是探讨公共养老保险财政稳定发展的关键所在。

按照持续稳定的经济增长才是保证养老保险财政可持续发展的硬性条件，要想提高经济增长率，就必须加大劳动市场参与率，提高生产效率。加大劳动市场参与率的主要政策又包罗万象，比如放宽女性与老年人的劳动参与条件、改善生育与育儿环境、扩大外国人劳动参与率等政策；有助于提高生产率的政策又包括提高科学技术水平、新知识新技术的开发利用等。总之，促进养老保险财政稳定发展的条件不是单一的，而是多元的，既需要制度内部的改革，也需要制度外部的改革。

对于切实合理的养老金给付水平来说，只考虑公共养老保险的保障机能恐怕很难应对难以预测的各种变化，更不要说是未来几十年、甚至百年间的变化。所以包括企业年金以及个人年金在内的商业养老保险的补充机能也是必要的。另外是关于标准夫妇养老金替代率的定义及计算方法的修改。在日本，标准夫妇家庭正在逐渐减少，单身职工家庭以及只参加国民养老保险人员的养老金替代率较低是现实问题。所以，在探讨养老金给付水平和替代率标准时，是延续现行的夫妇单位，还是将其改变为个人单位，是一个无法回避的问题。

关于代际的公平性问题，大多数的专家学者认为不应该给下一代增加过重的保险费负担压力，这一观点无可厚非。所以，除了宏观经济调控机制的强化、延长参保及缴费年限以及提高养老金起付年龄等措施以外，养老金缴税制度的全面实施也是必要的选择。

第七章　日本公共养老金积累基金管理运营

日本公共养老金积累基金的管理体系经历了数次变革，如今合理有效的管理运营体系值得我们学习和借鉴。本章从公共养老金积累基金管理运营的历史沿革、运营理念、运营机制、管理体制、投资收益与策略等情况入手，对公共养老金积累基金的整体投资运营情况进行深入分析并总结其经验，以期为中国社会保险基金的市场化运营和开放性投资管理带来可行性的启发。

第一节　公共养老金积累基金的作用及管理机构

一、日本公共养老金积累基金的财政方式

公共养老金积累基金制度就是政府将每年的国民养老金和厚生养老金的缴费收入支付给老年人养老金后，将剩余部分积累起来，形成养老储备基金。其出发点在于平衡代际的养老负担，保持一定的资产流动性，用来应对未来日益深化的老龄化所带来的较高的社会养老所需费用的一种制度。

为改善公共养老保险制度的财务状况，实现养老金收入和支出的长期稳定平衡，日本政府于2004年2月的第159次通常国会上提出了修改国民养老保险等部分法律的提案和养老金积累基金管理运营独立行政法人法案。同年6月养老保险制度改革法案得到国会批准。该法案的一项重要内容就是要灵活运营公共养老金积累基金，比如如何管理、如何投资以实现公共养老金积累基金保值增值。通过灵活投资运营公共养老金积累基金来稳定日本养老金支付财源，保证所有国民

能够及时领取到足额的养老金，实现国民的老有所养，努力维护整个社会的稳定与发展。公共养老金积累基金灵活投资与管理还有一个较为艰巨且重要的使命，即保证今后大约100年间的养老金给付和负担的平衡，以实现养老保险制度的长期化、稳定化，既不能增加养老保险缴费率，也不能降低养老金给付水平，以保障国民的基本生存权利。

  2004年以前，日本养老保险的财政方式是"永久均衡方式"，即为了维持永久的、基于一定养老金给付水平的养老保险财政的收入均衡，通过调整当期在职人员的缴费水平，来保证始终持有一定数量的养老金积累金额，这个积累额能支付一定年份的养老金。然而，由于日本老龄化进程速度加快，超出了政府的预期，单纯依靠"永久均衡方式"已不能保障养老金给付水平，保险费的负担也不断加重，养老保险收支平衡面临严峻挑战。因此，日本政府于2004年对养老保险的财政方式进行了进一步的调整和规范。在2004年养老保险制度改革的过程中，日本将原有的"永久均衡方式"的财务收支方式转变成"有限均衡方式"的财务收支均衡方式，并预计这个期限为100年（2005—2105年），即在100年间达到有限均衡①。也就是说，通过利用养老金基金的运营收益，增加养老金原有的金额和价值，使之不仅能固定保险费率以减轻国民缴费负担，也能尽可能保持高的养老金给付水平以满足老年人晚年生活质量，从而使养老保险财政稳定化、均衡化。日本的公共养老保险制度在这样的财务方式运作下，更加彻底贯彻代际扶养的理念，养老金积累基金的意义也将更加具体。

  日本提出的百年精算平衡目标是根据将来人口变化、基金运营状况以及宏观经济形式等多种因素，通过多种状态的模拟测算，对养老金给付和缴费水平分别进行计算，以实现养老保险收支的科学性调整，保持日本在精算平衡期的养老金积累基金额度能够达到支付日本老年人一年的养老金水平。公共养老金积累基金也将被用于稳定养老金财政。具体方法是，为了在100年后使养老保险的财政达到均衡，初期将部分养老金投资运营所获得的收入用于填充支付当前的养老金，在一段时间之后，随着养老金支付额度的增加，逐渐使用公共养老金积累基金补

---

① 齐传钧. 主权养老基金治理难题探析——基于剩余索取权人利益最大化的视角社会[J]. 社会保障研究，2019（2）：25.

充运营收入无法满足的部分,100年后,养老金积累额度正好能够支付一整年的养老金。在这样的社会背景下,日本制订了一个积累基金活用的财政计划。养老金给付的财源,90%来自该年的保险费收入和国库负担,即当年收缴的保险费,10%来自养老金积累基金。这样,养老金给付的必要资金可以得到保障,公共养老金积累基金投资时的短期市场波动也不会给养老金给付造成不必要的影响。从图7-1可以看出,2001年末到2017年末,在日本财务方式不断调整的情况下,基金总额呈现增长趋势,从145万亿日元增长到164万亿日元,但中间存在波动情况。在这一过程中,养老金基金管理储备金所占比例越来越少,绝对金额呈现不断减少趋势。在养老金总额确定的情况下,养老金中运用资产所占比例越来越多,绝对金额也总体呈现上升趋势。

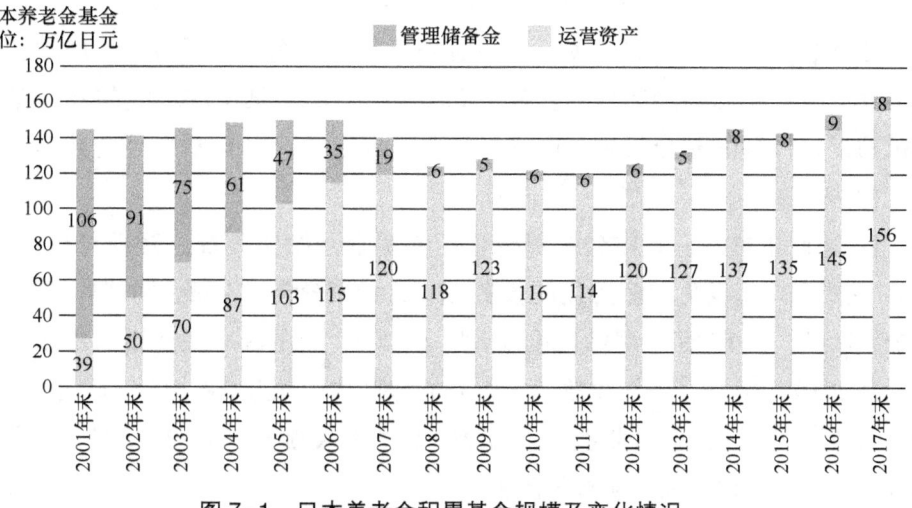

图7-1 日本养老金积累基金规模及变化情况

资料来源:https://www.gpif.go.jp。

二、日本公共养老金积累基金管理机构改革

日本十分重视本国养老保险制度的建设。2015年,养老金总支出额为54.9万亿日元,占社会保障总支出的47.8%;同期,医疗占比为32.8%,福祉及其他占比为19.3%。可见,日本养老金支出已经成为其社会保障支出中比重最大的一

项。面临养老金支出额度巨大的社会性挑战,如何实现养老保险制度的可持续发展、增加基金投资收益、提高退休收入等成为日本亟待解决的问题。

2001年4月,日本政府开始对公共养老金的管理体制进行大幅改革,公共养老金摆脱了由旧大藏省(相当于中国的财政部)掌管的"财政投融资计划"体系,由厚生劳动省新设立相对独立且专业的新机构接管该业务,日本称之为"养老金积累基金运用独立行政法人"(Government Pension Investment Fund,GPIF),由其负责养老金积累基金的市场化投资管理运作。同时,日本还出台了《养老金积累基金投资运营基金法》和一系列相应的投资监管政策法规,从顶层设计上来规范养老金积累基金投资的整个流程和相关内容,以促进日本公共养老金积累基金的科学性管理与可持续性发展。通过这些管理手段,截至2018年,日本政府通过GPIF管理着总额高达1.4万亿美元的养老金。2018年,日本的GDP总量刚刚突破5万亿美元,养老金积累基金总额超过了GDP的1/4,可见日本养老金积累总额是庞大的。截至2018年,GPIF是全球最大的养老基金监管机构,该机构的基金超越美国养老基金、挪威主权养老基金等公共养老金投资机构。[1]

自GPIF成立后,日本公共养老金积累基金开始实施统一管理与投资运作。GPIF主要采用市场化和多元化的投资方式,投资资产广泛配置股票、债券及海外金融产品。GPIF官方网站数据显示,自2001年开始将基金投入市场运作以来,到2018年为止,平均收益率为2.73%,收益总额为566 745亿日元,高于养老金财政所需水平。累计收益中,利息、股息收入额为333 195亿日元。公共养老金投资回报相比之前有明显的改善。

GPIF新的发展变化不仅为日本养老金积累基金带来了长期稳定的回报收益,实现了基金保值增值的目的,而且养老金积累基金的新变化新发展也体现出日本政府推动经济、稳定市场的举措与方向,并为其他国家养老金的管理、投资与使用提供了新的方法和方向。

---

[1] 张盈华. 我国主权养老基金的发展、问题与建议——基于对资产配置的分析 [J]. 社会保障研究,2019(2).

三、GPIF 的组织结构

GPIF 对厚生劳动大臣委托的养老金积累基金进行管理及制订投资计划。由于养老金积累基金是未来厚生养老金和国民养老金给付的重要财源，GPIF 必须保障养老金加入者及保险人的利益，履行受托人职责，努力实现养老金积累基金的保值增值。GPIF 下设立管理委员会、监察委员会以及理事长（规划、管理运用两个方面）。管理委员会设置管理委员会办公室，监察委员会设置监察委员会办公室。理事长设置的部门和机构较为全面和具体，在设立审议官、助理合规官和法律顾问职位的基础上，设立总务部、规划部、调查数理室、信息管理部门等 11 个部门，并对此进行进一步的划分与功能定位（见图 7-2）。

GPIF 在养老金积累基金投资管理运营过程中，必须遵循三个原则。第一，根据"投资原则"强化养老金积累基金的管理运营体制。虽说资金的投资运营会受到宏观层面上经济环境的影响，短期收益存在波动的情况不可避免，但 GPIF 需要着眼于长期战略投资的视角，坚持长期分散投资基本原则，适时适度管理养老金积累基金投资可能带来的风险，对养老金积累基金进行安全有效的管理及投资运营。第二，基于"行动规范"诚实运作的理念，坚持以"国民最信任的组织"为日常基础业务实施的根本原则。在这一原则的指导下，GPIF 努力提升专业性，注重交流、沟通与团队间的协作，并充分发挥每个人的个性与能力，进而完成 GPIF 的使命。第三，有效发挥独立行政法人的特性与功能，在养老金积累基金进行有效运营的同时，实时通过官方网站及 SNS 等积极实施信息披露，公开养老金积累基金投资的基本情况。

厚生劳动大臣负责对 GPIF 董事会的主席进行筛选与职务任命，并且负责决定投资分配和资产分配的政策以及同基金管理委员会一起对 GPIF 的投资进行讨论、监管和评价。与此同时，GPIF 设立投资委员会，通过建立强化风险管理机制，以及机制的运作来提高养老金积累基金资产的管理效率和投资回报。在此基础上，GPIF 也设有专门的评估委员会，在负责对养老金积累基金投资与管理基础上，对基金投资收益的整个过程进行评估，根据评估结果的高低提出对 GPIF

日本公共养老保险

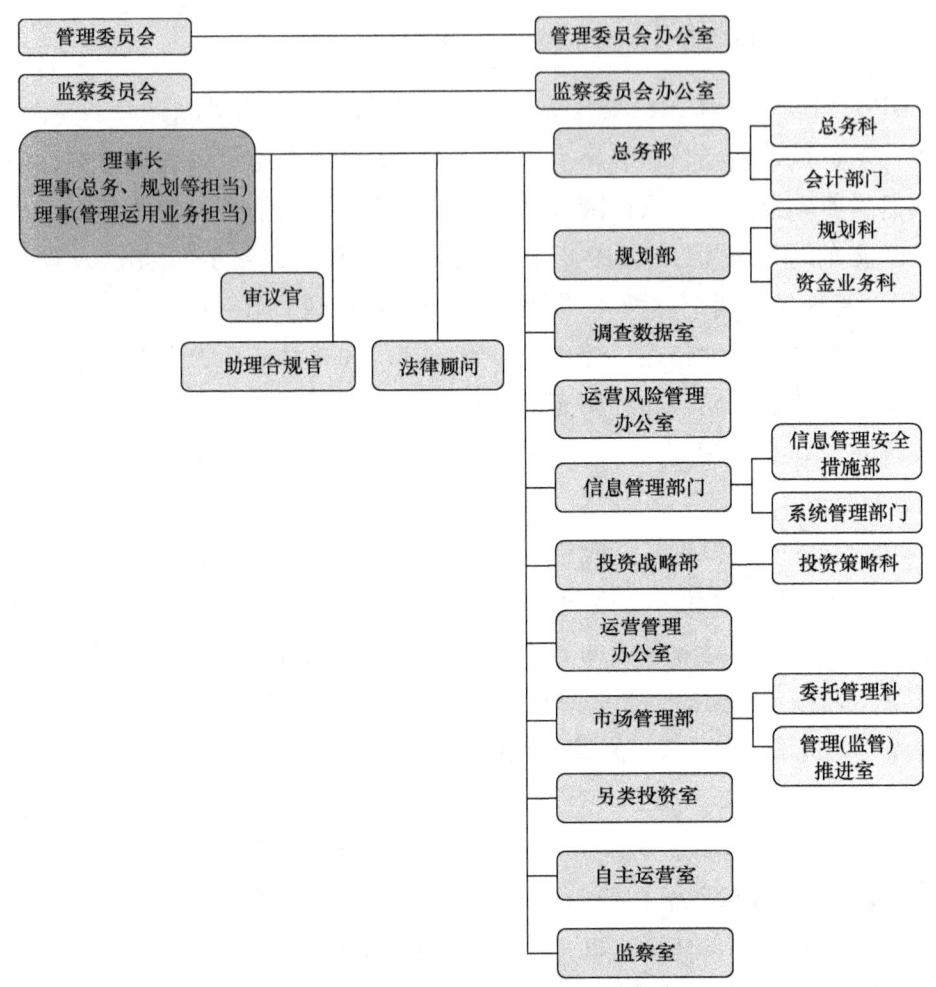

图 7-2 GPIF 组织框架图

资料来源：https://www.gpif.go.jp.

董事的任免。另外，GPIF 基金也进行相应的信息披露，让社会及时准确地了解基金管理、投资及收益的相关信息，从公众等多个层面多个角度对基金进行监督管理，以提高养老金积累基金管理与投资的透明性与公平性，促进养老金积累基金运用的合理化。

第二节　公共养老金积累基金的管理体制变革及其运行机制

一、公共养老金积累基金运营制度变革

2000 年以前，按照日本相关法律规定，公共养老金积累基金全部委托给旧大藏省[①]资金运营部（现财务省财政融资资金，以下简称旧资金运营部）。旧资金运营部通过"财政投融资计划"[②] 向各级政府进行公共团体融资。另外，1986—2000 年，养老金福祉事业团（以下简称旧事业团）也通过该计划借款，将养老金积累基金大约 1/5 的部分委托民间投资机构直接投资于金融市场以促进养老金积累基金的保值增值。在资产投资决策的制定上，旧事业团在厚生劳动省的指导下，确定投资应长期保持在一定的资产构成比例基础上，再按照这个规定比例委托民间投资机构进行投资和投资组合，投资范围主要分散投资于国债、公司债券、国内股票、国外债券、国外股票等（见图 7-3）。[③]

2001 年 4 月，日本政府实施了财政投融资制度改革，废除了当时的委托保管义务。由 GPIF 负责养老金积累基金资产的市场化投资管理与运作，并出台了养老金投资运营基金法和一系列相应的投资监管政策法规（见图 7-4）。通过政策法规调整，养老金积累基金不必 100% 寄存在旧资金运营部，还取消了对资本市场上某些特定公司获取养老金积累资金的限制，以规范养老金积累基金的使用和明确养老金积累基金的去向。与此同时，旧资金运营部依次偿还了被委托保管的养老金积累基金，被偿还的养老金积累基金除去一部分后纳入厚生劳动大臣当时

[①] 大藏省是日本自明治维新后直到 2000 年期间存在的中央政府财政机关，主管日本财政、金融、税收。2001 年 1 月 6 日，中央省厅重新编制，大藏省改制为财务省和金融厅（主要负责银行监管）。

[②] "财政投融资计划"是日本国家政策性金融工具，早在明治时期即已形成。战后财投制度被誉为"第二财政"，在促进基础设施建设、产业发展等方面发挥了巨大作用。

[③] 胡继晔. 养老金融：养老和资本市场问题解决的突破口 [N]. 中国经济时报，2013-04-01.

设立的养老金资金运营基金（也称"旧基金"）。自 GPIF 成立后，日本公共养老金开始制订宏观监管计划，对养老金积累基金实施统一化管理，采取市场化和多元化的投资组合方式，资产广泛配置股票、债券及海外金融产品，以促进日本养老金积累基金保值增值，促进日本养老保险制度的可持续性发展。①

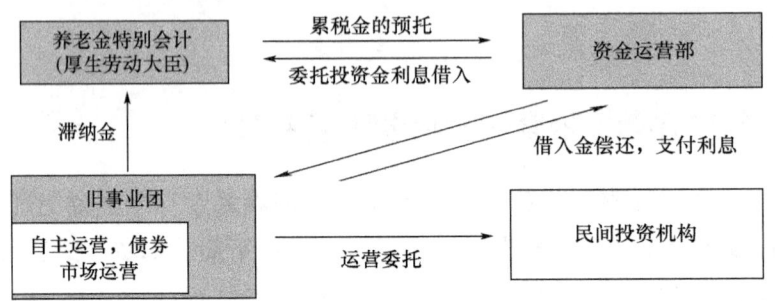

图 7-3　日本公共养老金积累基金运营制度改革前的构造图（2000 年以前）

资料来源：https：//www.gpif.go.jp.

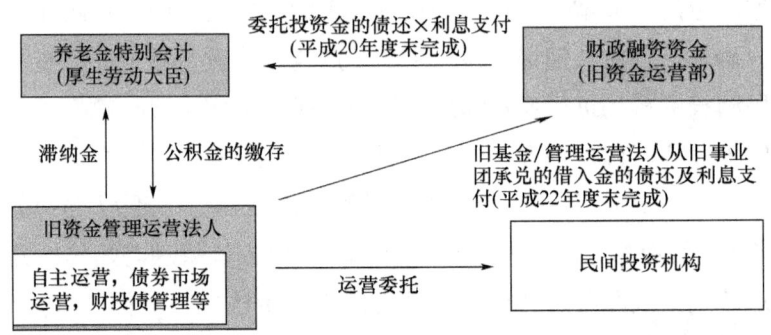

图 7-4　日本公共养老金积累基金运营制度改革后的构造图（2000 年以后）

资料来源：https：//www.gpif.go.jp.

注：此为 2000 年度末（平成 13 年）以后的结构。旧事业团的资金运营业务，由旧基金运营法人承办，作为承继资金运营业务，实施到 2010 年度末（平成 22 年）。

由日本公共养老金积累基金运营制度改革后的构造图（见图 7-4）可以了解

---

① 董克用，张栋. 中国养老金融：现实困境、国际经验与应对策略 [J]. 行政管理改革，2017（8）：16—21.

到，GPIF 的资金来源主要有两个渠道：一是改革前全部寄存在原来大藏省旧资金运营部的 147 万亿日元资产，该资产将在 8 年时间内逐步偿还给厚生劳动省，厚生劳动省再将这部分资产委托给 GPIF 来进行统一的投资管理；二是 GPIF 直接接管了旧事业团约 26 万亿日元的资产。GPIF 的资金投资运营主要分为三个部分：一是将大部分资产委托给专业金融机构进行市场化投资，以实现基金的增值；二是作为支持"财投计划"改革的一项过渡措施，一部分资金继续购买财投债券；三是留有一小部分资金自主运营，以实现养老金的稳定支付。与此同时，GPIF 需向养老金特别会计（厚生劳动大臣）支付滞纳金以及向旧资金运营部的财政融资资金支付借入金的利息。

二、现行管理体制及运行机制

2017 年 10 月，GPIF 依据《养老金积累基金管理运用独立行政法人法》（2004 年法律 105 号）设立了经营委员会、监察委员会以及理事长，旨在加强对基金管理机构的公司治理，提高养老金积累基金投资运营的透明度与公开性，增强机构投资的自律性[①]。这就使得 GPIF 的管理运营从"独裁制"向"合议制"转变，增加了养老金基金管理的灵活性与科学性。经营委员会在法律上拥有对养老金积累基金基本投资组合等重大事项的决策权和对业务执行部门业务执行与落实的监督权，实现了投资策略制定、监督与执行的分离，执行部的责任与权限更加明确（见图 7-5）。经营委员会的委员是由厚生劳动大臣从有经济、金融、资产运营、经营管理以及其他与管理运营法人业务相关联领域或具有相关学识经验、业务经验的人中挑选任命，委员的任期是 5 年。[②] 监察委员会从确保法令的遵循、业务执行程序合理性、风险管理等多个视角进行监督，加强同经营委员会的沟通、协调与合作。理事长作为经营委员会（合议制）的一员参与政策制定，同时，理事长代表 GPIF 依据经营委员会的规章制度统括管理运用法人的业务。

---

① 张伊丽. 日本公共养老基金的投资运营研究 [J]. 现代日本经济, 2017, 36 (4): 10-20.
② 2017 年 9 月底前，GPIF 设有"运用委员会"。委员人数规定在 11 人以内，由厚生劳动大臣从拥有经济或者金融相关知识的专业人士或其他学识经验丰富的人中挑选任命。"运用委员会"有权对养老金积累基金的投资运用情况及其他的管理运用业务的实施情况进行监督。依据 2017 年 10 月进行的《养老金积累基金管理运用独立行政法人法》的改革要求，2017 年 10 月新设立了"经营委员会"。

日本公共养老保险

由此可见，经营委员会、监察委员会、理事长分别承担着策略制定、监督、监察、执行等相应的职责，同时又密切开展协作，充分发挥计划、执行、检查、处理的 PDCA 循环机能，确立了透明且高效的组织体制。

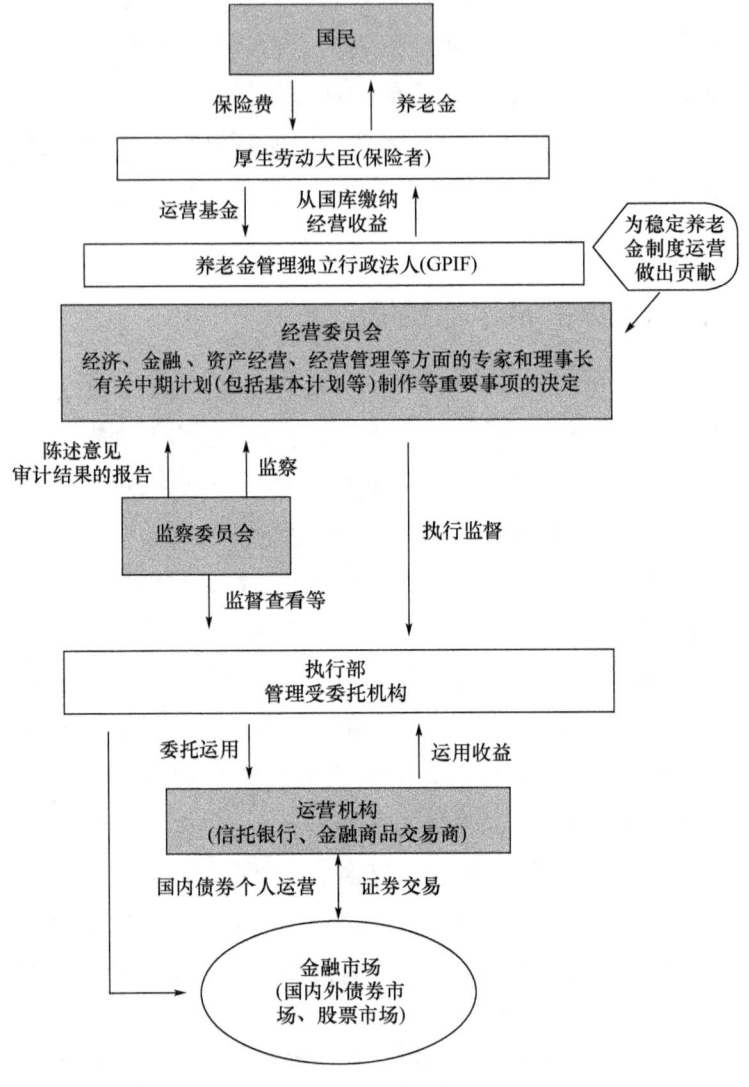

图 7-5　日本公共养老金积累基金管理运营结构

资料来源：https：//www.gpif.go.jp.

第七章　日本公共养老金积累基金管理运营

图7-5是日本公共养老金积累基金管理运营结构详细地描述了基金形成和运营的整个流程。国民将保险费缴纳给厚生劳动大臣，厚生劳动大臣支付给老年人养老金之后剩余的资金形成养老金积累基金，交由GPIF统筹管理运营。GPIF由经营委员会负责基金投资的中长期计划（包括基本计划）等重要事项的决定，并由监察委员会负责基金投资组合的监察，并对审计结果的报告进行意见陈述。经营委员会执行部将大部分基金委托给专业的运营机构（信托银行、金融商品交易商），或将小部分基金用于国内债券个人运营，所有基金均投资于债券市场、股票市场等金融市场。在金融市场获得的经营收益缴纳给厚生劳动大臣，从而及时地将养老金支付给国民保险人。整个流程实现了管理与监督的分离，使养老金积累基金的使用和投资趋于透明化。

另外，GPIF为实现获得投资运营收益的目标，适时实施受托人组织·资产管理机构的遴选、管理及评价，加强对养老金积累基金管理及投资运营过程中的风险进行管理。例如，每个月都会依据受托人组织·资产管理机构及自主运营的投资报告，把握养老金积累基金的资产构成比例及变化情况，采取必要的对策，管理并调整资产整体的投资组合。同时GPIF需根据现实情况，及时把握分析市场动向，管理各资产的市场风险、流动性风险、信用风险等。除此之外，GPIF还负责制定各资产管理指南，定期举行会议，把握受托人组织·资产管理机构对资产管理指南的遵循情况并进行评价。在此基础上，引入新的投资运营方法时，需要经营委员会作出审议表决，在其监督下进行风险管理。理事长需要就实施情况及市场环境等重要事项向经营委员会进行报告。GPIF为实现业务运营的中期目标以及依法完成财务、会计、人事管理等各项业务，构建了合理且高效的内部控制评价与监督机制（见图7-6）。

通过图7-6可以了解到管理投资公司、受托人组织以及资产管理机构三者之间的关系。管理投资公司需与受托人组织（审计公司）斟酌投资合约和制定操作指南，包括法律合规、操作风险管理等，发现有违反法律或组织结构发生变化等导致运营能力出现问题时，需及时纠正和惩处，同时受托人组织需每月向管理投资公司提供报告。受托人组织（审计公司）需与资产管理机构商定养老金储备和数据标准化认定，并将每月数据（按品牌交易数据、按库存平衡数据）上

日本公共养老保险

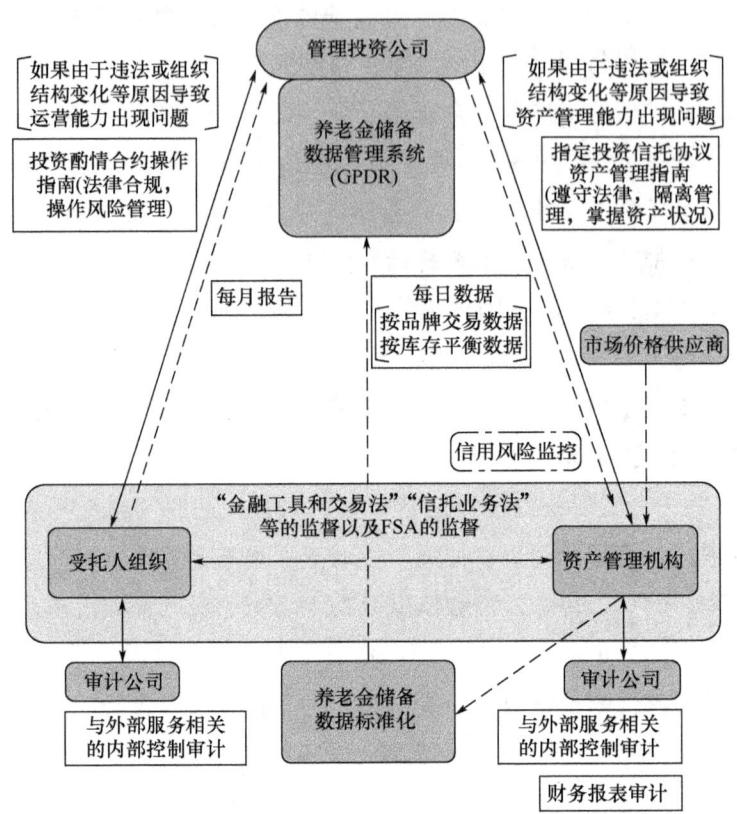

图 7-6　日本公共养老金积累基金外部经营管理业务风险管理系统
资料来源：https：//www.gpif.go.jp.

交给管理投资公司。管理投资公司需与资产管理公司制定投资信托协议和资产管理指南（遵守法律、隔离管理和掌握资产状况等）。

（一）关于确保理事长、理事及职员依法履行职责制度

为了推进与完善内部控制机制，经营委员会下设内部控制委员会。另外，为达到遵守法律、法规及企业伦理的目的，内部控制委员会还下设以理事长为最高负责人的遵约委员会；经营委员会制定关于投资原则、行为规范、内部控制等基本方针，制定风险管理等各种章程规范，并要求董事及员工严格遵守；理事长制定法律遵守指南，发放给员工，必要时进行修订并召开讲习会加强教育，使所有员工依据法律法规严于律己，在工作过程中保持正确的工作态度，贯彻并切实落

实指导方针。理事长统括遵约委员会工作,拥有人事任免权,在一定程度上掌握员工的去留,同时可以设置相关组织部门推进法律遵守业务的开展,以促进养老金管理制度有法可依,更好地落实相关工作。

当员工违反相关法律法规时,理事长有权根据处分条例实施制裁处分。当理事长、经营委员会委员长及委员违反法令法规时,其他相关负责人需根据经营委员会的决议对违反法律法规的委员实施相应处分。另外,相关事业者出现违反相关规定时,可以实施整改措施;经营委员会定期受理理事长的职务履行报告,监察委员会除了定期受理理事长的职务履行报告,也需要定期受理理事的职务履行报告。同时,监察室也会做内部监察报告,并受理遵约委员会总结活动报告。当发生有损于 GPIF 利益事实时,理事长及理事有义务向监察委员会报告说明事实;当职员发生违规事实时,理事长需在组织内部进行通报,并向监察委员报告。当对理事作出制裁处分时,经营委员会设置制裁委员会,对失职理事作出处罚。当对其他职员作出处分时,需要设立惩戒委员会,讨论决定对职员的惩罚力度;理事长还设置监察室,监察室根据监察细则进行内部监察,向理事长及监察委员会汇报工作。①

(二) 关于理事长及理事职务履行信息保存及管理体制

根据经营委员会制定的文书管理规程,理事长有义务对职务履行过程中的相关文书及信息文书进行合理的保存及管理;经营委员会制定信息安全规程,设立信息安全委员会,制定信息安全对策,推进 GPIF 信息更加透明。经营委员会任命信息安全建设相关责任人,最高信息安全责任人统筹开展相关工作。

(三) 关于风险管理的规程及制度

经营委员会制定风险管理规程,对 GPIF 运营过程中伴随而来的风险进行实时管控;通过内部控制委员会,对投资管理风险进行识别、分析、评价及控制,并作出相应的风险应对对策。经营委员会也会设置运营风险管理委员会,适时进行投资运营风险管理。理事长是实施风险管理的最高责任人,统括内部控制委员会,并设立专门组织推进风险管理的相关业务。

---

① 郑秉文,张笑丽. 中国引入"养老金融"的政策基础及其概念界定与内容分析 [J]. 北京劳动保障职业学院学报,2016 (10):4.

(四) 关于确保理事长及理事职务履行效率的制度

经营委员会制定委员会规程，对法人的基本方针、收支预算、事业规划等重要事项进行决议；理事长决定各理事的职务分工，明确各理事的职责范围，制定各理事的分工细则。各理事有义务努力完成各自的业务目标，以实现 GPIF 整体的经营投资目标；各理事有权设立下一级组织机构，任命相关负责人来完成业务目标。理事长除了确认业务执行情况之外，还需要在年度结束后，对业务目标的完成情况进行总结及评价，并定期向经营委员会报告。[①]

GPIF 中的理事长为实现厚生劳动大臣制定的中期规划目标，会依据"独立行政法人通则"统一制定的规定规范，制定中期计划方案及各年度业务运营计划，经经营委员会决议通过后，向厚生劳动大臣提交并公示，以保证信息的透明与开放。计划变更时也需如此。另外，理事长在中期规划目标期间及年度结束后，需制定中期规划目标及年度业务实际业绩报告，也需要在经营委员会决议通过后，提交厚生劳动大臣并公示。经营委员会在对法人业务执行的重要事项进行决议之前，需要召开经营企划会议，进行事前审议。各项规划整体制定完成后就需要计划的具体落实。因此，为了实现各年度计划，理事长除了对各项计划制订预算之外，对各部室进行合理的人力资源配置也是十分重要的，它在一定程度上决定着规划完成的效率和质量。制定规划和配套措施完成后，业务阶段性管理及自我评价情况是保障规划目标的重要内容，因此每个月都需要在经营企划会议上对取得的阶段性成果进行审议。在合同层面上，经营委员会召开合同审查会，以确保合同手续的公正性和合同内容的完整性，同时，设置合同监视委员会，依据规定定时定点对合同执行情况进行监督管理。

理事长有权任命养老金积累基金投资运营的最高责任者（CIO），经营委员会通过设置投资委员会，对有关养老金积累基金管理运营业务执行的重要事项进行事前审议，并由最高责任者（CIO）统括。在此基础上，经营委员会还会设置信息系统委员会，适时推进养老金积累基金管理运营业务的信息化及信息系统的完善。

---

① 胡继晔. 金融服务养老的理论、实践和创新 [J]. 西南交通大学学报（社会科学版），2017, 18 (4)：1-9.

(五) 关于确保财务报告等信用性的体制

为确保法人财务报告等信用性问题，经营委员会加强监察委员会与会计监察人及监察室的紧密合作，召开了"三方监察会议"（监察、会计、监察室），以提升监察的时效性和效率性。

第三节 公共养老金积累基金投资运营理念

关于公共养老金积累基金投资运营管理的相关问题，日本政府制定了一系列的法律法规，例如《厚生养老金保险法》（简称厚年法）、《国民养老金法》（简称国年法）、《养老金积累基金管理运营独立行政法人法》（简称管理运营法人法）。这些法律明文规定：公共养老金积累基金的投资运营是为了确保参保人能够获得应有的利益，因此需要养老金积累基金的管理投资者从长远的观点出发，保证养老金积累基金投资监管能够安全且高效地进行。另外，厚生劳动大臣所制定业务运营中期目标要求是，养老金积累基金的运营须根据《厚生养老金保险法》第2条之4第1项以及《国民养老金法》第4条之3第1项中所规定的，即目前的财政状况以及对未来养老金支付状况的预测应为养老金的支付提供足够的流动性与可得性。以养老金积累基金实质上的（积累金运营收入扣除名义工资上升率）长期运营收入不低于1.7%为目标，建立长期可持续发展的积累基金的管理及运营机制，制定资产结构不断优化与合理化（明确基本的投资组合）的运营机制。①

如图7-7所示，基本资产运营内容主要由国内债券、国内股票、外国债券以及外国股票四部分构成，规定构成的比例分别为国内债券35%，国内股票25%，外国债券15%，外国股票25%。但资产比例可以有一个浮动空间，国内债券可以在±10%之间浮动，国内股票在±9%之间浮动，外国债券在±4%之间浮动，外国股票在±8%之间浮动。截至2018年12月末，日本公共养老金积累基金总额达到1 513 607亿日元，其中国内债券资产额为426 796亿日元，所

---

① 人力资源社会保障部社会保险基金监管局. 驰而不息防控社保基金管理风险 [N]. 中国组织人事报，2019-05-13（004）.

占比例为 28.20%；国内股票为 359 101 亿日元，所占比例为 23.72%；国外债券为 263 484 亿日元，所占比例为 17.41%；外国股票为 367 706 亿日元，所占比例为 24.29%；短期资产为 96 520 亿日元，所占比例为 6.38%。通过养老金积累基金投资实际占比也可以看出，日本国内债券和外国股票所占比重较高，可发现日本公共养老金积累基金在投资过程中注重安全性的同时，也注重养老金积累基金的收益性。①

资产配置类型	第三季度末(2018年12月末)(养老金积累基金)	
	资产额(亿日元)	配置比例(%)
国内债券	426 796	28.20
国内股票	359 101	23.72
外国债券	263 484	17.41
外国股票	367 706	24.29
短期资产	96 520	6.38
合计	1 513 607	100.00

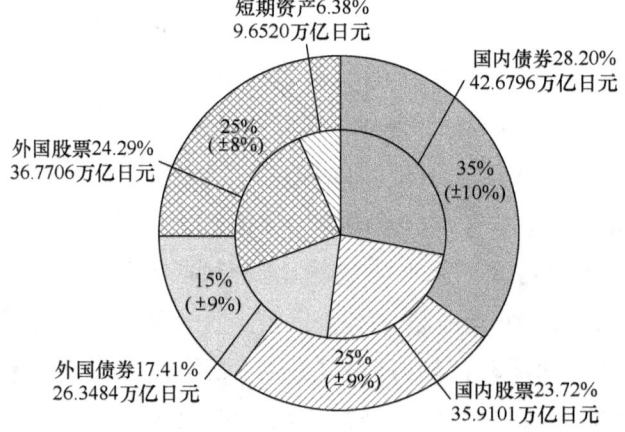

图 7-7 日本公共养老金积累基金 2018 年第三季度末资产及配置比例

资料来源：https://www.gpif.go.jp.

① 李三秀. 日本养老基金 GPIF 改革启示 [J]. 中国财政, 2017 (20)：72-73.

GPIF 主要采取被动投资策略,也就是说 GPIF 进行养老金积累基金投资过程中,在实际的具体操作中会根据市场走势动态调整资产配置比例,以达到主动化投资管理效果。为实现资产配置与资本市场联动变化的目的,GPIF 会根据全球金融市场走势与变化定期调整法定资产配置结构和比重。同时,GPIF 给予各大类金融资产较大的投资区间以实时调整投资比例,比如日本国内债券投资区间为±8%,国内股票投资区间为±9%。因此,GPIF 在投资管理过程中形成的相对较大的投资区间可以保证投资团队及时调整养老金资产,灵活地运用养老金资产,从而避免因资本市场波动带来养老金积累基金投资损失,实现养老金长期稳定的投资回报,确保养老金足额发放给老年人,进而满足老年人的日常需求。[①]

日本养老保险制度早期通过"财政投融资计划"这一政策性金融工具来整体运作公共养老金资金,由于这项政策性金融工具缺乏市场化竞争、透明化管理和有效的监督,很大一部分公共养老金基金变成了不良资产,同时养老金基金也面临着较大的贬值风险。为提高养老金资产的管理效率和投资回报,日本设立 GPIF,建立了合理的运行机制和有效的风险管理机制,以弥补之前"财政投融资计划"实践过程中产生的不利影响。GPIF 成立经营委员会充分利用市场竞争的有利条件,负责提供投资策略建议,监管基金运营情况等工作内容。经营委员会在实际操作中,通过运用有效的风险管理手段来管理市场流动性风险和信用风险,以减少因市场竞争带来的资金流失风险。GPIF 通过对养老金积累基金进行统一管理与投资运作,出台一系列法律法规及投资监管政策,采取市场化的投资方式,委托专业化的金融机构如信托银行等,使得养老金积累金投资收益得到明显改善,一定程度上促进了养老金积累基金的保值增值。另外,从 2016 年 7 月 29 日开始,为了充分履行信息公开义务,GPIF 也将像欧美的公共养老金基金一样,向委托人(国民和被保险者等)全面公开所持有的投资品种信息,以此提高养老金投资的透明度,获得国民充分的信任,从而提高海外投资者对日本国内股市和企业的信赖,在提升日本股市和企业的竞争力的同时促进日本养老金投资市场的日益成熟。

---

① 小野隆玺. 明解年金的知识(2018 年度版)[M]. 东京:经济法令研究会,2018.

在市场经济中，政府其实并不能直接参与市场经营活动，主要发挥监督的职责，必要的时候对市场进行适当的管控。因此由 GPIF 代表纳税人或缴费者的利益建立一个具备"独立性"的经营委员会就成为必然要做的事情。一般公司治理中的"独立性"是指公平和均衡地代表每个股东利益，而在这里，"独立性"具有特殊的含义，是指尽可能独立于政府决策和政府一般事务之外，具有相对的自主决策能力。这是主权养老基金治理的核心和难点，也是考察主权养老基金治理结构合理与否的一个重要指标。[①]

第四节 公共养老金积累基金的投资收益与策略

一、投资收益

表 7-1　　　　　　日本公共养老金积累基金收益率变化情况

年份	收益率%	年份	收益率%
2001	-1.8	2011	2.32
2002	-5.36	2012	10.23
2003	8.40	2013	8.64
2004	3.39	2014	12.27
2005	9.88	2015	-3.81
2006	3.70	2016	5.86
2007	-4.59	2017	6.90
2008	-7.57	近10年（2008—2017年）	4.25
2009	7.91	近17年（2001—2017年）	3.30
2010	-0.25		

资料来源：https://www.gpif.go.jp.

---

① 齐传钧. 主权养老基金治理难题探析——基于剩余索取权人利益最大化的视角[J]. 社会保障研究，2019（2）：25.

第七章 日本公共养老金积累基金管理运营

表7-1为日本公共养老金积累基金收益率变化情况。自GPIF成立以来，即从2001年开始，有正有负，可以分成2001—2010年和2011—2017年两个阶段来简单分析日本公共养老金积累基金投资收益率的变化趋势。2001—2010年收益率不太稳定，最高达到9.88%，最低为-7.57%，呈现较大的波动性，其中投资收益率有5年为正值，5年为负值；2011—2017年，除了2015年投资收益率为-3.81%外，其余年份投资收益率均为正值，最高达到了12.27%。这7年中虽然投资收益率也存在较大波动，但却整体呈现出收益率上升的趋势。综合来看，17年间收益率为3.12%。追究投资收益率波动的主要原因，一方面源于机构建立初期各项规章制度仍处于探索阶段，对于市场化等外部信息掌握能力较为缺乏；另一方面源于日本在整体的宏观社会大背景下，各项资金的投资收益率均受到其政治、经济等各方面因素的影响，进而导致每年的养老金收益率存在一定的波动。但是通过近几年的投资收益率可以了解到，其呈现负值的概率日益减少，并且表现出一定的增长态势，可见日本关于养老金积累基金的投资管理已较为健全和成熟。

另外，GPIF对外公布数据显示，2018年12月底运营资产额为150.663 0万亿日元，这是时隔3个季度出现养老投资基金总额减少的情况。由于2018年底出现了世界性的股市下跌，10—12月投资基金亏损14.803 9万亿日元，创下历史最高亏损纪录。其中，1.91万亿日元被用于购买外国债券。2018年第三季度10—12月的收益率为-9.06%，这是自2001年开始自主运作基金以来出现的最大季度亏损额。按资产类别来看，国内债券的收益率为1.01%（4 242亿日元），而国内股票为-17.57%（7.655 6万亿日元），外国债券为-2.74%（7 182亿日元），外国股票为-15.71%（6.858 2万亿日元）。尽管如此，自2001年开始将基金投入市场运作以来，累积收益率为2.73%，收益总额为56.674 5万亿日元，高于养老金财政所需水平。累计收益中，利息、股息收入额为33.319 5万亿日元。主要资产的运作比例为国内债券28.20%、国内股票23.72%、外国债券17.41%、外国股票24.29%。2018年10—12月，国内债券卖出6 630亿日元，外国股票卖出316亿日元。几种资产运作收益见表7-2。

从资产运作收益变化情况可简单了解到，日本投资组合中各投资产品对养老

日本公共养老保险

金积累基金投资收益率的贡献程度，投资产品主要为国内债券、国内股票、外国债券以及外国股票。① 2001—2017 年间，国内债券的投资收益率相对来说波动幅度较小，收益率最低为 -1.82%，最高为 4.19%，17 年平均投资收益率为 1.67%，收益率较为稳定；国内股票波动幅度较大，收益率最低为 -35.55%，最高为 50.30%，17 年平均投资收益率 3.40%，收益率较为不稳定，呈现高风险、高收益率的特征；外国债券投资收益率波动高于日本国内债券的投资收益率，但低于日本国内股票的投资收益率波动，收益率最低为 -7.06%，最高达到 18.30%，17 年平均投资收益率为 4.93%；外国股票投资收益率波动低于日本国内股票的投资收益率波动，但是高于日本国内和外国债券，收益率最低为 -43.21%，最高为 46.11%，17 年平均投资收益率为 5.60%。可见日本养老金积累投资组合中，国内债券、国内股票、外国债券以及外国股票各有其特点，国内债券和外国债券收益率相对稳定，投资安全系数较高，但能够获取的收益较低，国内股票和外国股票波动幅度较大，风险较高但能够获取的收益也是较高的，四种投资产品互为补充，从而促进日本公共养老金积累基金的保值增值。② 但需要注意的是，在养老金积累基金投资结构比例确定的过程中，需要深入计算和研究，进而科学地分配投资产品份额，在相对安全稳定的条件下，保证养老金积累基金的收益性。

表 7-2　　　　　　　　　　资产运作收益变化情况

年份	修正后的综合收益率（%）	时间加重收益率（%）	国内债券（%）	国内股票（%）	外国债券（%）	外国股票（%）
2001	-2.48	-2.65	0.87	-17.05	6.20	3.67
2002	-8.46	-8.63	4.19	-25.41	12.23	-32.23
2003	12.48	13.01	-1.82	50.30	0.20	23.76
2004	4.60	4.43	2.13	1.64	11.42	15.43
2005	14.37	14.37	-1.40	50.14	7.71	28.20
2006	4.75	4.56	2.18	0.47	10.19	17.50
2007	-6.41	-6.01	3.31	-27.97	-0.32	-17.10

---

① 坪野刚司，年金综合研究所. 年金制度的展望——改革的课题和论点 [M]. 东京：东洋经济新报社，2017：3.
② 李三秀. 日本养老基金 GPIF 改革启示 [J]. 经济纵横，2017 (20)：72.

续表

年份	修正后的综合收益率（%）	时间加权收益率（%）	国内债券（%）	国内股票（%）	外国债券（%）	外国股票（%）
2008	-10.03	-10.04	1.35	-35.55	-6.75	-43.21
2009	9.55	9.58	1.98	29.40	1.32	46.11
2010	-0.57	-0.53	1.95	-9.04	-7.06	2.18
2011	2.47	2.45	2.92	0.57	4.77	0.49
2012	11.33	11.47	3.68	23.40	18.30	28.91
2013	9.27	9.23	0.60	18.09	14.93	32.00
2014	12.88	12.93	2.76	30.48	12.70	22.27
2015	-3.98	-3.88	4.07	-10.80	-3.32	-9.63
2016	5.94	5.93	-0.85	14.89	-3.22	14.20
2017	6.94	6.99	0.80	15.66	3.71	10.15
近10年（2008—2017年）	4.14	4.17	1.92	5.57	3.18	7.26
近17年（2001—2017年）	3.40	3.43	1.67	3.40	4.93	5.60

资料来源：https：//www.gpif.go.jp.

二、投资策略

（一）被动投资战略，委托专业机构管理

基金投资策略通常分为主动投资和被动投资。其中，被动投资主要通过模仿市场指数获得与市场整体相近的回报；主动投资则通过建立投资组合和把握市场时机战胜市场，以获得投资收益。出于对基金投资的安全性和减少养老金影响市场交易考虑，GPIF 在资本市场投资中主要采取被动投资战略。目前，GPIF 有 93.58% 资产配置在资本市场上，80.48% 的资产采取被动投资战略，只有 13.10% 的资产配置采取主动投资管理方式。同时，GPIF 将大部分资产委托民间金融机构，如信托银行、资产管理公司等进行市场投资，只留有少部分资金自主运营和购买财投债券。将养老资产委托给专业金融机构管理很好地实现了预期收益，保证了养老金保值增值目标的实现。

另外，GPIF还改变主动管理基金的收费模式，从过去依照管理规模收取变成按照业绩提取，以激励委托的金融机构能够更加全面且专业地分析市场，确定基金投资组合各投资产品比例，保证投资机构的科学性。如果基金投资没有取得超额回报，它们的管理费就将等同于相同规模的被动基金。在新的收费模式下，GPIF将会努力促成与委托的外部基金公司达成双赢局面。目前，包括施罗德、景顺、富达、瑞银以及摩根大通等在内的大型资产管理公司都在帮助GPIF管理资产。在GPIF高达1.4万亿美元的资产中，有20%（约合2 800亿美元）是主动管理的资产。这种模式的调整，必然要求基金管理公司不能依靠资产管理规模获利，而是要和业绩挂钩，努力提升自己的投资运营收益。

GPIF主要资产均委托市场上的金融机构进行投资管理，基金自营投资比重较小。委托投资管理机构不仅有本土著名的瑞穗信托银行、野村资产管理公司、三井住友信托银行等，还有许多外国金融机构如贝莱德集团、摩根大通、高盛、摩根士丹利、北美信托等。本土与外国机构的独立运营管理不仅实现了多元化、专业化的投资模式，同时海外机构与本土机构投资理念的差异也避免了养老金同质化投资模式，呈现多样化特征，从而达到分散投资风险和操作风险的目的。

（二）资产配置日趋多元化

GPIF自成立以来，根据市场发展趋势和不同金融资产收益风险变化情况适时调整资产配置比例，各年度配置比例如图7-8所示。由于风险规避的官僚管理体制，GPIF的投资理念偏保守、求稳定。[①] 最初，GPIF本国债券投资比重高达68%，本国股票比重为12%；外国投资比重仅为15%。近年来，GPIF法定资产配置逐步降低债券比重，增加股票和外国投资比重。2014年10月31日，GPIF把对国内和外国股市的资产配置增加一倍。将配置于日本和外国股市的资产占比分别从12%上调至25%，同时将国内债券配置比例从60%削减至35%，并将对外国债券的配置比例从11%上调至15%，最终实现债券投资50%、股市投资50%。目前在国内股市和外国市场回暖的情况下，GPIF再次调整投资比重，减持本国债券比重至60%，相应增持了国内权益类产品和国外投资比重。

---

① 李三秀. 日本养老基金GPIF改革启示［J］. 中国财政，2017（20）：72-73.

第七章 日本公共养老金积累基金管理运营

		2003年	2004年	2005年	2006年	2007年	2008年	2009年	2010年
最高	第1位	国内股票 25%	国内股票 11%	国内股票 45%	外国股票 24%	外国债券 5%	外国债券 3%	外国股票 38%	国内债券 2%
↑	第2位	外国股票 21%	外国股票 10%	外国股票 25%	外国股票 10%	外国股票 4%	外国债券 -15%	4资产分散 13%	国内股票 1%
	第3位	4资产分散 13%	4资产分散 8%	4资产分散 19%	国内债券 9%	国内债券 3%	4资产分散 -29%	国内股票 8%	外国股票 -2%
↓	第4位	外国债券 6%	外国债券 7%	外国债券 10%	国内股票 3%	4资产分散 0%	国内股票 -41%	外国债券 7%	4资产分散 -3%
最低	第5位	国内债券 -1%	国内债券 1%	国内债券 1%	国内债券 0%	国内股票 -11%	国内股票 -53%	国内债券 1%	外国债券 -13%
		2011年	2012年	2013年	2014年	2015年	2016年	2017年	2018年
最高	第1位	国内债券 2%	外国股票 32%	国内股票 55%	外国股票 21%	外国债券 12%	外国股票 5%	外国股票 22%	国内债券 1%
↑	第2位	外国债券 0%	国内股票 21%	国内股票 54%	外国债券 16%	4资产分散 2%	国内股票 3%	外国债券 19%	外国债券 -4%
	第3位	4资产分散 -6%	外国债券 20%	4资产分散 32%	4资产分散 13%	国内债券 1%	4资产分散 2%	4资产分散 11%	4资产分散 -7%
↓	第4位	外国股票 -9%	4资产分散 19%	外国股票 23%	国内股票 10%	外国股票 -1%	国内债券 0%	外国债券 5%	外国股票 -10%
最低	第5位	国内股票 -17%	国内债券 2%	国内债券 2%	外国债券 4%	外国债券 -5%	外国债券 -3%	国内债券 0%	国内股票 -16%

图7-8 日本养老金基金主要四种资产和分散投资时的收益趋势（2003—2018年）

资料来源：https://www.gpif.go.jp。

从图7-8可以看出，2003—2018年投资收益占比最高的投资产品不断变化，2003—2005年投资收益率由高到低分别是国内股票、外国股票、外国债券和国内债券。2006年开始每年投资收益率的排序都有所变化，随着外国股票、外国债券投资占比增加，其投资收益率对整体投资收益率的贡献程度也在日益增长。从2006年起，外国股票、外国债券收益率排名逐渐上升，外国股票分别在2006年、2009年、2012年、2013年、2014年、2015年以及2016年占据投资收益率最高的位置上，可见日本养老金在对本国股票和债券投资的基础上，逐渐增加外国股票、外国债券投资组合中的比例以优化投资结构,更好地发挥养老金保值增值的作用。2010年、2011年以及2018年,在总体投资收益率偏低的情况下,外国股票、外国债券以及国内股票投资收益率有较大幅度的降低,日本国内债券成为最高收益率的投资产品,可见日本国内债券虽投资收益率较小,但却具有相对稳定性,安全系数较高,在投资结构中发挥着重要的安全性作用。①

GPIF资产的5%可用于投资国外基础设施项目。2018年2月10日,日本首相安倍晋三和美国总统特朗普就GPIF投资美国基建的框架达成协议。提案草案涉及的日本在美国基础设施投资包括联合机器人、人工智能研究以及对网络攻击的对策。投资的路径为GPIF将购买美国公司发行的为基础设施项目融资的债券。

另外,2014—2016年间,日本投资于环境、社会和治理资产的资本增长速度是全球最快的,日本的可持续投资数额达到了4 740亿美元,约占本国管理资产总额的3.4%。日本在2014年发布机构投资者行为准则,一年后又推出了企业治理行为准则。在日本,道德性投资的巨大推动力来自GPIF,GPIF采纳了环境、社会和治理这三个指标,将资产投资于社会责任资产,根据环境、社会和治理三个指标作出的投资决策着眼长久,而非短期回报或政府政策支持。

GPIF自成立以来,一直投资于不同类型的资产,以达到风险分散化和收益最大化的平衡,最大限度地实现基本养老金的保值增值。GPIF的投资范围包括固定收益类产品、股票、债券以及国外金融产品等。目前,以日本、法国、挪威、加拿大等国为代表的全球一半以上国家或地区都允许公共养老金投资股票市场。

日本养老金积累基金发展趋势逐渐显现市场化运营管理、动态化配置调整、多元化投资方向和专业化投资主体的特征。这些新的发展变化不仅为日本养老金带来了长期稳定的回报收益,实现了基金保值增值的目的,同时养老金的新变化、新发展也体现出日本政府推动经济发展、稳定市场、适时调整、多元化投资

---

① 齐传钧.主权养老基金治理难题探析——基于剩余索取权人利益最大化的视角[J].社会保障研究,2019(2):21-29.

第七章　日本公共养老金积累基金管理运营

的举措与方向。①

日本在立足于本国国情基础上，建立统一、独立、完善的公共养老金积累基金运营管理模式和法律法规体系，成立专门的养老金投资管理机构负责基金运营管理，以市场化的投资操作与科学化的收益风险预测实现养老金保值增值的目的。其养老金融的发展还离不开监管方式和监管手段的创新，通过内部相关审计部门与外部专业化的审计部门共同负责对社会保险基金投资的监管，政府应对整个监管投资过程进行及时了解与指导。在养老金的运营阶段，还要加强监管立法来考核其保值增值的绩效。另外，日本还建立了信息披露制度，即在设立独立的投资管理机构的基础上，须定时向社会公众公开社会保险基金投资与管理的基本信息，以方便社会公众对缴纳的社会保险费的使用去向进行了解，更加全面地认识社会保险基金存在的意义和价值，增加对社会保险基金投资与管理的信心。

GPIF 的资产配置模式很合理，一方面根据市场趋势定期调整不同资产配置比重，调整投资机构，同时给予适度的浮动区间，有助于投资主体及时调整投资配置，从而避免因股票市场上突然的暴涨暴跌带来的损失，发挥债券对投资收益率的稳定安全的作用。

---

① 张盈华. 我国主权养老基金的发展、问题与建议——基于对资产配置的分析 [J]. 社会保障研究，2019（2）：17.

第八章 日本公共养老金经办服务与管理

日本已经构建了健全的公共养老保险制度及完善的养老金经办服务管理体制,其经办管理服务以业务精简为目标,以缩减运营经费、提升利用者便利性、安全性、信赖性为理念。虽然日本也发生了许多与公共养老金经办相关的问题,但都能采取有效措施积极解决。我国在提高养老金经办水平方面,应吸取日本经办管理上的经验,注重提高经办机构的独立性和效率性,加强经办管理的规范性和系统性,在经办服务方面应更注重人性化和便携性的培养,服务递送应尽快实现政府购买和市场化运营合力工作,在保险费收缴方面实行税制一体化改革,在精准计量个人收入的前提下,收缴保险费,同时应有针对性地培养相关人才,确保养老金发放的及时性和准确性,预防养老保险财政收不抵支,确保养老金在年度周期内平衡稳定。

第一节 养老金经办管理服务体系及特点

一、养老金经办机构及其管理体制

为了提升养老金经办服务的质量与效率,日本政府积极调整养老金经办机构在宏观行政架构中的定位。2010年1月,日本政府废除原养老金主管机构"社会保险厅",并根据专门立法,设立新的养老金经办管理机构"日本养老金机构"。[①] 日本养老金机构是一个特殊的公共机构,属于非公务员型的特殊法人,

---

① 贾康. 创新与优化:健全社保经办服务体系 [J]. 中国社会保障,2014 (2):15.

其工作人员为非政府雇员。其体系图如图 8-1 所示，分设中央、地区、县（相当于中国的省）和市四级管理体系。每个级别的管理层次其功能是不同的，其中末端机构养老金事务所和街角养老金咨询中心数量较多，分散在百姓居住区域内的行政服务大厅以及商场和购物中心里，方便国民随时咨询。这极大地减少了百姓在养老金经办过程中所需的时间和精力，也很好地提升了办事效率。

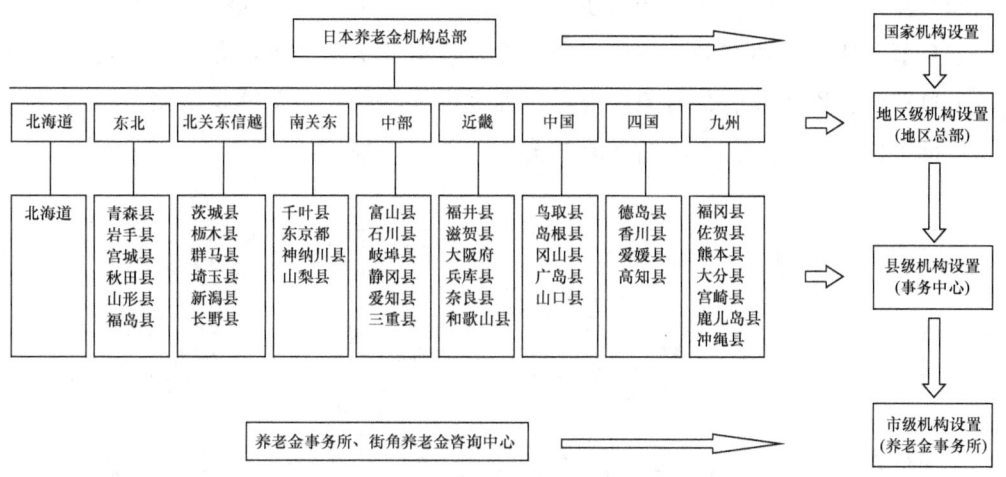

图 8-1　日本养老金机构体系图

资料来源：https：//www.mhlw.go.jp/shingi/2009/12/dl/s1209-12d 0002.pdf.

日本的养老金机构分为四级行政管理单位，自上而下分别是日本养老金机构总部、地区总部（共计 9 个）、事务中心（47 个）以及街角养老金咨询中心（75 个）和养老金事务所（312 个）。日本养老金机构总部以管理和策划为中心，理事会是最高决策机关，由理事长、副理事长、常任理事、非常任理事等构成。地区总部主要负责监督养老金事务所贯彻执行本部的指示并对其进行后方支援，保证经办管理期间经费充足，运行有序。每个地区总部下设管理部、咨询或待遇支付部、应用或征收支援部，分别承担不同的工作任务。管理部是养老金地方组织的内部组织，主要负责业务的综合管理，管理与调整养老金记录问题的综合进展情况，服从与贯彻执行危机对策、地区的会计事务等。咨询或待遇支付部主要负责咨询和发放业务，实施养老金教育，开展与地区相关机构的协商和合作。应用或征收支援部主要负责各项业务目标的设定或进度管理，对于适用或征收的困难案件进行事务所支持，指导与贯彻执行以业务手册为基础的业务内容。此外，地区总部还在所辖都道府县内设有事务中心，事务中心主要负责关于各种申报书、申请书、请求书等文件的接收、审查、录入、决定，各类通知书、告知书等的制作与发送，特别残疾补助和福利养老金的处理，意外、特殊情况等的退出补助金的处理、养老金记录确认，向地方第三委员会的转呈，委托业务的业务内容现场管理与监督，以及电脑记录和纸质记录的对比调查工作。第四级行政管理单位为养老金事务所和街角养老金咨询中心，养老金事务所是具体经办服务机构，下设四个科室，分别是养老金对象调查科、养老金征收科、国民养老金缴费科以及顾客咨询室四个部门。各个部门的具体分工如图 8-2 所示。

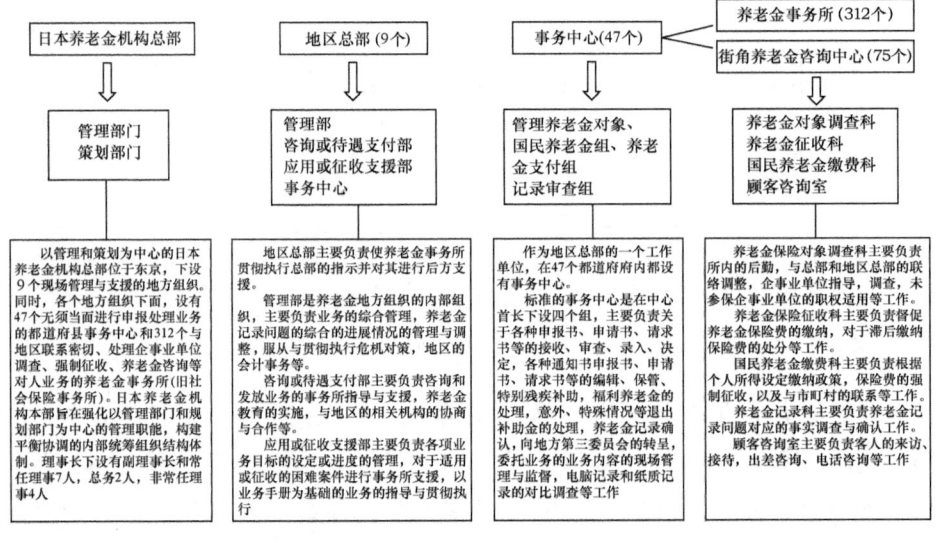

图 8-2　日本养老金机构功能图

资料来源：https：//www.mhlw.go.jp/shingi/2009/12/dl/s1209-12d 0002.pdf.

截至 2015 年末，日本养老金机构职员总数为 22 000 人（正式工 12 000 人、非正式工 10 000 人）。理事长由厚生劳动大臣任命。日本养老金机构总部设在东京，负责调查、强制征收、养老金咨询等具体业务。① 312 个地区密集型养老金

---

① 中野淳太郎. 年金记录问题等现状和课题 [J]. 周刊社会保障，2016（3）：80-83.

事务所规模大小不等，少则不到 20 人，多则 40 人以上。312 个养老金事务所和 47 个事务中心通过在线系统连接日本养老金机构总部，每个办公地点根据各自的职能进行业务经办，实现了对应窗口处理、集约处理、大量集中处理。这种自上而下、层层递进补充的养老金管理结构，很好地形成了结构完整、权益自清的管理体制，每一层的业务处理部门也都能依法依规处理事务，很好地避免了因职责交叉、职权模糊而形成的灰色地带。

日本养老金机构的运营经费源自政府拨付的运营费交付金，主要由一般税收收入、企事业单位和个人缴纳的保险费两部分组成。该机构受厚生劳动大臣委托，承担养老金相关运营业务。该机构的理念是顾客至上，开展业务运营并制定相应的经营方针及人事方针。由于其经办服务体制存在一些问题，日本尝试和创新了多种内部管理机制、技术和手段，改善养老金经办服务质量，确立了养老金经办机构服务高效、人性化的良好社会形象。另外，日本政府还设立了日本养老金机构的第三方监督机构，即日本养老金机构评价部会和运营评议会。为了把民间企业经营管理方面的经验反映到机构业务运营中，该机构常设民间非常勤理事。日本养老金机构对参保人、养老金领取人、企事业单位提供服务并倾听来自国民的声音，向厚生劳动省提出有助于业务改善的制度改革要求；厚生劳动省则对日本养老金机构进行目标设定、业务评价，对其业务改善提供援助，进行实施监查并作出业务改善指示。政府主管部门对其行政监督，增强了其运作独立性，厚生劳动省、参保单位和个人、养老金机构形成了一个三角封闭环（见图 8-3），很好地消化了经办过程中的信息离差，弱化了经办过程中目标缺失、业绩低下、业务能力欠缺、国民信息接收源单一的问题，国民参保不仅受厚生劳动省的支持保障，养老金机构也有义务向参保群体及单位说明业务流程，改善服务内容。对于养老金业务的改善意见，既可以由日本养老金机构向厚生劳动省提出有关业务改善的制度改革要求，同时厚生劳动省还接受市町村、商工会所等的改善方案，听取国民对于养老金制度运营过程中的意见。厚生劳动省会根据以上指导意见出台养老金管理的改善指示，设定养老金运营的业务目标，并在此过程中提供业务改善援助和监察，并对日本养老金机构的整体业绩作出评价，借此敦促养老金制度的革新和服务改善。图 8-3 所示为日本养老金经办服务管理体制示意图。

日本公共养老保险

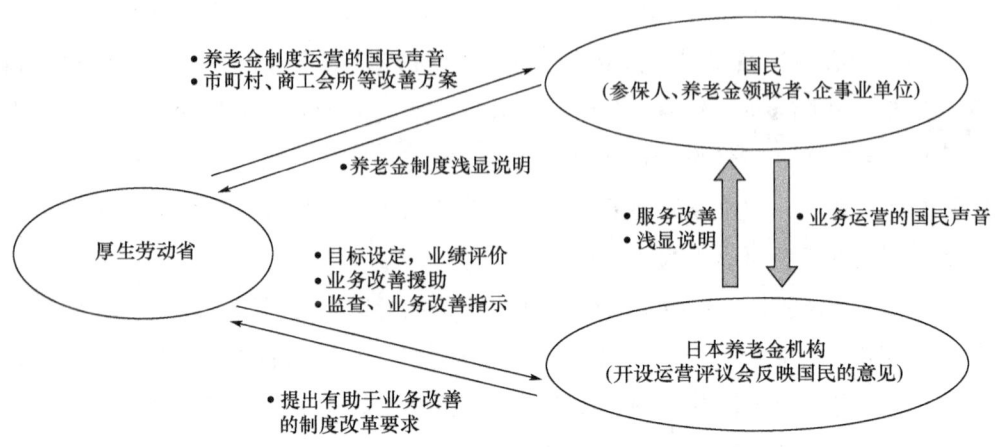

图 8-3　日本养老金经办服务管理体制

资料来源：日本厚生劳动省官网 https://www.cas.go.jp/jp/seisaku/nenkin/dai22/siryou2.pdf.

二、养老金经办服务体系及特点

日本养老金机构通过制定明确的业务实施相关流程、判断基准等业务处理要领，推进业务处理标准化，提升经办服务质量。另外，除事务中心及养老金事务所以外，全国还设置了75个街角养老金咨询中心。养老金咨询中心由全国社会保险劳务士联合会运营，开展养老金咨询、养老金给付申请及各种手续变更、养老金手账证书补发等业务。为了方便国民养老金咨询，养老金事务所与养老金咨询中心积极致力于缩短窗口等待时间，提高养老金热线应答率的服务质量，通过各种研修提高养老金咨询负责人的业务水平，窗口等待时间通常控制在30分钟以内。全国设有养老金热线中心3处，应答率超过80%。另外，基于地域需求，与社会保险劳务士联合会等协作，在市町村办公楼及商工会议所等地实施现场咨询服务，国民不仅可在线上通过浏览日本养老金机构的官方网站了解有关养老金经办的政策规定，又能通过实地到访养老金事务所和养老金咨询中心了解业务经办的具体流程，当然国民还可以通过拨打第一、第二、第三电话中心的办事电话，通过来电咨询的方式询问参保缴费的具体业务内容，从实地来访、电话咨询到网络咨询，养老金事务所提供了从线上到线下、事无巨细的问询方式，很好地保障了国民的知情权并解决了国民在业务经办过程中的疑问和信息不对称问题。国民养老金是养老金中最基础的重要组成部分，领取国民养老金与每一个参保者的日常生活息息相关，所以提供多种咨询途径、切实保障国民的问询权在经办环节显得至关重要。图 8-4 所示为日本国民养老金咨询的简易示意图。

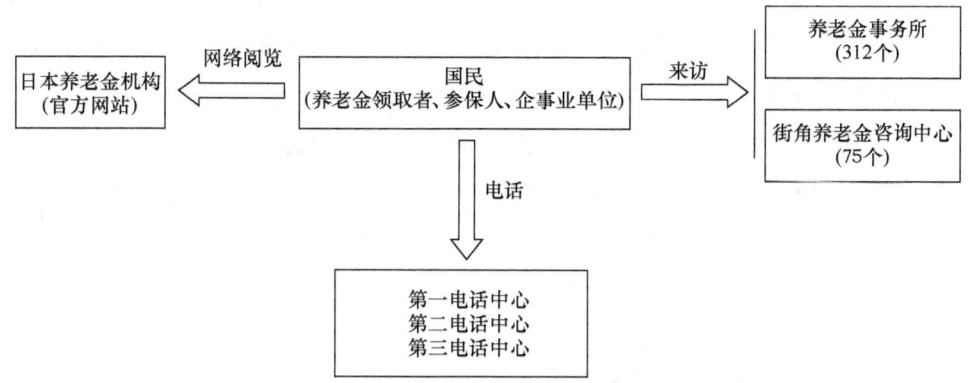

图 8-4　日本国民养老金咨询简易示意图

资料来源：日本养老金机构官网 https：//www.nenkin.go.jp/info/torikumi/sasshin/project/gaiyou.html.

此外，日本养老金机构为了实现最终保险缴付率 70% 以上的目标，实施业务外包，推进市场化运营试点的进程。加强与市町村、相关行政机构、民间团体之间的协作，通过缴费催促、强制征收、促进缴费方式多样化等来强化保费收缴对策（如图 8-5 所示）。[①] 例如，为了增进国民对公共养老保险制度的理解，日本养老金机构以养老金事务所为主体，与学校、都道府县或市町村的教育委员会、全国社会保险劳务士联合会等相关机构紧密协作，在大学等教育机构、企业或自治体、商业设施、公共设施、就业援助中心等地积极开展养老金宣传活动。养老金机构还制作、出版面向年轻人的各种养老金制度宣传资料，在全国 5 万家便利店中张贴海报等。另外，养老金事务所与大学协作共同推进面向学生的特例保险缴纳工作，与民间企业及事业团体等合作促进保险缴纳方式的多元化、经办服务

---

①　肖明. 社保经办机构"小马拉大车"社科院建议升格为管理总局［EB/OL］. 2013-12-13. http：//finance.ifeng.com/a/20131213/11268719_0.shtml.

高效化。而与市町村协作，通过灵活运用居民基本台账网络信息，精简各种申报程序等来提升服务的便捷性。养老金事务所通过与相关行政机构、民间团体、市町村展开密切合作，在保险费的收缴、保险事务的宣传、特殊人群缴纳特例保险等活动方面都取得了很大进展。市町村作为国家的基层行政单位，通过灵活运用居民基本台账网络信息精简各种申报程序，各方组织机构通力并行，不论在信息宣传还是办事程序上，都很好地利用了彼此社会角色下的资源优势和身份，基于社会角色有序开展养老金的经办业务，而厚生劳动省（地方厚生局）作为不同地区间的联结点，以高于基层业务办理的领导视野，加强地域间的互联互通，结合不同地区出现的经办问题，统领共性、针对个性，解决养老金制度层面的问题，图 8-5 所示为日本养老金经办服务体系的示意图。

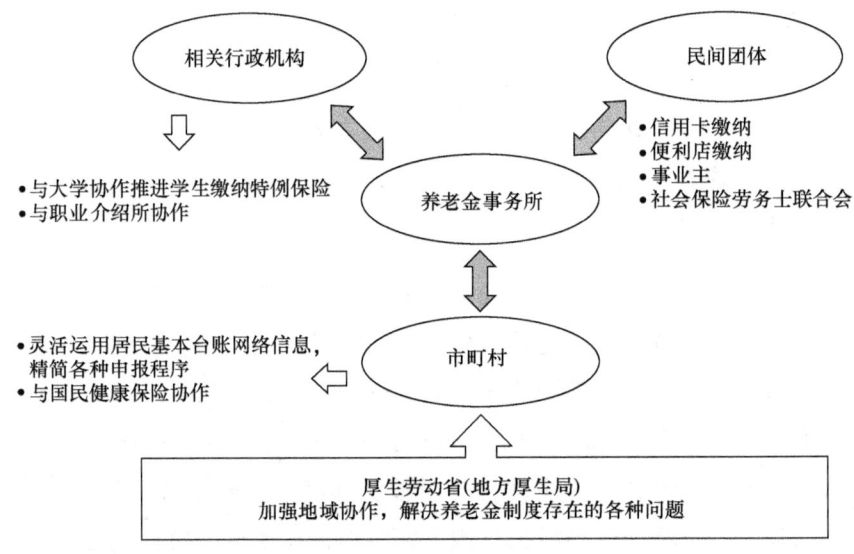

图 8-5 日本养老金经办服务体系

资料来源：日本厚生劳动省官网 https：//www.cas.go.jp/jp/seisaku/nenkin/dai22/siryou2.pdf。

为了提升顾客满意度，养老金机构总部开展实施了"顾客满意度指导者研修"，地区总部实施"顾客满意度区域研修"。还特设以老年痴呆症为对象的"认知症支援研修"。在防止事务处理失误方面，面向养老金事务所及养老金事务中心的代表开展"事务处理品质提升研修"等。另外，该机构委托日本 IBM

等知名公司开发面向机构职员的通信研修系统,对养老金事务所的员工及派遣至全国各地的职员进行国民养老金法、厚生养老金保险法等各种法律、养老金制度的教育以及征收业务,养老金额计算、养老金商谈技能等公共养老金业务的必要的培训,使养老金事务所员工的信息化管理服务能力和水平得到极大的改善和提高。通信研修系统会根据各地经办的工作需要,增补业务模块,尽快完善和优化信息系统,保证养老金事务所的员工准确了解当前的养老金业务流程和相关法律规章,在经办过程中能很好地解答参保人员的业务疑问,加快经办管理的效率,进一步提升经办管理的质量和顾客满意度。养老金机构总部实施的"顾客满意度指导者研修"和地区总部实施的"顾客满意度区域研修"以及"事务处理品质提升研修"等活动的开展,将提升顾客满意度放在了一个至关重要的位置,也让经办管理目标有了具体的指向,养老金事务所员工的业绩和工作态度会有极大的提升动力。

第二节　养老金经办管理服务的教训及对策

一、经办管理出现的问题

(一)养老金记录丢失

日本养老金经办服务管理体制的发展并非一帆风顺,毫无漏洞。1996 年之前,日本国民加入的养老金种类繁多,如国民养老金、厚生养老金以及共济养老金等。① 这样,一个人往往可能拥有多个养老金账号。在参保人工作调动或者结婚的时候,养老金账号就可能发生变更,管理起来非常复杂,且效率极差。1979 年至 1989 年,社会保险厅曾对所有纸质记录实施了电子数据化。在此过程中,由于日本人的姓名中使用的汉字有多种读音,因此在录入的过程中,参保人姓名有可能出现错误,致使后来按照姓名核对时出现很多不一致的记录。加之过去加

---

① 赵秀斋. 日本年金经办服务体系的启示. [N]. 中国劳动保障报,2014-05-13.

日本公共养老保险

入厚生养老保险的手续不严密，有的人不需提供任何身份证明便可轻而易举地申请加入，甚至还有人谎报年龄就业以后加入养老保险。日本于1997年1月开始实施基础养老金账号制度，对当时在姓名、出生年月日、性别和住所等方面相一致的各种养老金账号进行了统一，实行每人一个账号，交由社会保险厅进行统一管理。而那些当时对应不上的养老金账号至今也未合成一个账号，成了"浮于空中的记录"。2007年5月，多达5 095万份的养老金记录在社会保险厅无法查证的事件被曝光，很多已经缴纳了保险费的日本国民无法按期领取养老金。此事对于身处少子老龄化社会的日本人而言，无异于晴天霹雳，成为备受关注的社会问题，也让国民对政府养老金管理能力提出了质疑。养老金记录关乎未来领取多少养老金，养老金记录遗失、错记、无人匹配会对之后的养老金给付形成巨大阻力和障碍。问题的突然曝光，让日本国民一片哗然。

负责对养老金进行管理的社会保险厅作为政府主管部门自然难逃干系，日本政府积极采取以下应对措施恢复国民信任。首先，成立独立于政府的国民养老金专门委员会，监督国民养老金缴费记录活动，并着手制定涉及国民养老金缴费记录丢失人群的养老金申领支付标准。其次，修改国民养老保险法，设立新的运营养老金业务的机构即日本养老金机构，负责征缴国民养老金的保险费，并有责任保留保险费的缴费记录及其他相关工作，提高工作绩效。最后，制定第二项法律，规定由于社会保险厅的缴费记录保管错误而导致的退休人员无法享受的保险待遇，相关人员可允许事后补救性的申领。这份法律将废除以前关于申领待遇5年限制期的法律规定。尽管事后补救申领的政策很好地安抚了国民的情绪，但如何尽快补上养老金管理工作的缺漏，进一步修正经办程序，保证国民保险缴费记录的完整，还需要在多方面对经办程序进行修正和补充。

为了解决记录丢失问题，日本养老金经办部门利用"养老金特别住宅快递"向个人邮寄养老金记录表，并由本人确认养老金的记录是否有误差，从而进行对照以及统一工作。同时，也可对照电子版记录表和纸质记录表内容是否一致。截至2016年3月，日本养老金经办部门已经解决了约3 110万件，需要进行统一工作和正在进行调查中的约有1 985万件。

上述的1 985万件记录因未能找到失主，无法统一记录。因此，政府与国民每一个人密切合作,争取解决更多的未统一记录,而个人的申报将成为此项工作的主导。为了能让个人积极地申报养老金情况,首先应利用"养老金定期信函"直接将申报请求发给各家各户,让个人确认自己的养老金情况并及时上报。[①] 尤其是对那些觉得自己养老金记录和养老金额有问题的人,可以及时申请确认。其次,在养老金网上公布未找到失主的养老金记录一览表,让大家认领。同时,简化养老金网并改善其功能,通过媒体宣传等手段让更多人可以简单轻松地利用该网站。日本政府从线下寄送"养老金定期信函"到线上发布未认领的养老金记录一览表,积极找寻养老金失主,匹配养老金信息,同时发动个人力量,催促国民积极申报养老金情况,让个人主动认领养老金的方式,不仅事半功倍,减轻很多劳力与时间成本,也加快了记录认领的过程。

（二）黑客攻击导致日本养老金机构个人隐私信息泄露案件

关于 2015 年发生的日本养老金机构个人隐私信息泄露案件,其性质虽然为罕见的有组织的攻击行为,但是,对于此问题的防备工作,不只是日本养老金机构,甚至是厚生劳动省也极其脆弱。为了对此进行反省并吸取教训,日本从组织、人事以及业务等本质上改善原先的零防卫状态。另外,将重新塑造日本养老金机构和厚生劳动省的主次关系,并加强对机构的联络和监管。日本养老金机构在应对养老金记录丢失、个人隐私信息泄露等社会不安全事件上,也陆续出台和建立了相应的对策和应对机制。

二、应对策略

（一）养老金记录丢失应对对策

首先,加强个人信息的确认。虽然国家方面的管理很重要,但是绝对不能忽视随时让个人确认自己养老金记录情况的重要性。因此从 2009 年 4 月开始,在每年每个人的生日到来之时,日本政府会给每个人邮寄"养老金定期信函",以便于个人确认。[②] 同时,在受益人 35 岁、45 岁、59 岁时邮寄个人养老金的统计

---

① 齐传钧. 主权养老基金治理难题探析——基于剩余索取权人利益最大化的视角社会［J］. 保障研究,2019（2）:21-29. 225.

② 杨燕绥. 社会保障经办机构能力建设研究［J］. 天津社会保险,2011（2）:71.

详情，以求得个人确定。其次，通过"养老金网"等互联网手段，让个人24小时随时可以查看自己的养老金记录情况，以防漏记、错记等情况的发生。"养老金网"的注册人数已经达到418万人①，今后将继续扩大关于养老金记录确认问题的宣传。每个人不同年龄阶段的长期核实再加上借用网络手段，个人可以随时查看养老金记录情况，这样既双重保障了养老金记录的准确性，同时又降低了养老金记录出错的可能性。

其次，创办养老金记录更正手续流程。根据应对养老金记录问题的经验，日本政府新颁布养老金记录问题更正手续的法案。此法案在2014年6月4日颁布，自2015年3月开始实施。如果发现养老金记录有问题，个人可以申请养老金更正。到2016年1月为止，共有6 900件申诉请求，其中有3 300件记录被更正。养老金记录问题更正手续法案的及时出台，让人们更加关注养老金记录确认的问题，个人介入养老金信息的核实与监管，也让民众对于养老金监管更有信心，挽回了后期领取阶段的错误成本，很好地避免了因信息录入造成的社会不公平问题。养老金记录问题更正手续虽然给养老金管理工作又增加了一环任务，但对于日后领取金额正确的养老金至关重要，同时将民众的检视纳入监管环节，能很好地回应民众的疑问，也使民众更加坚信养老金记录的正确性，放心地将养老金交于政府管理。

（二）个人隐私信息泄露案件的对策

1. 厚生劳动省的对策

为了调查日本养老金机构个人隐私情报泄露的事实，聘请来的外部专业人士成立了"日本养老金机构由于黑客攻击导致个人隐私情报泄露案件检证委员会"，并于2015年8月21日整理出了检查报告书。同年9月11日，日本官方长官根据此事件，对厚生劳动大臣提出了防止该类事件再次发生的意见。意见中的具体改善方案如下：①重新编辑信息系统以及防护系统，强化指挥中心对突发事件的及时应对，提高专业性；②加强职员个人对信息防卫系统的应用，强化训练，配置常务外聘专家，确保相关人才常驻；③加强事件发生后各部门间的联络

---

① 中野淳太郎. 养老金记录问题等现状和课题 [J]. 周刊社会保障，2016 (3): 80-83.

秩序以及上报意识，明确联络体制和个人责任；④在不能完全防御外界攻击的前提下，建立即使受到攻击，也要将损失降到最低的多重信息防御体制。另外，厚生劳动大臣针对日本养老金机构下达命令，加强组织的一体化管理，加强内部统御，从根本上加强并重新审视对于个人隐私信息以及情报泄露的态度，加强对日本养老金机构的监管、信息和联络的实时共享等。以上措施都为进一步降低信息泄露风险，提高防御机制，重建国民信心作出了具体指示。

此次日本养老金机构由于黑客攻击导致个人隐私信息泄露的社会事件虽然产生了一定的负面影响，失去了国民的信任，但是也让日本养老金机构对于信息安全的保护及对外界攻击的防御有了充分的警觉意识，更加注重防护系统的建设，加强对突发安全事件的处理能力，在指挥中心的应对能力、各部门的联络、信息防御体制的完善和养老金机构的监管上都有了进一步的提升。

2. 日本养老金机构的对策

日本养老金机构方面，开设了针对受害者的热线窗口，发送致歉函，将受害者的养老金号更换为新的号码以防二次受害。另外，在上面的报告中指出了该机构的问题：组织整体化不足，不遵守规章制度，组织纪律不够严明等。因此为了从零基础开始改善组织纪律，日本养老金机构于2015年10月1日，以理事长为首，成立了"日本养老金机构再生本部"。该部门不仅仅是针对于信息问题的防卫，而是从加强组织纪律，强化组织内部系统结构，以及对于个人隐私信息的看法上，都给出彻底的改革方案。具体方案如下：①取消上下级制度，将本部和现场结合为一体，构建一个有效率、有组织的执行机构；②进行人事制度改革，采取能让职员有梦想、有工作积极性的人事管理方式；③彻底施行业务合理化、效率化的工作方式改革；④信息意识的根本改革，搭建监视管理平台，加强本部和现场的信息共享，加强与厚生劳动省的信息共享。可以看出，日本养老金机构主要从组织结构、人员激励、业务精简和信息监管与共享等方面进行改革和防卫，加强业务人员对于信息监管和保密的防御意识，降低整体组织的阶级意识，将组织结构扁平化，从个人工作意识层面，加强员工对于信息安全的重视程度，织好基层防御的密网。谨防个人信息泄露事件再度发生。

日本养老金机构于2016年起，施行了3年强化工作体系，不断进行组织改革。厚生劳动省加强了对日本养老金机构的监管，防止再次发生信息泄露，并尽力挽回国民的信任。养老金事关成千上万百姓的基本生活用度，严防个人信息泄露不仅是日本养老金机构的首要任务，也是厚生劳动省未来工作目标的指向所在。

(三) 社会保障、税收个人编号制度的导入

2016年1月起，日本实施了社会保障，税收个人编号制度。拥有居民票的每一个人拥有一个12位数字的号码，这是实现行政效率化、提高国民便利性以及实现公平公正社会的根基所在。其目的是防止社会保险的不正当领取，实现公平公正的社会，精简提交材料等提升国民方便性，减少重复性行政作业，实现行政效率化。在社会保障领域和税收领域以及灾害对应等领域可以充分发挥个人编号制度。个人编号制度的引入，不仅对个人而且对经办机构都有很多益处。个人编号制度的优点如下。

1. 公平公正社会的实现

为了把握个人收入以及接受其他行政服务的状态，防止不该减免的却申请了减免，防止不正当给付以及骗保行为发生，同时对那些确实困难的人进行细致入微的帮助，"一人一号"的有效实施，不仅有效保证了养老金领取的准确性，也杜绝了冒领、错领等损害受益人利益的不良事件。养老金的管理不论是在早期的征收环节，还是之后的领取阶段，个人参保缴费的信息录入与及时追踪都是十分重要的，参保缴费情况、基金收缴情况、参保人员的生存状态以及待遇领取情况，都需要经办人员仔细地对照核实，动态数据的录入与再次矫正对正确记录参保状况都至关重要，而"一人一号"很好地解决了日本重名重姓的问题，将编号作为是否参保、是否缴纳保险费、是否领取保险金的标准与依据，既方便了信息录入，也很好地保证了缴纳及领取养老金的精确度，严防待遇领取的不公正问题，最大限度地实现了养老金管理的科学化、规范化与数字化。

2. 行政的效率化

为了大幅削减行政机关和地方公共团体对各种信息的对照、过账、录入等所需要的时间和人力物力，加强各种业务工作部门之间的合作，削减工作的重复和浪费等，这种"一人一号"的新型经办服务方式，降低了个人信息录入的容错率，大大简化了养老金业务办理的流程，让信息的核对和更正也更直观和便利，

省去了单靠姓名、住址等文字信息的重复核对；通过个人编号与姓名、住所、户籍等附加信息的双重核实，既保证了信息对照、过账、录入的正确率，又加快了电子化行政办公的效率，降低了错误信息录入的风险。① 简化行政手续，加快行政办事效率是每一个政府门户业务部门都应该努力做到的，让百姓减少等待的时间，在规定时间内高质量地完成业务办理，保证信息正确有效，对于养老金的经办管理至关重要。保险费的收缴，时间跨度大、历经年限长，期间可能因经济状况和个人收入情况，需要不定期变更收缴金额，更正个人就业期间的收入情况，所以提高行政手续效率，保证业务完成的精确度，准确记录核实相关信息对于养老金的经办管理至关重要，当然也能很好地提高顾客的满意度，提升民众对政府的信任度和好感度，无论从经济层面考虑，还是从社会层面考虑，行政效率的提高对于政府和民众都是有百利而无一害。

3. 国民办理事务的便利性的提高

削减各种补充材料，简化行政手续，减轻国民的负担。行政机关既可以拥有自己的信息，也可以接受其他行政机关各种各样的服务通知。② 例如，在导入个人编号制度之前，为了确认该人是不是福利服务和社会保险费减免对象等，要在国家的行政机关和地方公共团体之间进行复杂的信息交换。但是，由于各种机构分别掌管居民票（相当于户籍）编码、基础养老金编号、医疗保险参保人编号等，要了解个人姓名、地址等个人的特定信息，就要与掌握各种个人信息的各种机构进行信息交换，花费大量的时间和人力、物力。如今，在社会保障、税收、灾害对策三个领域，引进三个领域通用的共通编号，可以准确而迅速地确定个人特定身份。如此，可以实现行政的效率化、提高国民的便利性，进一步实现公平、公正的税收、社会保障制度。整合不同业务部门共同使用的信息，能极大地降低不同业务部门的沟通成本和交换信息成本，简化经办业务流程。共通编号的使用，大大提高了行政机关的办事效率，加快了审批和报送流程，无须国家行政机关和地方公共团体之间进行信息交换，就能尽快办理保险费的收缴和领取工作，缩短了国民等待审理的时间，提高了国民办理事务的便利性。

---

① 吕学静. 日本社会保障制度 [M]. 北京：经济管理出版社，2000.
② 胡晓义. 社会保险经办管理 [M]. 北京：中国劳动社会保障出版社，2011.

第三节　提高经办管理水平的主要做法

一、经办机构的独立性和效率性

2010年之前，日本的养老金经办服务由厚生劳动省的社会保险厅负责。但社会保险厅在经办过程中，出现了许多问题。例如，渎职事件、侵吞养老金、贪污受贿、养老金冒领事件、个人信息泄露事件、养老金记录丢失事件、不正当的保险费减免事件（2006年5月达222 587件）、随意减少养老金滞纳金额度达6 800万日元（2007年8月）、养老金基金的流用（用于职员宿舍改造、公车更换、接待费、设施费、娱乐活动以及职工福利待遇改善等），以及接受地方和民间企业的招待等问题。这些问题的发生，引起了国民的不满和愤怒。国家不得不着手改革养老金经办的服务与管理体制，处分了525名社会保险厅的公务员。[①] 这些被处分的公务员没有被新设立的日本养老金机构所任用，成为了失业者。公务员失业的事情在日本是很少见的，由此也引起轩然大波。2010年，日本废除社会保险厅，原社会保险厅的业务分为两大部分，分别由两个新的机构承担：一个是日本养老金机构，负责基本养老保险的运营工作；另一个是全国健康保险协会，负责健康保险工作。[②]

日本养老金机构也录用了原社会保险厅的职员，但由于不是公务员，在用人制度上有更大的自由裁量权。日本养老金机构与原社会保险厅相比发生了以下变化。首先是"职工"的变化。日本养老金机构的职员已经不是公务员身份，而是一般企业的职员了。职工待遇要基于其能力和实际业绩来决定，所以职员要进行彻彻底底的人事管理意识改革。这种用工制度很好地激发了工作过程中的优胜意识，让职

---

① 郑秉文. 中国社会保险经办服务体系的现状、问题及改革思路 [J]. 中国人口科学，2013年（6）：2-16+162.

② 李楠，姚慧琴. 日本企业年金制度的发展及对我国的启示 [J]. 西北大学学报（哲学社会科学版），2014，44（5）：25-32.

员开始重视实际工作能力的进步和业务绩效的提升,这种将"铁饭碗"式的用人形式变为市场竞争机制下优胜劣汰的流动用人形式,能更好地优化职员的素质能力,也能带动养老金机构整体的办公效率和敬业环境。其次是"服务"的改变。服务中要用亲切易懂的语言来通知个人,用电话咨询和互联网的信息提供等手段,提高服务质量。不仅在信息咨询方式上紧跟时代潮流,提供多元的查询手段,在服务态度上也是秉承着细心、耐心、周到的服务精神,为国民提供亲切热情的服务感受。最后是"工作方法"的改变。日本养老金机构更新了老式的电脑系统,实施各种确认检查结构、事务处理的集约化,业务外部委托等,各种措施的合理化和效率化,极大地提升了经办效率和质量。经办管理牵涉诸多参保人员重要信息的储存、记录、更正和核实,所以实行电子化办公,定期更新升级信息系统和集成网络,不仅能实现高效率办公,更进一步保障了信息安全和集成化处理。各种确认检查程序的追加和集约化信息处理手段的运用,精进了办公程序,完善了服务内容,缩短了办公时间,更关键的是让整个经办过程都能稳步推进,不同于纸质办公和传统电脑操作,新型信息系统的使用极大地利好于日本养老金机构工作的顺利开展。

二、经办管理的系统性和规范性

公共养老金最重要的是其适用范围、支付标准、参保费用基准、记录的管理、工作人员的教育、信息的公开等内容,需要系统地把这些环节统一并规范起来。日本养老金经办管理服务改革过程中,始终贯彻系统性和规范性原则。首先,经办机构的体系从中央到地方都有一套完整的功能定位和职能划分,政府、机构和个人之间有一个牢固的网络和纽带相连接。政府随时倾听国民的心声,国民也随时随地可以咨询各种相关信息、反映问题。同时,加强基层工作机制,把工作重心放在"最后一公里"。还加强同其他部门和企业、学校的合作,整合社会力量,借力助推养老金事业发展。整个养老金事业形成一个良性循环网。整个网络依靠网络平台、电话和养老金咨询中心等多种手段支撑。养老金事业将行政机关、金融机构、高校等组织单位联结在一起,多角色、多形式、多组合的方式形成养老金业务经办链条,将服务终端下沉到基层组织单位,信息链自下而上集中处理和记录,这种弹性而多元的网状集合体,既能发挥身处网络中的每一个组织单位的优势长处,最大化放大各自的优势，又能将其紧紧联合，形成一个闭合单位体，一方面做到信息的互联共通，另一方面防御信息泄露，保证信息自收集到记录的全过程安全。①

日本诸多公共事业的建设，政府基本都采取集中力量办事业的方式，由上到下的管理链条再配合不同组织的合力参与，发挥不同组织的社会力量，将业务内容尽可能延伸进社区、农村等生活区域，极大方便了国民咨询信息和办理公共事务，也能很好地收集参保人在经办过程中的意见和建议，进一步优化办公程序，提高服务水平，改进服务态度，让国民在良好的环境中得到满意的公共服务。②

三、经办服务的人性化和便捷化

政府的养老金服务能力是指在政策执行过程中，政府拥有的政策执行、传递服务、为政策制定者提供政策建议的永久性行政能力。它是通过资源配置、部门监管、公民参与等方式，提高养老保险经办机构服务水平，满足养老金加入者的需求，加强社会组织的监督，最终保障政策有效实施的行政能力。③ 日本养老金经办服务非常人性化和便捷化，比如定期给每个人邮寄信件，告知每个人的养老金信息，以便个人核对，及时纠正错误。另外，在公共场所设置养老金咨询中心，参保人购物的同时，也可以把自己的养老金事务问清楚，非常方便。政府积极主动地联系参保人，递送暖心服务，赢得信任，同时，也依靠网络，方便参保人查询。还有电话24小时服务热线等，也让参保人感觉到政府很关心他们的老年经济保障问题。养老金是百姓的养命钱，百姓重视，政府就不能忽视。养老金经办工作多具有时间线长、信息资料多、涉及人群广、服务站点多、服务内容多等特点，中间繁杂的工作任务很容易出现漏报、瞒报、漏缴、断缴的情况，所以经办工作需要细致入微。

四、末端服务的政府购买和市场化运营

日本重视末端最后一公里的服务递送，为了提高递送效率，采取政府购买服

---

① 华迎放. 参保对象成为"上帝"经办服务频出新招 [N]. 中国劳动保障报，2010-12-07.
② 李三秀. 日本养老基金 GPIF 改革启示 [J]. 中国财政，2017（20）：72-73.
③ 郭鹏. 日本企业年金制度的演变及挑战：兼论对中国的启示 [J]. 金融评论，2017，9（02）：92-104，126.

务的形式,把末端业务外包给各种组织、机构和企业。[1] 这些都是直接与老百姓生活对接的地方,例如与分散在全国的便利店对接,进行宣传和服务。

五、社会保障和税收的一体化改革

为了准确掌握个人的收入信息等,公平公正地实施社会保障,也为了提高行政效率和国民办理事务的便利性,日本从 2016 年开始,实施社会保障和税收的一体化改革。

一体化改革能最大限度地减少行政部门之间的信息不对称,整合利用个人信息,缩小信息冗余和沉淀,减少了不必要的经办环节,大大提升了经办效率,让社会保险费的收缴和养老金发放程序更加科学、合理。社会保险缴费基数与个人收入直接挂钩,税收制度也应与社会保险缴费对应形成通力合作机制,保证保险费用的实时征收、按期征收,避免缴费期间无故中断、漏缴的情况发生。费税一体不仅能极大简化征缴程序,也能避免同一信息在不同部门的冗余累次使用,统一个人收入等相关信息源,降低错误信息的流通率;不仅在信息利用上极大提高了效率,还简化了征缴流程,保证了税费征收的强制性和公平度。

六、问题处理的及时性和预防性

日本养老金经办也出现了很多问题,但日本经办机构能够及时应对,其不仅设立专门机构来应对,还出台了一系列法律法规,为问题解决保驾护航[2],并聘请专家有针对性地解决问题。另外,为了防止问题的再次发生,也出台了一系列对策,保证以后不发生同样问题,把事前预防和事后处理做到位。

经办管理应配置相应的应急管理系统,预防信息泄露、黑客攻击等突发性不良事件,最大程度地维护参保者的信息安全和资金安全。社会保障养老金经办系统是政府管理养老金运营管理的排头部门,也是直接面对参保者的门户部门,做好相关的应急管理,对于维护国民信任度和保证较高的参保率至关重要。

---

[1] 张伊丽. 日本公共养老基金的投资运营研究 [J]. 现代日本经济,2017,36(4):10-20.
[2] 赵秀斋. 日本养老金经办服务体系的启示 [N]. 北京:中国劳动保障报,2014-05-13.

七、有针对性、系统性的人才培养

日本始终重视社会保障经办人才的培养。不仅有系统性的人才培养计划，也建立社会保险大学校做后盾，来落实人才培养计划。[①] 同时，为了提高养老金服务经办的效率，还注重专项培训和国民满意度培训，让每个工作人员的服务都能让老百姓满意。

日本有一套完整的人才培养体系。表8-1和表8-2分别总结了分职务级别和分业务内容级别的培训计划。

表8-1　　日本养老保险工作人员分职务级别培训计划

	名称	对象	培训天数
分职务级别的培训	新参加工作人员的培训	新参加工作的职工	10天
	一般职工培训	工作后3年的一般职工	17天
	骨干职工专业业务培训 — 基本课程	具备社会保险工作七年业务经验的职工	各11天
	骨干职工专业业务培训 — 适用医疗支付业务课程	健康保险AE厚生年金保险的适用以及医疗给付的业务人员	
	骨干职工专业业务培训 — 征收业务课程	承担年金征收工作的业务人员	
	骨干职工专业业务培训 — 年金支付业务课程	承担年金给付的业务人员	
	骨干职工专业业务培训 — 国民年金适用收纳业务课程	承担年金给付的业务人员	
	中层监督培训	首次晋升为社会保险事务局处长或社会保险事务所科长的职员	4天
	管理者培训	首次晋升为社会保险事务所所长的职员	3天

资料来源：根据《社会保険大学校における職員研修の概要》整理。

表8-2　　日本养老保险工作人员分业务内容级别培训计划

	名称	对象	培训天数
分业务内容的培训	国民年金保险费征收业务培训	该项业务负责人 业务经验10年以上	各3~4天
	国民年金保险费征收业务培训（应用课程）		
	征收业务培训（健康保险、厚生年金保险）		

---

① 毛慧红，戴维周. 日本企业年金制度及其对我国的启示 [J]. 日本研究，2004（14）：32-36.

续表

名称		对象	培训天数
分业务内容的培训	保险费特别征收专业干部培训（负责健康保险、厚生年金保险）		
	社会保险调查干部培训		
	年金咨询总括事务培训		
	健康保险支付事务培训		
	人事事务培训		
	人才培养促进者的培训		
	会计事务培训		
	医疗事务培训		
	社会保险监察干部培训		

资料来源：根据《社会保険大学校における職員研修の概要》整理。

另外，从培养科目来看，分职务级别的培训的内容主要有以下几个方面。

（1）新参加工作人员的培训

新参加工作人员培训主要科目参见表8-3。

表8-3　日本养老保险相关工作人员新参加工作人员的培训科目

分类	科目
基础科目	社会保障概论、公共养老保险的意义·作用
	国民养老保险制度（适用·给付）
	厚生养老保险制度（给付）
	健康保险·厚生养老保险制度（适用·收缴）
	健康保险制度（给付）
相关科目	公务员·社会保险工作人员的伦理（包括遵纪守法）
	个人信息保护
	接待（基本礼仪）
	在线系统概要
	利用在线系统设备开展经办业务的概要
	工作单位中的人际关系和沟通
测试	理解程度测试

资料来源：根据《社会保険大学校における職員研修の概要》整理。

(2) 一般职工培训

一般职工培训主要科目参见表 8-4。

表 8-4　　　　　　日本养老保险一般职工的培训科目

分类	科目
专业科目	国民养老保险法 厚生养老保险法 健康保险法 财政・会计法
相关科目	国税征缴法 劳动标准法、劳动者灾害补偿保险法、雇佣保险法 国民健康保险法 老人保健法、介护保险法 个人信息保护 公务员伦理 接待
测试	理解程度测试

资料来源：根据《社会保险大学校における职员研修の概要》整理。

(3) 骨干职工专业业务培训

骨干职工专业业务培训主要科目参见表 8-5。

表 8-5　　　　　　日本养老保险骨干职工专业业务培训科目

分类	科目
基本课程	社会保险的现状与课题 高效的业务处理和问题的解决办法 公务员伦理・遵纪守法 接待
适用・医疗给付 业务课程	促进适用的现状与课题 对适用厚生养老保险的业务所调查时的关注点 促进未适用业务所的适用 医疗保险的现状与课题 医疗保险给付审核时的关注点

续表

分类	科目
征缴业务课程	民法（物权、债权） 国税征缴法、国税通则法 逾期缴纳处理及强制执行等手续调整的相关法律 票据法、支票法
养老金给付业务课程	养老保险制度的现状与课题 各种变更手续实务 养老金调整实务
国民养老保险适用·征缴业务课程	国民养老保险应用实务 保费征缴实务 民法（物权、债权） 国民征税法 从国民健康保险、市町村居民税中学习收缴业务
	演练（个人、团体、全体发表） 交换意见、个人研究（制作报告）

资料来源：根据《社会保険大学校における職員研修の概要》整理。

（4）中层监督培训

中层监督培训主要科目有：社会保险的现状与课题、国家公务员伦理、个人信息保护、接待指导、中层监督的作用、培训人员集体讨论（根据不同业务交换意见）、个人研究（制作报告）。

（5）管理人员培训

管理人员培训主要科目有：管理、领导论、接待（服务顾客论）、作为所长的作用、培训人员集体讨论、个人研究（制作报告）。

第九章　日本公共养老保险制度的主要问题与改革方向[①]

公共养老保险制度是关系到国民基本生活的重要制度之一。日本政府主导创建的全民养老金体系自20世纪60年代开始经历了大大小小的变革，走过了近60年不断适应经济发展与人口结构变化的风风雨雨，为日本老年人的基本生活保障以及日本社会的稳定发展做出了积极的贡献。但是，由于经济增长的长期停滞，财政收入的大幅度减少，以及人口结构的超老龄化等原因，日本国民对于公共养老保险制度产生了种种的不安，担心是否能够领取到政府承诺的养老金。

此前的八章中，我们已经从制度的基本结构、历史变迁、筹资方式、给付政策、财政状况、基金运营、经办服务等多个方面对日本公共养老保险制度进行了具体介绍与分析。本章在总结以上章节内容的基础上，探讨日本现行制度中的主要问题与改革方向。由于篇幅所限，本章仅针对参保人、给付政策以及养老金缴税等方面的问题进行分析。希望通过迄今为止总结到的一些经验教训，介绍日本政府以及学者提出的各种改革思路与方向，为中国的养老保险制度改革提出一些建设性意见。

---

① 本章内容主要参考了以下文献：吉原健二. わが国の公的年金制度 [M]. 東京：中央法規出版社，2004；吉原健二，畑満. 日本公的年金制度史 [M]. 東京：中央法規出版社，2016；横山和彦，田多英範. 日本社会保障の歴史 [M]. 東京：学文社，1995；石崎浩. 年金改革の基礎知識 [第二版] [M]. 東京：信山社，2016；日本年金学会. 持続可能な公的年金・企業年金 [M]. ぎょうせい，2006.

第九章　日本公共养老保险制度的主要问题与改革方向

第一节　参保人与保险费征缴的问题与改革方向

一、"空洞化"问题

（一）什么是空洞化问题

日本的国民养老保险法明确规定，所有在日本居住年满 20 周岁以上 60 周岁以下的人员都必须加入国民养老保险。所以，政府对符合上述条件的居民的参保要求具有法律效力。

但是，在实际的参保和保险费征缴工作中，对于个体工商户、农民以及无业人员等国民养老保险的 1 号参保人，采用的是自主缴费的征缴原则，所以这一部分人群中存在不参保、不缴纳保险费的现象。这就是所谓的国民养老保险的空洞化现象。一般来说，因为企业职工以及公务员等国民养老保险 2 号参保人（厚生养老保险参保人）的保险费征缴采用从工资中扣缴的方式，所以 2 号参保人群中基本上没有不参保或者是逃避缴费的现象。不过，从 20 世纪 90 年代后期开始，由于经济的长期停滞，企业经营业绩恶化等原因，一些职工数量较少的小微企业采取煽动职工自己参加国民养老保险、谎报休业整顿等手法，逃避企业应该承担的养老保险缴费责任。

所以，现实中不仅国民养老保险制度中存在空洞化现象，厚生养老保险制度中也有空洞化现象。表面上看空洞化现象是参保人没有加入理应加入的养老保险，属于参保人"流失"问题；实际上参保人的不参保、不缴费、拖延缴费等行为是直接导致养老保险财政出现空洞化问题的罪魁祸首。所以，养老保险财政的空洞化才是问题的关键。以下仅对国民养老保险制度中的空洞化问题加以简单阐述。

（二）空洞化的衡量指标

那么，空洞化是如何衡量的呢？空洞化问题到底有多么严重呢？日本媒体经常会以保险费缴纳率来衡量空洞化的程度。保险费缴纳率是一个容易产生误解的概念。该指数并不是指缴纳保险费人数占参保人总数的比例，而是指已缴纳保险费月数占需要缴纳保险费月数的比例。缴纳率的计算公式如下：

已缴纳保险费月数÷需要缴纳保险费月数×100

根据法律规定，保险费最长可以推迟2年缴纳，即2018年度（2018年4月—2019年3月）需要缴纳的保险费可以推迟到2020年度结束之前（2021年3月末）。所以上述公式不能准确反映该年度的缴费率。更重要的是，只要在该年度（包括2年延长期）内缴纳了一个月的保险费，该参保人就不会被认定为未缴纳人。所以保险费缴纳率并不能直接反映未参保人或未缴纳保险费人员的数量情况，但是却能准确反映养老保险的财政收入情况。

（三）空洞化带来的影响

2019年6月27日日本经济新闻的报道显示，2018年度国民养老保险的保险费缴纳率为68.1%，比2017年度增加了1.8%，实现了连续7年的改善。但是，如果把因为低收入而享受了保险费免除和缓缴等政策人员也加以计算的话，实际的缴纳率只有40.7%。①

20世纪90年代末到21世纪初期，日本媒体以保险费缴纳率过低为理由经常报道国民养老保险的空洞化问题。当时的保险费缴纳率由1996年的80%下降到60%的水准，造成大量年轻人对养老保险的不信任程度上升，2011年度达到最低点58.6%。②近年来由于政府加大了征缴力度，保险费缴纳率有所好转。但是通过2018年度的数据，不难看出空洞化带来的两大问题：①养老保险财政方面资金筹措困难；②由于保险费缴纳不足而导致低养老金、无养老金人群的出现和增加。

厚生劳动省一直在有意淡化空洞化问题的严重性。比如，厚生劳动省一直强调未参保人员和未缴纳保险费人员只占全体公共养老金参保对象的5%，不会动摇公共养老保险财政的稳定运营。然而，这一解释可信吗？确实，如果把未缴费人当中缴纳过保险费（哪怕只有一个月）的人从分子中排除，再把整个公共养老保险制度的参保人数而不仅仅是1号参保人数作为分母来计算未缴纳人比率，结果的确如厚生劳动省所言。

---

①② 国民年金、18年度の納付率68% 保険料の免除・猶予4割.[N/OL].日本経済新闻，(2019-06-27)[2020-11-16].https：//www.nikkei.com/article/DGXMZO46629330X20C19A6MM0000/#:~:text.

厚生劳动省反复强调，"现在未缴纳保险费人员的增加不会动摇公共养老保险财政，更不会造成制度崩溃"。其理由是未缴纳保险费人员增加会减少保险费收入，但是今后养老金按照缴费月数计发，所以少缴少拿、不缴不拿，整体财政收支影响不大。

由于有中央财政扶持国民养老保险财政，所以空洞化确实不会立刻导致养老财政崩溃。但是，参保人不缴费月数的增加与将来的低养老金、无养老金直接挂钩。可以想象将来会有大批老年人因为没有足够的养老金而去领取低保补助。而低保的资金来源完全依靠中央和地方财政提供，所以低保支出增加必然造成对国家财政的压力，财政压力的增加又必然会加大下一代的缴税负担，扩大代际不公平。

（四）空洞化的解决办法

厚生劳动省对于解决空洞化现象，主要采取了提高保险费征缴便利性、早期缴纳优惠等政策。前者包括增加了便利店缴费、信用卡缴费等业务，后者导入了银行账户转账优惠、一次性缴费优惠、早期缴费优惠等方式。

此外，2015年10月开始实施的参保年限短缩（由25年变为10年）的政策，以及个人编号制度（仍在完善中）等也是提高缴费意愿、加强征缴力度的有力举措。

二、女性的养老金问题

（一）专职主妇与1号、2号女性参保人之间的公平性问题

在众多关于养老保险制度问题的争论之中，女性参保人的养老金问题一直是大家关注的中心问题之一。该问题涉及方面较广，比如标准养老金给付水平的设计问题、遗属津贴的发放问题，以及离婚时的养老金分配问题等。其中，争论最为激烈的是国民养老保险3号参保人中专职主妇与1号、2号参保人中的女性参保人之间，在保险费负担与养老金给付方面的不平等待遇问题。[①]

---

① 2019年3月末，847万3号参保人中约有99%是专职主妇，11万人为男性被扶养配偶。因为3号参保人中也有少数男性，所以专职主妇与一般参保女性的不公平待遇问题实际上是3号参保人与1号、2号参保人之间的不公平待遇问题。

此前的章节中多次提到，在现行制度中，作为3号参保人的专职主妇无须个人缴纳保险费，但是65岁以后却可以正常领取基础养老金。从保险费负担层面来看，本应由专职主妇负担的保险费用表面上由拥有扶养义务的配偶以夫妇共同负担的名义缴纳，但是实际上是由包括在职女性参保人、在职单身男性参保人在内的所有2号参保人共同负担。从养老金给付层面来看，如果参保年限相同，专职主妇与1号、2号女性参保人所领取的基础养老金完全相同。这种由他人代替履行缴费义务而自己拥有领取养老金权利的方式，引发了以1号、2号女性参保人为首的来自各界人士的质疑。

（二）问题的导火线：1985年养老保险改革

1985年养老保险改革以前，关于专职主妇晚年养老金的发放方针是，丈夫领取的厚生养老金中包含了妻子的晚年生活保障资金，该部分资金以补充型养老金（日文为加给年金）形式一起计入丈夫名下的厚生养老金。专职主妇凭个人意愿选择是否加入国民养老保险，加入国民养老保险需要自己缴纳保险费。如此的制度设计产生了两个问题：①没有参加国民养老保险的专职主妇，一旦发生离婚等情况可能会因为没有养老金领取权而无法获得养老金收入；②参加国民养老保险的专职主妇既可以获得属于自己的养老金，其丈夫的厚生养老金中还附带妻子部分的补充型养老金，所以此类家庭的养老金收入大大高于一般家庭。

鉴于以上问题，为了确保专职主妇能拥有自己的养老金领取权利，1985年的养老保险改革把专职主妇划归为3号参保人，赋予其个人名义的基础养老金领取权利，当然前提条件是履行强制参保义务。但是由于考虑到专职主妇没有固定收入，所以不要求其个人承担保险费，而是由其丈夫所加入的厚生养老保险所有参保人集体承担缴纳保险费的义务。改革后夫妇二人可以领取的养老金金额与改革前几乎持平，形式则变为：丈夫领取基础养老金+老龄厚生养老金，妻子领取基础养老金。如上所述，专职主妇与1号、2号女性参保人之间的公平性问题起源于1985年的养老保险改革，并一直持续至今。

（三）双方各持己见、尚无良好对策

针对上述问题，批判方与拥护方各持己见，长期以来政府也尝试探讨过各种

第九章　日本公共养老保险制度的主要问题与改革方向

修改措施，但是始终没能拿出一个可行性方案。以在职女性参保人为主的批判方的主要意见如下所述。

（1）现行制度对专职主妇过于优待，破坏了养老保险制度的公平性。

（2）被扶养配偶（专职主妇）年收入低于130万日元的认定标准歪曲了劳动就业形式，同时妨碍了女性从事社会劳动的权利，缺乏中立性。

（3）专职主妇的丈夫有工资收入，部分专职主妇也有兼职收入，所以没有缴费能力之说不成立。

（4）1号参保人的妻子和母子家庭的母亲需要自己缴费的现实也体现了制度的不公平性。

（5）部分专职主妇自己选择了专职主妇的生活方式，却可以享受无须缴费即可领取基础养老金本身不合情理。

支持现行制度的意见如下所述。

（1）即使不参加工作，专职主妇也需要必要的养老金收入用来维持基本生活。

（2）现行制度以家庭为单位，所以保险费和养老金应该按家庭收入征缴和发放。

（3）为了照顾老人和孩子，专职主妇不得不放弃外出工作，所以收入有限，缴费困难。

（4）如果能够实现男女同工同酬的劳动就业体制，那么对于废除3号参保人制度的意见没有异议。但是在无法达到上述条件的现状下，仍然需要保持3号参保人制度。

（5）扩大厚生养老保险参保人范围，3号参保人自然减少。

（6）现行的医疗保险制度中也采用了相同的保费负担方式，所以如果更改现行的3号参保人制度，医疗保险制度也需要修改。

日本政府从20世纪90年代开始就一直研究针对3号参保人，主要是专职主妇的养老保险问题，成立了如"女性与养老保险探讨委员会"等多个研讨委员会。但是，包括把丈夫的工资收入平均划拨给妻子等大部分改革意见没有实际操作的可能。最近几年提倡并施行的扩大临时工等短时间劳动者参加厚生养老保险的举措，在解决上述问题上起到了一定成效。部分从事临时工等短时间劳动的专职主妇选择了参加厚生养老保险的形式，3号参保人中的专职主妇出现了逐渐减少的倾向。

3号参保人特别是专职主妇的参保与缴费问题，不仅仅是养老保险制度中的问题，也是关系到日本的男女社会分工、劳动就业体系以及税收等制度的大问题。1985年养老保险改革解决了专职主妇的养老金领取权问题。而且，当时的社会主流也认可专职主妇无须缴费却可领取基础养老金的政策设计。其中一个重要的理由是社会整体认为该政策是对专职从事家庭内部劳动的女性的一种经济补偿，符合当时的男女社会分工和劳动就业的现实。但是，80年代中后期，特别是泡沫经济结束后，随着劳动就业观念与趋势的改变，男女社会分工以及劳动就业形态发生了巨大的变化。如何适应上述的变化，合理解决专职主妇参保和缴费问题不仅是来自提高制度公平性方面的要求，同时也是增加养老保险财政收入，保证收支平衡的要求。税收和社会保险两大制度的运营体系是以个人为单位还是以家庭为单位可能是今后改革的关键。然而，如何解决专职从事家庭内部劳动的女性的经济补偿问题，仍然是社会福祉学者的关心所在。

三、扩大非正式职工参加厚生养老保险的问题

（一）非正式职工的参保现状

日本的就业职工群体中，非正式职工以及灵活就业人员[①]的比例正在不断上升。根据总务省发表的劳动力调查数据，临时工等非正式职工占全体职工的比例由1965年度的6.2%，上升到2019年度的38.3%（大约2 165万人），每3个劳动就业人员中就有1个是非正式职工。由此可见，20世纪60年代的劳动就业形态与现在大相径庭。如何顺应劳动就业形态的变化并合理调整养老保险制度的运营形式是决策者关心的问题。

事实上，到近年为止，大部分的临时工并没有参加厚生养老保险制度，而是像个体工商户一样以1号参保人的身份，或者以工薪阶层职工的被扶养配偶（3号参

---

① 根据日本总务省的统计定义，从工作时间上来看，非正式职工是指每周工作时间不满35小时的就业劳动者。

第九章 日本公共养老保险制度的主要问题与改革方向

保人）的身份加入国民养老保险制度，晚年领取基础养老金。如前所述，国民养老保险的未参保、未缴费或滞缴人员数量不在少数，其中包括了大量的非正式职工。基础养老金本身就大大低于厚生养老金给付待遇，如果再发生低养老金或无养老金现象，那么非正式职工的晚年基本生活将无法得到应有保障。所以，厚生养老保险的适用范围理应覆盖到这部分人群，保障他们退休后能够获得较稳定的生活保障收入。同时扩大非正式职工参加厚生养老保险也是增加保险财政收入的一个有效措施。

一直以来，厚生养老保险制度将非正式职工的劳动时间是否达到正式职工的四分之三作为判断其能否参加厚生养老保险制度的标准。[①] 根据这个标准，若非正式职工的工作时间在正式职工的四分之三以下，且本身是 2 号参保人的配偶，年龄在 20~59 岁、年收入不足 130 万日元的话，该人员可以以 3 号参保人身份加入国民养老保险，免除缴纳保险费的义务。除此之外的非正式职工则可以以 1 号参保人身份加入国民养老保险制度，自己缴纳保险费用。

（二）降低非正式职工参保标准

作为社会保障与税制一体化改革的重要一环，2012 年 8 月国会审议正式通过了《年金机能强化法》。该法律规定从 2016 年 10 月开始，对于拥有 501 名职工以上企业，要求其从事短时间劳动职工只要 1 周工作时间超过 20 小时以上就必须加入厚生养老保险，也就是说将以往的每周 30 小时工作时间的标准降低为 20 小时。这一举措是自 1985 年以来在扩大厚生养老保险参保人范围领域中的一个重大举措。

2016 年的养老保险改革在 2012 年改革的基础上，再次将扩大从事短时间劳动职工参加厚生养老保险的企业规模下调为 501 人以下企业，但是这次并非强制性的措施，而是在雇主与雇员双方同意下的任意参保。

在扩大参保人范围的同时，政府考虑为了减少新增保险费给企业和雇员双方带来的经济负担，在下调了每周工作时间标准的同时又添加了其他几个条件：①征缴基数（标准报酬月额）的最低等级由 98 000 日元下调为 88 000 日

---

① 正式职工 1 周 5 天工作日，1 天 8 小时工作时间，所以 1 周的工作时间为 40 小时。所谓的 3/4 标准就是要求参加厚生养老保险的非正式职工的周工作量必须达到 30 小时以上。

元；②在职时间满1年；③学生不适用该扩大政策等。2016年10月实施以来，由上述扩大参保政策带来的新增厚生养老保险参保人数25万余人，取得了一定效果。但是，距离厚生劳动省的期待目标仍有相当大的差距。

（三）扩大非正式职工参加厚生养老保险的意义与问题

非正式职工晚年的收入保障是非常切实的问题，能够让其领取到厚生养老金（含基础养老金）对于确保退休后的基本收入具有非常重大的意义。扩大厚生养老保险参保人范围，不仅可以增加非正式职工的养老金收入，还可以通过将原本属于国民养老保险范围的参保人划归到厚生养老保险范围中的扩大政策，达到减少不缴纳国民养老保险费人数的效果。

厚生养老保险的保险费率为18.3%。2016年10月以前，征缴基数即标准报酬月额的第1等级为98 000日元，每月雇主与雇员共同负担大约18 000日元的保险费。因为是折半负担，所以参保人本人每月支付大约9 000日元的保险费。2016年10月以后，第1等级的征缴基数由98 000日元下调为88 000日元，所以参保人每月负担保险费用也下降到大约8 000日元。2019年度国民养老保险的保险费是16 410日元。所以对于从事短时间劳动的非正式职工来说，缴纳国民养老保险费用一半的保险费就可以参加厚生养老保险制度，退休后不仅可以领取到基础养老金，还能领取到与缴费挂钩的厚生养老金（虽然由于工资收入不高，养老金也不会太多），而且被扶养配偶也可以不用缴纳保险费而领取基础养老金，可谓是一举三得的好办法。所以，从政策设计来看，降低参保标准扩大参保人范围的改革既可以惠及非正式职工，同时也可以增加保险费收入。

对于非正式职工来说，2016年以后的扩大参保范围举措应该是值得高度评价的政策。但是对于个体工商户、农民及无业人员来说，他们只能作为1号参保人加入国民养老保险，每人每月缴纳16 500日元左右的保险费，却只能领取到基础养老金，不能领取厚生养老金。与上述从事短时间劳动的群体相比，1号参保人难免会感觉不公。与此同时，从长远角度来看，扩大非正式职工参加厚生养老保险的举措势必也会增加今后养老金给付负担，需要引起足够的重视。

第二节　养老金给付政策方面的相关问题与改革方向

一、低养老金和无养老金群体的问题

(一) 低养老金和无养老金群体的产生原因

在第一章中已经介绍过，日本公共养老金（含恩给）收入是老年人家庭收入中最主要部分，占总收入的 63.6%。更有接近一半老年人家庭的全部收入来源仅限于公共养老金（含恩给）收入。所以，能否为老年人提供良好的基本生活保障，关键在于是否可以确保养老金能达到一定的给付水平。通过本章第一节对养老保险财政空洞化问题的分析，可以发现在全民养老金体系实施了近 60 年的日本，如今仍然有一部分老年人晚年没有养老金领取资格，或者是只能领取到微薄的养老金，因此造成其基本生活保障难以实现。对于这种低养老金、无养老金的老年人群体，政府不能视而不问，必须从给付政策方面出发制定切实有效的解决办法。

第一节的分析显示，低养老金、无养老金群体主要产生于国民养老保险的 1 号参保人群，其主要原因是未参保及缴纳保险费月数不足。除此以外，以下几个原因也造成了低养老金、无养老金老年群体的产生。

其一，任意参保人员的参保期通算政策造成的影响。2017 年 10 月以前，养老金领取资格之一是要有 25 年以上的参保期间。制度整合过程中对参保年限有通算政策。通过该政策，以前的任意参保期间纳入领取资格计算期，但是不计入养老金的计算期。因此就出现了计算养老金的"空白期"。因为"空白期"的存在而出现低养老金现象的典型群体是 1986 年 3 月以前因为是任意参保而没有参加国民养老保险的工薪阶层职工家庭的专职主妇（3 号参保人）等人。对于这部分群体人员来说，任意参保期间不能反映到养老金的计算上来，所以 65 岁以后出现低养老金现象屡见不鲜。

其二，保险费减免制度带来的影响。保险费减免制度规定，享受保险费全额免除期间，养老金减少 2/3；享受 3/4 免除期间，养老金减少 1/2；享受半额免除期间，养老金减少 1/3；享受 1/4 免除期间，养老金减少 1/6。以减轻低收入人员保险费负担为目的而设立的保险费免除制度，却给参保人晚年带来了低养老金的负面影响。

其三，提前领取制度造成的影响。基础养老金的起付年龄原则上为 65 岁，但是根据个人希望最早可以提前到 60 岁领取。提前领取条例规定，每提前 1 个月领取，养老金减少 0.5% 或 0.7%。以提前 5 年领取为例，1941 年 4 月 1 日之前出生人员的养老金减少 42%；1941 年 4 月 2 日之后出生人员的养老金减少 30%。

（二）低养老金和无养老金人员的状况

厚生劳动省公布的各年度《厚生年金保険・国民年金事業の概況》的数据表明，2009 年度末（2010 年 3 月），拥有国民养老金领取权人员的每月平均基础养老金为 54 258 日元，其中每月养老金不足 30 000 日元的人数大约为 164 万人，占总人数 2 501 万人的 6.6%；其中男性为 33 万人，占男性人数 1 084 万人的 3.0%；女性为 131 万人，占女性人数 1 418 万人的 9.2%。[①] 女性养老金领取人员中的低养老金现象较为突出，比例是男性的 3 倍。另据社会保险厅 2007 年 4 月 1 日发布数据推算，全国范围内大约有 118 万人老人没有养老金领取资格。[②] 这部分群体中的大多数老人属于低保的补助对象。

2004 年养老保险改革导入了宏观经济调控制度，该调控制度适用于基础养老金和厚生养老金。近年来受该调控制度的影响基础养老金的给付水平有所下降，对于低养老金老人来说更是雪上加霜。

（三）政府的对策

1. 补缴制度与延长补缴期限

补缴制度是指允许没有按时缴纳保险费的参保人在 2 年以内补缴未缴保费及

[①] 基础养老金的满额领取金额为每人每月 65 000 日元左右。单纯从月额平均基础养老金来看，给付水平似乎不能满足基本生活保障需要。但是夫妇双方基础养老金相加月平均可以达到约 11 万日元，如果还有厚生养老金收入的话一般可以超过 20 万日元。但是基础养老金低于 30 000 日元，即满额的一半以下，就说明养老金收入水平相对较低。

[②] 石崎浩. 年金改革の基礎知識［第二版］［M］. 東京：信山社，2016：23.

第九章　日本公共养老保险制度的主要问题与改革方向

部分附加利息（加算金额），只要能按时补缴，领取条件的参保年限及养老金核算期间都不受影响。即使如此，对于缴费困难的低收入群体来说2年内也很难补齐之前的欠缴费用。为此，2012年10月日本政府宣布实施为期3年的延长补缴期的特殊措施，将2年补缴期限延长到10年。厚生劳动省估算该项举措可能会有接近2 000万人利用，但是3年实施的结果表明利用人数只有大约120万人，大大低于政府的预测，而且每人平均补缴月数也只有13.6个月。2015年10月政府再次启动为期3年的5年以内补缴措施，可是此举效果仍然不尽如人意。所以，延长补缴期限的举措对于无养老金、低养老金的防治效果不大，并不能从根本上解决问题。①

2. 缩短参保年限

与上述延长补缴期限一起出台的另一个政策是缩短参保年限，即缩短领取养老金的参保条件。2012年8月民主党政权通过的《年金机能强化法》规定，将原定的25年参保年限缩短为10年，并决定于2015年10月开始实施。由于2012年12月民主党丢掉政权，以及为了先观望延长补缴期限效果等原因，该政策的实施一直被推迟到2017年10月。参保年限的缩短对于减少无养老金群体起到了一定作用，同时对提高老百姓对养老保险的信任程度并积极参保也起到了积极作用，参保率以及保险费缴纳率都有所改善。② 但是参保年限缩短为10年，也有可能会增加低养老金老人的数量。其理由十分简单：满额基础养老金的领取条件是参保40年，现在每月可领取65 000日元基础养老金，如果参保25年，则可以领取25/40的养老金，大约41 000日元，如果只参保10年，那么到手的养老金则只有1/4，即每月只能拿到16 000日元而已。

其实，在探讨有关解决低养老金与无养老金政策过程中，对于基础养老金给付水平低于低保制度补贴标准这一现实，一直存在质疑的声音。日本现行的低保制度（生活保护制度）中，生活补贴的标准因住址、家庭成员、年龄等因素不同而产生变化。例如，在东京都市区内居住的65岁单身老人每月可以领取到大约80 000日元的低保生活补贴，此外还有一定的住房补贴，医疗费用全额公费

---

① 石崎浩. 年金改革の基礎知識［第二版］［M］. 東京：信山社，2016：24.
② 如第一节中介绍，保险费缴纳率由2011年度的58.6%上升到2018年的68.1%。

负担。面对如此的低保待遇，即使是能领到全额基础养老金的老人也只能是"甘拜下风"。

所以，要想从根本上解决老年人群体中的低养老金或无养老金问题，应该考虑全面改革给付政策。比如，有部分专家建议，通过深化社会保障与税制一体化改革，实施以消费税为资金来源的"养老金生活者支援给付金"制度来解决低收入或无收入老年人的生活保障问题。

二、提高起付年龄的问题

一方面，对于低养老金、无养老金的老年人群体，政府需要改革给付政策的思路与方针，摸索实施确保养老金给付到位、提高养老金给付水平的有效政策；另一方面，面对不断增加的养老金给付总费用和养老保险财政赤字等难题，政府又不得不通过提高起付年龄、降低老龄基础养老金单价和厚生养老金工资比例系数等养老金给付调控手段，严格控制养老金给付水平与总费用的增加。以下简单介绍一些有关提高养老金起付年龄的观点。

（一）迄今为止的起付年龄提高政策

通过第二章、第五章的介绍我们了解到，迄今为止日本的公共养老保险制度经历了四次上调养老金起付年龄的过程。其中，1994年与2000年的养老保险改革将厚生养老保险制度中的定额部分与工资比例部分，以及男性和女性的给付年龄统一上调到了65岁。从公平性以及控制给付费用等观点来看，以上这两次上调政策的影响力与效果最为显著。

总结1954年、1985年、1994年和2000年等四次起付年龄上调政策，可以发现以下两个特点：其一，先提高厚生养老保险中的定额部分，然后再提高工资比例部分。这种方式既考虑了与养老金给付政策相配合的原则，又保证了养老金领取人的既得利益不会受到太大的影响。其二，先男性后女性，分阶段的渐进式上调方式。这种方式既照顾了女性参保人与男性参保人之间的收入差距，又保证了上调过程中不会因过激的休克疗法带来不必要的抵触情绪。

综合来看，迄今为止的起付年龄上调政策是控制养老金给付费用的重要手段，是养老金给付政策中必不可少的路径之一。

（二）提高起付年龄的政策目的

如上所述，提高养老金起付年龄政策往往被认为是为了控制养老金给付水平与总体给付费用的重要手段，这是不可否定的。但是，提高养老金起付年龄的政策目的并非只此一项，还包含其他一些方面的内容。

比如，养老保险制度的整体设计中一定会考虑养老金起付年龄与平均寿命的协调。也就是说，随着平均寿命的提高，养老金起付年龄必然会有所调整。同时，养老金起付年龄的制定与人口结构变化也有一定关联。配合人口结构变化，通过调整养老金起付年龄，从而调整劳动力结构也是政策的目的之一。具体来说，少子化会导致劳动力人口下降，为了补充减少了的劳动力，需要提高老年人参与劳动的积极性，扩大老年人劳动力数量。所以，为了促进老年劳动力数量增长，适当提高养老金起付年龄、鼓励老年人继续参加劳动生产也是必要的。

（三）进一步提高起付年龄的计划与今后方向

今后是否需要进一步提高起付年龄？如何规划提高起付年龄的步骤？不只是日本政府，包括中国在内的很多国家都很关心如何提高养老金起付年龄，应对老龄化的发展。

日本政府以及众多的专家学者认为，在当前经济长期停滞、财政收入下滑、人口老龄化加剧的形势下，为了抑制养老金给付费用上涨过快、稳定养老保险财政，尽快启动下一轮的起付年龄上调是必不可免的趋势。

由于厚生养老保险制度中工资比例部分的起付年龄正处于从60岁上调到65岁的进程之中，所以新一轮的上调恐怕需要考虑先从基础养老金的起付年龄着手，即从现行的65岁上调到新的年龄。上调基础养老金起付年龄的另一个重要背景是平均寿命的增加。日本是世界上屈指可数的长寿国家。表9-1显示，2019年男性平均寿命为81.41岁，女性为87.45岁，这与创立基础养老保险制度的1985年相比，男性增加了大约6.5年，女性增加了大约7年。日本国立社会保障与人口问题研究所预测显示，2060年男性和女性的平均寿命分别上升到84.2岁和90.9岁。由此看来，平均寿命的大幅度上升为上调养老金起付年龄提供了相当大的空间。部分意见表明，新一轮起付年龄上调的目标是67~68岁。

表 9-1　　　　　　　　　平均寿命的变化　　　　　　　　单位：岁

年代	男	女	年代	男	女
1947	50.06	53.96	1975	71.73	76.89
1948	55.60	59.40	1976	72.15	77.35
1949	56.20	59.80	1977	72.69	77.95
1950	58.00	61.50	1978	72.97	78.33
1950—1952	59.57	62.97	1979	73.46	78.89
1951	60.80	64.90	1980	73.35	78.76
1952	61.90	65.50	1981	73.79	79.13
1953	61.90	65.70	1982	74.22	79.66
1954	63.41	67.69	1983	74.20	79.78
1955	63.60	67.75	1984	74.54	80.18
1956	63.59	67.54	1985	74.78	80.48
1957	63.24	67.60	1986	75.23	80.93
1958	64.98	69.61	1987	75.61	81.39
1959	65.21	69.88	1988	75.54	81.30
1960	65.32	70.19	1989	75.91	81.77
1961	66.03	70.79	1990	75.92	81.90
1962	66.23	71.16	1991	76.11	82.11
1963	67.21	72.34	1992	76.09	82.22
1964	67.67	72.87	1993	76.25	82.51
1965	67.74	72.92	1994	76.57	82.98
1966	68.35	73.61	1995	76.38	82.85
1967	68.91	74.15	1996	77.01	83.59
1968	69.05	74.30	1997	77.19	83.82
1969	69.18	74.67	1998	77.16	84.01
1970	69.31	74.66	1999	77.10	83.99
1971	70.17	75.58	2000	77.72	84.6
1972	70.50	75.94	2001	78.07	84.93
1973	70.70	76.02	2002	78.32	85.23
1974	71.16	76.31	2003	78.36	83.33

续表

年代	男	女	年代	男	女
2004	78.64	85.59	2012	79.94	86.41
2005	78.56	85.52	2013	80.21	86.61
2006	79.00	85.81	2014	80.50	86.83
2007	79.19	85.99	2015	80.75	86.99
2008	79.29	86.05	2016	80.98	87.14
2009	79.59	86.44	2017	81.09	87.26
2010	79.55	86.30	2018	81.25	87.32
2011	79.44	85.90	2019	81.41	87.45

资料来源：厚生劳动省各年度《简易生命表》。

伴随平均寿命的提高，日本老年人的健康水平也在稳步提升，退休后继续工作的老年人越来越多。根据每年敬老日之前（9月中旬）日本总务省统计局发布的老龄人口统计数据，2019年参加工作的65岁以上老年人有892万人。也就是说，每4名65岁以上老年人中就有1名仍在继续工作。鼓励老年人参加工作，解决少子化带来的劳动力人口下降问题同时也是日本政府的政策主导方向。上调养老金起付年龄对提高老年人的劳动积极性、扩大老年人劳动力数量有一定的效果。虽然该政策看似一举两得，但是一些专家指出，养老金是老年人基本生活的保障，不应该把上调养老金起付年龄作为增加老年人劳动力数量的手段。在提高养老金起付年龄的政策设计中应该导入可供老年人自我选择的机制，而不应该采用一刀切的提高方式。比如，考虑到个人收入条件、生活环境、劳动意识等环节，扩大现行的提前领取和延期领取养老金的范围和可选择性，并适当调整因提前领取而减少的比率和因延期领取而增加的比率。

在社会保障与税制一体化改革的探讨过程中，厚生劳动省曾于2011年向社会保障审议会养老保险咨询委员会提出了上调起付年龄的设计方案，但遭到了来自各方面的强烈反对。比如，社会保障审议会养老保险咨询委员会指出，厚生养老保险制度中的工资比例部分的起付年龄仍在上调过程中，男性2025年、女性2030年上调结束之前的上调计划一定会遭到国民的强烈反对，提案时机尚不成熟；老年人的工作环境并不理想，提高养老金起付年龄政策应该和在职老年人养老金政策一起修改，尊重老年人的自我选择。鉴于上述内容在内的各种意见，日本政府将起付年龄上调作为"今后的课题"予以搁置，并没有再开展进一步的讨论。

除了基础养老金，厚生养老金的起付年龄也必然迎来再次上调。上调起付年龄一定会遭到选民们的反对，让政治家举步维艰，难以落实。上调起付年龄无疑会对老年人的个人生活设计造成较大影响。所以，综上所述，政策设计中导入可供老年人自我选择的机制、扩大选择范围、分阶段渐进型的上调方案才是最佳选择。

三、宏观经济调控机制引发的问题

（一）降低养老金给付水平的宏观经济调控机制

宏观经济调控机制是 2004 年养老保险改革中导入的一种降低养老金给付水平的制度。一般来说，每年的养老金给付水平，即养老金的计发金额根据物价与工资的升降而变化。然而，除了物价与工资的变动之外，宏观经济调控机制还依据参保人数的变化、平均寿命的变化以及经济增长变化等因素调整养老金的计发金额。进入 21 世纪的日本社会，上述 3 项变化的具体表现是伴随少子化的参保人数减少、伴随老龄化的平均寿命延长，以及伴随经济不景气的经济增速下滑。所以，按照以上条件制定的宏观经济调控指标实际上是一个宏观经济下滑指数。一旦启动该指数，养老金计发金额必然下降。事实上，并不是每年都使用宏观经济调控机制调整养老金给付水平，而是仅会在养老保险财政评估中认为有必要调整养老金给付水平、控制养老金给付总费用时才启动该调控机制。到 2020 年度为止，日本政府一共启动过 3 次宏观经济调控机制，分别是 2015 年度、2019 年度及 2020 年度（作者执笔期间结果还未发表）。

（二）宏观经济调控机制引发了养老金给付水平过度下降的问题

一般情况下，当物价和工资出现负增长的时候，养老金计发标准将因此而下降，所以政府不会启动宏观经济调控机制中的下滑指数进行下滑调整。但是，当工资和物价出现正增长的时候，养老金计发标准会由此上升，所以政府就会启动

第九章 日本公共养老保险制度的主要问题与改革方向

宏观经济下滑指数对养老金的增加部分进行下滑调整，以起到控制养老金不断提高的作用。在宏观经济调控机制导入之前，物价浮动指数主要针对老龄基础养老金，工资浮动指数主要针对老龄厚生养老金的计发金额进行调整。然而，宏观经济调控机制中的宏观经济下滑指数对老龄基础养老金和老龄厚生养老金都进行调整。所以，宏观经济调控机制对于养老金给付水平的下调效果较大。2014年的养老保险财政评估报告中就已经指出，今后的老龄基础养老金给付水平下降将比2004年时设想的结果更为严重。照此发展，将会有大量老年人申请低保，造成低保财政恶化。尤其在大城市，养老金与低保补贴的逆差会进一步扩大。养老保险参保人的参保意愿会进一步降低，享受低保待遇的老年人可能会进一步增加。2015年和2019年的两次启动也证明，养老金给付水平的下跌大大超过了同期的物价上升。比如，2013年至2019年，物价上升了5.3%，而养老金给付水平却下跌了6.1%。①

一般情况下，与定额型的老龄基础养老金相比，工资比例型的老龄厚生养老金给付水平随工资上涨而增加，增加的幅度要大一些。所以，当宏观经济调控机制对老龄基础养老金和老龄厚生养老金双方进行调整时，老龄基础养老金给付水平的下跌程度更大，只领取基础养老金的老年人受到的打击更大。同理，工资收入涨幅小、工资收入低的职工，其晚年的老龄厚生养老金的给付水平的下跌程度高于高收入职工，受到的打击更大。

（三）取消宏观经济调控机制的呼声

鉴于以上的问题，部分政党、专家学者开始呼吁停止或取消宏观经济调控机制。或者基础养老金的给付调控方式不采用宏观经济调控机制，回归到2004年之前通过物价浮动来调整。但是，目前由于经济恢复较慢，从收入层面可以实施的政策有限，所以政府仍然期待从支出层面通过控制总体给付费用增加来均衡养老保险财政的收支平衡。即使不得不取消现行的宏观经济调控机制，还会导入类似的控制养老金给付水平和总体给付费用的新方法。

---

① マクロ経済スライド 年金削り、格差広げる.［N/OL］.しんぶん赤旗,（2019-06-12）［2020-11-18］. https：//www.jcp.or.jp/akahata/aik19/2019-06-12/2019061202_03_1.html.

四、替代率

(一) 日本的养老金替代率的定义

2004年养老保险财政再计算以及同年实施的养老保险改革一再强调,通过本次财政再计算与养老保险改革可以保证在今后100年内,既不会再度提高公共养老保险制度的保险缴费率,也不会降低养老金给付水平,维持长期稳定发展,保障国民基本生存权利。同时再三强调要死守50%的养老金替代率。

养老金替代率的通常计算方法是,用1年或1个月的平均养老金除以同一时期在职职工平均工资而得出养老金占工资收入的比例。一般情况下是以个人养老金收入为计算标准。

但是,日本国内所使用的养老金替代率的概念与上述标准不同。以下计算公式显示,作为分子的养老金收入不是以个人养老金来计算,而是采用了夫妇双方养老金的合计金额;分母则采用了在职男性职工的可支配收入。

$$养老金替代率 = \frac{丈夫的老龄厚生养老金 + 丈夫的老龄基础养老金 + 妻子的老龄础养老金}{在职男性职工的可支配收入}$$

(二) 日本的养老金替代率的问题所在

通过上述计算方式得出的2014年度与2019年度的养老金替代率分别为62.7%和61.7%。[①] 虽然5年之间养老金替代率下降了1个百分点,但是仍然保持在60%以上。如何评价60%以上的养老金替代率呢?有必要指明日本养老金替代率的定义与计算方式中包含的问题。

第一,从上述计算公式中可以发现:分母部分是个人收入,分子部分却是夫妇二人的养老金收入之和;而且这里的夫妇是指参保40年以上的原工薪阶层职工的丈夫和从事了40年以上家庭劳动的专职主妇。由此可以看出,日本的养老金替代率是以夫妇二人为计算单位,把养老金收入作为夫妇二人的共同生活基础来考虑的。这种计算养老金替代率的思路与方式是建立在20世纪60—80年代的

---

① 数据来源:厚生労働省年金局数理課. 平成26年財政検証結果レポート [EB/OL]. [2020-12-10]. https://www.mhlw.go.jp/file/06-Seisakujouhou-12500000-Nenkinkyoku/report2014_all.pdf 第9回社会保障審議会年金部会. 2019年度財政検証結果のポイント [EB/OL]. [2020-12-10]. https://www.mhlw.go.jp/content/000540198.pdf.

劳动就业以及家庭形态上的设计，与包括我国在内的许多国家有所不同。随着劳动就业和家庭形态的改变，女性就业率的大幅度提高等社会发展的变化，上述的夫妇标准是否适合现代社会的需要是评估养老金替代率的重要出发点。最主要的是，现实生活中，与上述的标准夫妇不同，在领取养老金的老年人中有大量的单身老人和只参加了国民养老保险的老年人。这部分老年人的养老金收入大大低于上述标准夫妇，他们的养老金替代率远远达不到60%，甚至低于政府力争死守的50%。以一个特殊定义的养老金替代率来衡量日本整体的养老金给付水平缺乏实际意义，掩盖了大量低养老金群体的存在。

第二，上述公式的分母部分是扣除了所得税和社会保险费用以后的可支配收入，而分子部分则是税费扣除之前的养老金收入，两者之间的定义不同，缺乏可比性。或者说，如果按照可支配收入比较的话，分子部分的养老金也应该是扣除了税费之后的金额。以此定义重新计算养老金替代率的话，实际的"可支配养老金替代率"一定会低于政府发布的替代率。

（三）如何确定有参考价值的养老金替代率

通过以上的分析，可以得出以下的结论，即现行的日本公共养老金替代率只能反映标准夫妇家庭的二人合计养老金给付水平，不能真实反映全体领取养老金老年人的养老金给付水平。所以，在考虑针对全体老年人的养老金给付政策时，应该制定具有实际意义的养老金替代率计算方式，特别是应该注意养老金替代率的计算。此外，单身老年人养老金替代率，以及提前领取养老金人员的养老金替代率也是制定切实可行的养老金给付政策的重要参考指标。

第三节　养老金缴税问题和税费一体化改革

一、养老金缴税的问题

（一）加强养老金缴税的呼声

养老金是否应该征税？征税标准如何？上述养老金缴税问题是日本社会探讨

养老保险改革时的又一个关键问题。

根据现行的租税制度,养老金收入与一般的工资收入、资产收入相比,在缴税扣除项目和扣除额度等方面有较大的差别。总体来说,养老金收入需要缴纳的所得税和居民税负担相对较轻。而且,养老保险中的残疾津贴和遗属津贴属于非课税对象,不用缴纳任何税费。这样的制度安排不仅在代际,甚至在老年人群体之间也引发了应该纠正不公平待遇,加强养老金缴税的呼声。

(二) 现行制度安排下的养老金缴税方式

按照现行的租税制度规定,养老金收入在租税法上被定义为"杂项收入",属于所得税与居民税的征缴对象。但是,由于计算养老金收入所需缴税金额时可以使用"公共养老金等扣除"等缴税扣除项目,所以实际的缴税金额会大幅度减轻,甚至无须缴税。

养老金收入的缴税项目除了公共养老金等扣除外,还有基础扣除、配偶扣除以及社会保险费扣除(医疗保险费和护理保险费)等。以上各项缴税扣除中,与工资收入的扣除标准相同,基础扣除38万日元、配偶扣除38万日元、社会保险费扣除按实际缴费全额扣除。公共养老金等扣除的计算方法比较复杂,参照以下计算方式:

①定额扣除:50万日元。

②定率扣除(针对定额扣除之后的养老金部分):360万日元以下的部分为25%;720万日元以下的部分为15%;720万日元以上的部分为5%。

③最低保障金额65岁以上为120万日元;未满65岁为70万日元。

根据规定,如果①+②的金额大于③(最低保障金额120万日元)的话,①+②的金额作为公共养老金等扣除金额;如果①+②的金额小于③的话,最低保障金额120万日元(③)就是公共养老金等扣除金额。

例如,养老金年收入为250万日元的老年人的公共养老金等扣除金额的计算方式是:50万日元+(250万日元-50万日元)×25%=100万日元,100万日元<120万日元。所以该老年人的公共养老金等扣除金额以120万日元计算。实际上养老金年收入低于330万日元,其公共养老金等扣除金额都按120万日元计算。

接下来再介绍一下65岁以上单身老人与夫妇二人的养老金最低征税标准的计算。单身老人可以享受的扣除项目有基础扣除38万日元、公共养老金等扣除120万日元以及社会保险费扣除。社会保险费因人而异。一般来说,靠养老金收入生活的65岁以上老年人1年的保险费用在5万~6万日元之间,所以单身老人的养老金最低征税标准大约为163万~164万日元。夫妇二人可以享受的扣除项目有基础扣除38万日元、配偶扣除38万日元、公共养老金等扣除120万日元以及社会保险费扣除。夫妇二人1年的保险费用在12万~13万日元之间,所以夫妇二人的养老金最低征税标准为208万~209万日元。

而工薪阶层职工的所得税最低征税标准为单身职工121万日元,夫妇二人168.8万日元。

通过上述介绍可见,养老金与所得税的缴税标准相差悬殊,养老金领取人的缴税负担大大低于在职职工。

(三) 加强养老金缴税的对策

事实上,2004年度的税制改革之前,养老金收入享有相当大的优厚政策,几乎不用缴税。2004年度的税制改革决定减少和废除了原有的部分扣除项目之后,养老金收入的缴税标准一直维持至今。

近年来,由于在职职工的收入停滞不前,加之受人口老龄化的影响,在职职工的缴税与保险费负担不断加重。为了缓解在职职工的税费负担,2010年以后开始了对养老金缴税的新一轮评估。

2012年2月内阁会议审议并批准的《社会保障·税一体改革大纲》中提出,领取养老金的老年人与工薪阶层职工相比,由于最低征税标准过高带来的缴税上的优待在一定程度上破坏了代际的公平性,需要矫正。在此基础上明确了需要重新评估养老金收入缴税扣除项目的方针。

社会保障制度改革国民会议于2013年8月在其报告书中,对缴税负担的理念提出了新的见解,即从"按年龄"负担向"按能力"负担转换的意见。也就是说,要求对老年人的养老金收入征缴相应的税收。同年12月发布的社会保障改革程序中,再次明确强调了重新修订养老金缴税方案是今后的重要课题之一。

虽然政府开展了积极探讨也明确了今后的方向,但是养老金缴税事关4 000

余万养老金领取老年人的基本生活保障，政府也担心因为改革而触动了广大老年人的切实利益，引发老年群体的强力反抗。所以迄今为止，政府及执政党中没有做出任何具体行动。

二、税费一体化改革

为了改善公共养老保险制度的财政收支不均衡的状况，实现养老保险财政收入与支出的长期稳定均衡，日本政府于2004年对养老保险制度进行了大胆的改革，提出了公共养老保险制度百年可持续发展的目标。为了确保百年可持续发展目标能够实现，日本政府在养老保险的财政支出方面加强控制给付水平与给付总费用的措施，导入了宏观经济调控机制。在财政收入方面提出社会保障与税制一体化改革方向，期待建立"全世代型"社会保障体系。

第二章中简单介绍了2008年以来社会保障与税制改革一体化改革的主要动向。其一，2012年8月，国会审议并批准了一体化改革的相关法案，确定了以提高消费税率为主的改革方向，将消费税定位为"社会保障的稳定财源"。按照该法案的规定，政府将当时5%的消费税率在3年内提高到10%，并规定把消费税收全部用于支付包括养老金、医疗费等在内的社会保障费用。2015年10月的消费税上涨没能如期实现，推迟了4年，于2019年10月提高到10%。其二，给所有日本国民（包括在日本居住的外国人）配置一个社会保障和税收通用的个人编码，以达到正确掌握每个国民的收入信息、促进合理征税收费的目的。与此同时尝试重新整合包括养老、医疗等社会保险费的征缴机构，以提高税费征缴的精准性，确保高效的筹资效果。设想将国税厅和日本年金机构的征缴部门等统合，成立新的"岁入厅"，实现社会保险费和税收征缴的一体化。但是，由于很多未缴纳保险费的人员不属于国税厅征收所得税的对象，日本年金机构的征缴部门也没有上述人员的准确资料，所以统一现有机构建立新机构的构想未能马上实现。部分专家学者建议必须先明确税费征缴一体化后的业务开展步骤与方式，之后再着手建立新机构，否则无法实现高效率的征缴目的。

减少和废除养老金缴税扣除项目，加强对养老金收入的缴税力度也是税费一体化改革的重要一环。迄今为止，养老金缴税的相关举措还未出台，但是与增加

第九章　日本公共养老保险制度的主要问题与改革方向

消费税相配合，强化养老金缴税不仅能缓解税费负担上的代际不公平，还能增加税收填补社会保障财政支出。

税费一体化改革中还有一个大家比较关注的内容，即基础养老保险的筹资方式是否应该由社会保险方式转变为税收方式。其实，这是一个争论已久的话题。社会保险方式中较为明确的义务与权利的对应关系，是社会保险方式支持者最有说服力的理论依据。但是由于不参保、不缴费、拖延缴费等现象无法完全消失，所以低养老金和无养老金人群的出现也不可避免，这是当前的最大问题之一。此外，与3号参保人相关的，不负担缴费义务也可以领取基础养老金的不公平性也无法消除。政府试图通过缩短参保年限、扩大临时工、小时工等非正式职工参加厚生养老保险等多种配套改革缓解上述两大问题。但是，解决以上两项基础养老保险制度中的最大瓶颈问题的最佳方案，可能还是税费一体化改革。让我们拭目以待，关注日本政府未来会采取什么方式逐步实现其税费一体化改革解决养老保险制度中的各项问题。

第十章 日本企业年金制度

企业年金因具有保障和提高员工退休生活水平的功能而被纳入养老保障体系，日本作为发达国家的典型代表，较早建立了企业年金制度，目前这一制度已经成为日本养老保障体系中不可缺少的一部分。日本企业年金制度建立至今经历了较大变化，近年来，日本企业年金萎缩趋势明显，日本政府正在采取措施积极应对。本章从日本企业年金的变革历程、制度介绍、年金种类、制度特征、企业年金普及对中小企业的重要性、企业年金制度的相关评价，以及如何普及、扩大企业年金的政策方向等几个方面介绍日本企业年金制度。

第一节 日本企业年金的沿革

一、日本企业年金的初期阶段

（一）一次性退职金制度

在日本，先有退职金制度，后有企业年金制度。一次性退职金制度（LSSB）是日本企业年金制度的雏形①，它是在员工退职时，企业对员工发放的一次性补助，也是现代一次性退职金制度的原型。日本退职给付制度起源于江户时代②，这一时期，当员工雇佣期满后，商家会"开设分店"并分给员工一定的经营权，

---

① 郭鹏，日本企业年金制度的演变及挑战：兼论对中国的启示［J］. 金融评论，2017：9（12）：93.
② 江户时代（1603—1868年），历时265年，是日本历史上武家封建时代的最后一个时期，统治者为三河德川氏。江户时代之后日本进入明治时代。

退职给付制度因此逐渐兴起。明治时期以后，这一政策成为留住熟练工、解决劳资纠纷的有效手段。

关于一次性退职金制度，基本上形成了三种观点：第一种观点认为退职金是企业犒劳员工而设立的奖励金。第二种观点认为退职金是工资的一部分。这种观点产生的原因是，物价处于不断上涨的高速增长期，虽然随着物价上涨工资也有所提高，但是很多企业都没能以和物价相同的上涨速度提高工资，于是考虑在员工退休时以退职金的形式支付这部分金额。因此，退职金在一定程度上相当于工资的延期发放。第三种观点认为在日本人平均寿命延长的过程中，退职金也包含了员工"晚年的生活保障"。虽然三种看法不同，但实际上赋予退职金制度什么样的意义，不同企业有不同的观点。

1942年日本建立了私营员工公共养老金计划，随着这一计划的不断发展，1952年一次性退职金制度也由强制参加转为自愿加入。为了鼓励企业积极参与一次性退职金制度，政府制定了相关的免税政策。然而，随着时间的推移免税额度不断下降，免税比例由1956年的56%下降到1980年的40%，直到2002年日本政府彻底废除了该项免税政策。随着日本企业年金制度的不断发展，确定给付型年金和确定缴费型年金的出现为企业提供了更多的选择。由于一次性退职金制度在待遇给付方面具有延期发放工资的作用，许多公司仍保留了该制度。

针对需要偿还贷款的员工，一次性退职金制度最大的好处是可以一次性偿还住房贷款和教育贷款，如果贷款能够一次性偿清，不但可以减轻贷款的心理压力，而且直接减少了以后的利息负担。然而，企业年金的最终目的是充实老年生活资金，如果企业年金被一次性领取，那么年老后所能领取的金额就相对减少。此外，若一次性领取的退职金无具体用途，那么就需要个人有计划地进行运营与管理，因此可能存在个人无法有效运营的问题。

（二）日本企业年金制度开始向"企业外"延伸

日本的企业年金制度既可以认为是以1905年的钟纺共济组合为开端，也可以认为是以1914年的三井商店员工恩给内部规章为开端，第一次世界大战前企业年金制度只在一部分财阀型企业实施。到了第二次世界大战后，松坂屋、十条造纸、三菱电机等①企业根据自身情况实施了本公司的年金制度,这一时期,年金制度完全没有税收优待措施,大企业成为实施年金制度的主要主体。此时的年金制度仍属于一种企业内部行为,与现在的企业年金制度仍有较大差异。

  第二次世界大战之后,日本爆发退职潮,一次性退职金的发放完全依靠企业,这给企业带来了巨大的压力。此外,20世纪50年代后半期,日本进入经济快速增长期,物价和工资急剧上升,以工资为计算基础的一次性退职金的发放额也在逐年增加,企业难以支付巨额的退职金,资金周转也受到一定的影响,这时员工退职金的领取也难以得到保障。针对这些情况,企业要求政府出台退职金的相关标准及法律法规,将本属于企业内部行为的一次性退职金制度进行规范,加快建立现代企业年金制度的呼声日益高涨。与此同时,无法独立建立一次性退职金制度的中小企业也在迅速发展,政府开始逐渐完善与其相适应的企业年金制度。

二、日本企业年金制度的发展阶段

  日本政府于1959年5月颁布《中小企业退职金共济法》,建立了中小企业工人退休津贴共济基金用以帮助中小企业建立一次性退职金制度。每个月由企业向员工账户缴纳5 000~30 000日元,保险费由相关机构进行投资运营。截至2015年底,参与企业数量达到362 092家,参与员工数量共计330万人。政府为促进中小企业的加入,对于新加入该制度和主动增加缴费的企业,会提供短期的财政补贴。

  此后,日本分别于1962年和1966年建立了适格退职年金和厚生年金基金。这两个制度的建立,标志着日本企业年金制度由一次性退职金计划主导的企业内部计划向现代企业年金制度转变。但适格退职年金制度存在无法有效保障参加者权益,与其他年金制度监管不统一等一系列弊端,因此,日本政府在2002年决定用十年时间逐步取消该制度。而厚生年金基金在管理方面也存在很大漏洞,以2012年日本最大的金融丑闻(AIJ丑闻②)事件为例,该事件直接暴露了厚生年

---

  ① 松坂屋于1949年实施自家的年金制度,十条造纸和三菱电机于1952年实施自营年金制度。

  ② AIJ丑闻事件是指2012年2月,根据日本证券交易监督委员会的调查显示,AIJ投资顾问隐瞒年金资产运营失败的事实,向客户提供虚假的资金运作报告书。其实早在2011年9月,该公司对外公布的1984亿日元资产总金额中的90%左右已经名存实亡。这对在运营期间需要进行委托年金运营的企业年金以及整个金融业都产生了不小的冲击。

金基金在投资管理和监管方面存在的问题，最终日本政府决定取消厚生年金基金。日本于 2012 年出台了 63 号法案：自 2014 年 4 月 1 日起，不再批准建立新的厚生年金基金制度。这一法案的出台也预示着以厚生年金基金为主导的阶段终结。

三、日本企业年金制度的重构阶段

如图 10-1 所示，日本政府对企业年金制度进行了重构。重构前企业年金只有适格退职年金、厚生年金基金，重构后，变成由确定给付型和确定缴费型两种类型组合。另外，从各种年金的参加者人数变化（见图 10-2）来看，适格退职年金逐渐退出历史舞台，2011 年度末完全退出；厚生年金基金参加者人数也在不断减少，而确定给付型和确定缴费型年金参加者逐渐增多。但总体上，参加企业年金的总人数呈下降趋势，这成为政府担心的主要问题，为此，日本政府必须出台政策鼓励日本劳动者积极参与企业年金。

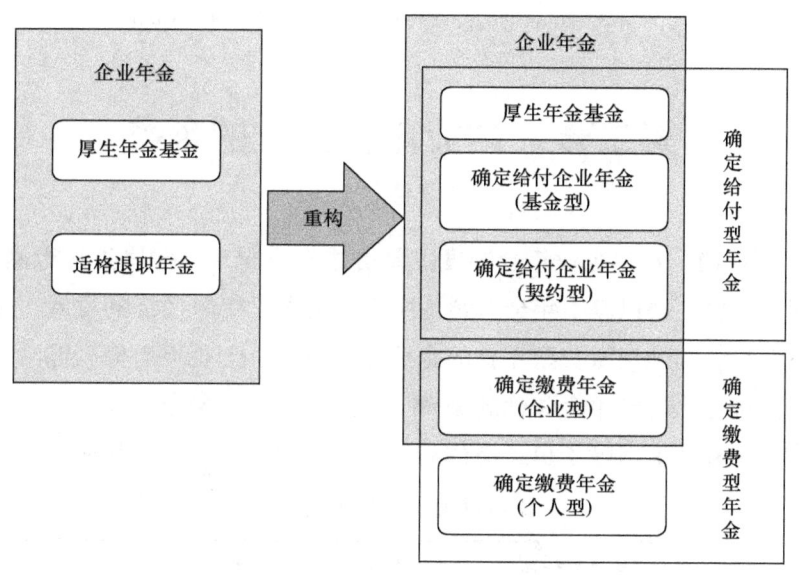

图 10-1　日本企业年金制度变迁图

资料来源：企业年金联合会. 关于企业年金的基础资料（2018 年版）. 2019：3.

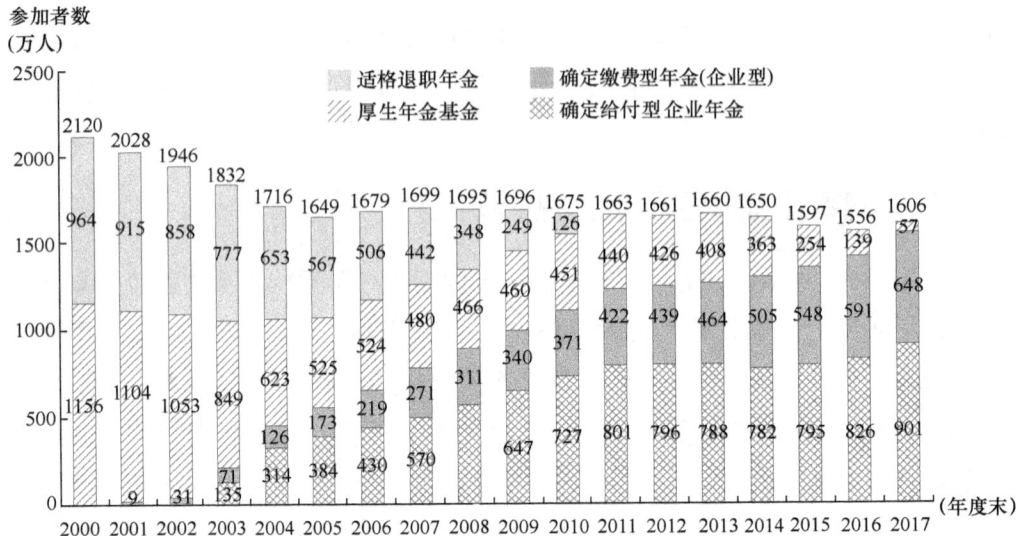

图 10-2 日本企业年金参加者数变化

资料来源：https://www.mhlw.go.jp/content/12601000/000481815.pdf.

第二节 企业年金制度的种类

2012 年以前，日本企业年金制度主要由适格退职年金和厚生年金基金组成，之后，年金制度主要以厚生年金基金为中心。随着近年来经济的发展，采用确定给付型企业年金和确定缴费型年金的企业越来越多。企业年金根据保险费和工资不同，分为确定给付型年金和确定缴费型年金。企业年金作为公共养老金制度的补充，在一定程度上保障了员工退休后较为富裕的老年生活（见表10-1）。

表 10-1　　　　　各种企业年金的概要

	厚生年金基金	确定给付型企业年金	确定缴费型企业年金
创立时间	1966 年 10 月 1 日	2002 年 4 月 1 日	2001 年 10 月 1 日
依据法律	厚生养老保险法	确定给付企业年金法	确定缴费年金法

第十章 日本企业年金制度

续表

	厚生年金基金	确定给付型企业年金	确定缴费型企业年金
运营主体	得到厚生大臣认可而设立的厚生年金基金	·基金型：得到厚生大臣认可而设立的企业年金基金 ·契约型：得到厚生大臣认可的企业主	·企业型：得到厚生大臣认可的企业，但是由个人运营 ·个人型：国民年金基金联合会，但是由个人运营
目的	经办一部分老龄厚生养老金，积累独立的年金	用企业年金补充厚生养老金	个人负责在可选择范围内运营年金，以补充公共养老金
企业规模	·单独设立：1 000 人以上 ·联合设立：1 000 人以上 ·综合设立：500 人以上	·基金型：30 人以上 ·契约型：没有要求	没有要求
支付 支付水平	追加老龄厚生养老金代行部分的五成以上	没有标准	没有标准
支付 支付期限	原则上是终生年金（加算部分也有有期年金）	5 年以上	5 年以上的有期或终身年金
保险费	代经办部分由企业主和参加者对半均摊，追加部分大部分由企业主负担，代经办部分的免除费率是 2.4%~5.0%	原则上由企业主负担，但也有可能是个人缴纳	·企业型：由企业主负担，此外，根据 2012 年 1 月 1 日起施行的规定，也可以由参加者个人缴纳 ·个人型：个人负担
积累标准	至少每五年重新进行一次财务计算，规定公积金必须能抵偿债务	同厚生年金基金	没有标准
受托者责任	明确管理运营责任，制定行为准则	同厚生年金基金	企业型：对企业主进行义务化的投资教育
信息公示	对参加者公示财务信息	同厚生年金基金	每年至少一次以上，告知参加者以及通知运营指导者个人管理资产金额

续表

		厚生年金基金	确定给付型企业年金	确定缴费型企业年金
税制上的缴纳金措施	保险费	·企业主保险费：计入损失金 ·职员保险费：社会保险费扣除	·企业主保险费：计入损失金 ·职员保险费：扣除人身保险费	·（企业型）企业主：计入损失金 ·（个人型）个人：扣除小规模企业共济金等保险费
	积累标准	代经办部分的 3.23 倍以内不征税，超出部分征收 1.173%（其中国税 1%，地方税 0.173%）的特别法人税①（冻结中）	除了本人保险费以外的部分征收 1.173%（其中国税 1%，地方税 0.173%）的特别法人税（冻结中）	运营时，对资产征收特别法人税（目前冻结中）
	支付	·年金：对所有收入征税（扣除公共养老金等） ·一次性退职金：对退职所得征税（扣除退职所得）	·年金：对所有收入征税（扣除公共养老金等） ·一次性退职金：对退职所得征税（扣除退职所得）除去本人摊缴部分	·年金：对所有收入征税（扣除公共养老金等） ·一次性退职金：对退职所得征税（扣除退职所得）

资料来源：小野隆而. 年金知识 2018 年版. 经济法令研究会，2018：159.

一、适格退职年金

（一）适格退职年金的发展

适格退职年金是指企业将员工作为受益人，委托金融机构如生命保险公司、信托银行等签订适格退职年金契约，委托其运营管理年金资产，金融机构根据一定的依据对员工支付年金或一次性退职金的制度。适格退职年金制度特别适合那些因企业规模小无法成立厚生年金基金的企业。此外，只要满足适格条件，企业可以将全部的积累金计为企业损失金在税前扣除，员工可以不必在缴纳的时候被征税，在领取年金的时候纳税即可。适格退职年金是根据 1962 年特别法人税法的修改而引入的，伴随着日本最初的税制措施形成了外部积累基金型的企业年金

---

① 特别法人税于 1962 年适格退职年金建立时被引入，在经历 1999 年开始的为期两年的冻结以后，在 2001 年、2003 年以及 2005 年三次延长了冻结期，2007 年迎来第四次冻结延长。

制度。企业与金融机构签订的契约数在1993年到达最高峰共计92 467件，参加者达到1 078万人。

（二）适格退职年金的废止

适格退职年金是唯一一个由日本财务省①负责监管的企业年金制度，由于部门间的利益冲突，在制度衔接、管理以及与日本厚生劳动省配合等方面均存在问题，不利于日本企业年金市场的发展。而且，随着制度的推进，积累基金不足的问题越发突出。适格退职年金是一种与运营结果无关，以契约签订时确定的年金金额进行"确定给付"的年金制度。受托的金融机构根据给付金额和运营的预定利率计算出必要的缴纳金额，由企业进行支付。保险公司和信托银行为了增加加入企业的数量，往往以较高的利率进行估计，这样企业就可以以稍低的保险费加入其中。如果基金的实际运营利率也较高，整体就不会出现太大的问题，但是从泡沫经济破灭的20世纪90年代开始，实际运营很难达到当初预定的利率，直接导致账款不足的现象日益严重。在这样严峻的运营环境中，制度的延续变得比较困难。因此，随着2001年确定给付企业年金法的制定，适格退职年金制度逐渐向新制度方面转型。从2002年4月开始不再批准新的适格退职年金计划，现存的适格退职年金将在10年内完成转型，2012年3月废止了适格退职年金制度。

二、厚生年金基金

（一）厚生年金基金的产生

厚生年金基金②是1965年修订厚生养老保险法时创立的制度。设立厚生年金基金的企业单位，代替国家支付一部分老龄厚生年金，政府根据企业的实际情况给予一定的补助，从而使企业员工获得更优厚的老年收入，厚生年金基金制度就是以此为目的而设立的。

（二）厚生年金基金的分类

运营厚生年金基金的企业必须设立独立于企业之外的法人年金基金，基金的

---

① 财务省是由大藏省改制而成，作为主管日本财政、金融、税收的最高行政机关，管理诸官厅的收支、货币、金银、物价等事务。
② 厚生年金基金是1965年创立的，实际实施时间为1966年的10月。

资金来源由企业和员工双方共同缴纳。厚生年金基金的种类分为单一型、集合型和综合型三种。单一型是由一个企业（包括公益法人等不以营利为目的的法人）单独设立的，设立时加入者规模在1 000人以上，2005年4月1日参加者人数调整到500人以上；集合型是由以核心企业为中心的、两个以上集团企业设立的，企业相互之间存在有机的协同性，设立时参加者规模在1 000人以上，2005年4月1日参加者人数调整到800人以上；综合型则是由同行业企业、同一地域的工厂团体等多个企业一起设立的，设立时参加者规模在5 000人以上，2005年4月1日参加者人数调整到3 000人以上。

（三）厚生年金基金的发展

厚生年金基金与适格退休年金一样享受税制优惠政策。企业负担的费用被全部计为损失金在税前扣除，参加者负担的费用也可以作为社会保险费扣除的对象。

厚生年金基金在实施初期发展比较顺利，在1996年末达到1 884支基金，参加者人数在1995年末达到顶峰共计1 216.5万人。但是，随着各基金的年龄构成逐渐多样化和泡沫经济崩溃后金融环境的急速恶化，运营收益较预定利率有所下降，基金产生较大损失。这种情况下，从厚生养老保险本身和基金财政中立化观点出发，修改了最低责任准备金的计算方法。

但是，受企业会计准则修改的影响，且随着2002年确定给付企业年金法的实施，大多数单独、联合成立的基金选择了代替办理返还，即将代替办理支付老龄厚生年金的部分返还给国家。2012年AIJ丑闻事件引发人们对厚生年金基金制度的讨论，考虑将厚生年金基金制度的废止纳入考虑范围，出台了为确保公共养老金健全化和信赖性而对厚生养老保险法进行修改的法律，该法于2014年4月实施。

（四）厚生年金基金的评价

1. 厚生年金基金实施的优点

一是补充年金给付。因为厚生年金基金可以被认为是一种追加的养老金，所以它对员工来说是对退休后养老金的一种补充。

二是领取条件宽松。一方面，即使仅参加厚生年金基金一个月，也可以领取少量的金额。另一方面，厚生年金基金必须满足基础年金的年龄领取资格期限。

三是提高企业福利待遇。厚生年金基金的加入提高了企业的福利待遇，有利于企业和员工的双赢。而且缴纳的资金由基金进行运营，不需要员工充分掌握运营知识。

四是具有税款优惠。企业对厚生年金基金支付的缴纳费可以计入企业的损失。此外，基金运营收入不进行征税。

2. 厚生年金基金的不足

一是资产运营有损失的可能性。厚生年金基金的保险费均由基金进行运营，若资产运营失败，则可能导致积累不足的情况出现。此时则需要基金和企业对不足部分进行补贴，这可能会导致企业业绩下降、绩效持续恶化，进而对员工造成不良影响。

二是对将来产生不利的影响。由于厚生年金基金的经营恶化，选择其他企业年金制度企业不断增加，直接导致厚生年金基金数量在不断减少。即使有新参加厚生年金基金的企业，将来也有可能改为参加其他企业年金制度，这会对将来的年金给付带来一些不利的变化。

三、确定给付型企业年金[①]

（一）确定给付型企业年金的产生

伴随着泡沫经济的崩溃，日本企业年金的运营环境极度恶化，由企业承担投资运营风险的年金制度让企业经营不堪重负。一方面，厚生年金基金要求企业代替国家行使部分支付职能，成为企业的沉重负担；另一方面，厚生年金代行部分受企业会计准则中债务评价的影响，受到政府严格的监管，使得企业负担进一步加重。因此以经济界为中心要求企业不再代行经办的呼声不断高涨。此外，由于适格退职年金并不保护领取权，因此建立新的支付制度不再代行经办势在必行。另外，厚生年金基金等确定给付型的企业年金在企业破产时存在年金资产

---

① 英文名称为 Delined Benefit（DB）。

日本公共养老保险

不足的问题，因此在制定保护领取权措施的同时，需要对确定给付型的企业年金进行制度重构。在这些背景下，日本在2002年4月1日设立确定给付企业年金法。

确定给付型企业年金又分为契约型企业年金和基金型企业年金。具体发展情况如图10-3所示，2008—2017年度末基金型企业年金的制度数始终保持在稳定水平，但制度数总量极小；契约型企业年金的制度数远高于基金型企业年金，契约型约是基金型的20倍左右，契约型企业年金的制度数在2008—2011年实现逐年增长，并在2011年达到顶峰，此后契约型企业年金制度数保持在较高水平，但呈现小幅度的下降趋势。2017年契约型企业年金制度数约为基金型企业年金制度数的17倍。此外，从确定给付企业年金总体参加者人数来看，2008—2017年参加者人数总体上呈现增长趋势，2017年参加者达到901万人。

截至2017年末，基金型企业年金领取者人数达1 480 534人，平均年退职金为71万日元；契约型企业年金领取者人数达103 358人，平均年退职金为105.8万日元。整体来看，确定给付企业年金平均年退职金为73.3万元（见表10-2）。

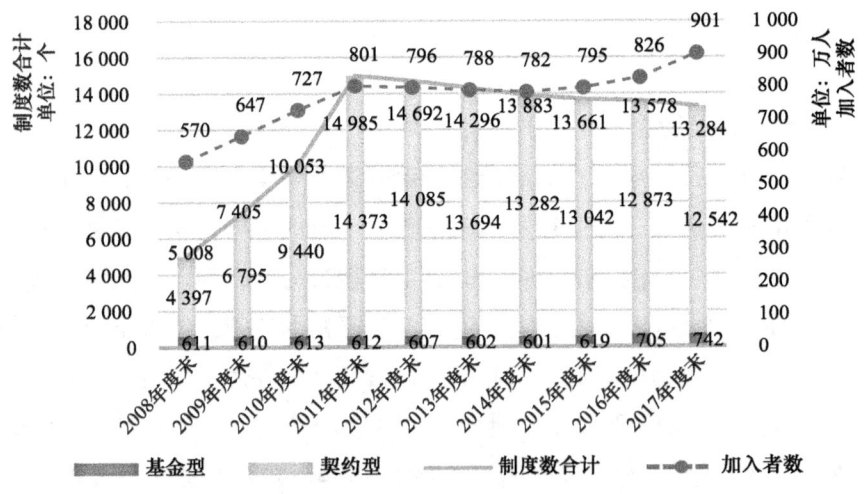

图10-3 不同形式企业年金制度数和人员数变化

资料来源：企业年金联合会. 关于企业年金的基础资料（2018年版）. 2019：83.

表 10-2 退职金领取人数和平均退职金（年度金额）（截至 2018 年底）

确定给付企业年金种类	领取者人数	平均年退职金（万元）
基金型	1 480 534	71.0
契约型	103 358	105.8
合计	1 583 892	73.3

资料来源：企业养老金联合会. 2017 财年企业养老金调查 [EB/OL]. https：//www.pfa.or.jp/activity/tokei/nenkin/suii/suii02.html.

形式上由基金型企业年金和契约型企业年金组成。其中"基金型"企业年金由拥有与母公司不同法人资格的法人机构进行运营管理；契约型企业年金在劳资双方达成协议基础上，按规章由企业主对基金进行运营。①

适用对象。适用厚生年金基金的参保人；可能有规定对参加者设有资格限定，但是不存在对特定人群的不合理差别化待遇。

保险费。保险费以企业负担为原则，本人缴纳要以员工本人同意为前提。

资金运营。原则上由信托公司、生命保险公司、投资顾问等进行，但基金也可以自行运营。制度完结时，剩余财产分配给员工，不归还给企业。

领取权保护。企业需要设定年金资产的积累标准，以便将来支付约定的年金；明确企业年金管理、相关运营人员的责任和行为准则；对财务状况等相关信息进行公示。企业还应该保证员工充分了解制度内容。

制度间转移。年金资产可以在契约型、基金型、厚生年金基金制度间进行转移。从厚生年金转向契约型和基金型时，关于代行经办部分，在一定条件下允许据实支付。余下部分可直接转换为确定给付型企业年金，其中契约型和基金型年金的资产分配可按个人意愿进行分配。

税制。缴纳时，企业缴纳的费用全部计为损失金在税前扣除；本人缴纳可作为人寿保险扣除的适用对象。

运营。对年金资产征收特别法人税（2019 年冻结），因此日本企业年金目前在运营环节为免税。

给付。选择年金式（分期）领取，享受公共养老金同等的扣减；选择退职

---

① 第 1 回社会保障審議会企业年金・個人年金部会. 资料 1，2019-02-22.

金式（一次性）领取，则享受退职所得的扣除。

（二）确定给付型企业年金的分类

1. 基金型企业年金

基金型企业年金是指该企业受厚生劳动大臣认可设立的，与母公司分离且拥有独立法人资格的法人机构作为企业年金基金运营主体，运营管理年金资产并进行年金（确定给付）支付的制度。一般情况下，基金型企业年金多为厚生年金基金不再代行经办时的转移目的地。与契约型企业年金不同的是，它与母公司有不同的法人，可以独立于公司运营。

2. 契约型企业年金

契约型企业年金是指企业受厚生劳动大臣认可设立的，基于劳资双方同意的年金规定，由企业和信托银行、人寿保险公司等签订合约，与母公司分离，独立进行年金资产的管理运营，并进行年金支付的制度。资金的管理和运营由人寿保险公司或信托银行负责，因此企业可以不具备运营知识，但需承担一定的行政管理费用。

（三）基金型和契约型企业年金的比较

表 10-3　　　　　　　　基金型和契约型比较表

	基金型	契约型
制度概述	设立与母公司具有不同法人资格的企业年金基金，并在企业年金基金中管理、运营年金资产，进行年金给付	制定基于劳资双方同意的年金规定，由企业和信托公司、人寿保险公司等签订合约，与母公司分离，独立进行年金资产的管理、运营，并进行年金给付
设立	企业年金基金的设立需得到厚生劳动大臣的认可	合约要得到厚生劳动大臣的批准
运营主体	企业年金基金	企业主
人数要求	300 人以上	—
年金领取资格	不得将参加者需缴费满 20 年的缴费期限作为领取资格要求（对于适格退职年金转移部分的支付，可以按前适格退职年金的要求）	
支付水平	年金给付以及一次性退职金的数额是固定的或者是基于工资、缴费期限和其他合理基础计算而来，还可以依据缴费年数和工资等，但是不存在对特定人群的不合理差别化待遇	

续表

	基金型	契约型
年金的发放期限	终身年金或者5年以上（规定支付期限不超过20年）	
选择一次性领取	在发放年金时，以相当于保证缴费期限部分的现价相应金额为限，可以选择一次性退职金	
退出并一次性领取	不得将满三年的参保者期限作为领取资格条件	
保费负担	以企业主缴纳为原则，参加者承担要以本人同意为前提	
积累基金水平	至少每5年进行一次财政核算 有义务积累与债务相称的积累基金	
受托者责任	要承担对参加者的忠实义务等责任，明确禁止利益冲突等行为	
信息公示	关于保险费缴纳情况、财务状况、资产运营状况等业务概况需要对参加者进行信息公示； 对于参加者以外的领取者也要努力做到信息公示（在风险分担型企业年金中，必须做到周知）	
自我运营	满足设置运营执行理事等必要条件则可行	不允许
运营的基本方针 政策的资产构成比例	需要制定	制定（受托保证型确定给付企业年金可以不制定）
是否可以用于福利事业	可以	不可以
向其他年金制度转移	可以	
税制上的管理 — 保险费	·企业主缴纳：全部计为损失金 ·参加者承担：扣除人寿保险费用（注1，每年4万日元为限）	
税制上的管理 — 积累基金	除去参加者承担部分，其余部分征收1.173%的特别法人税（注2，法人税1%、地方法人特别税0.044%、法人住民税0.129%）	
税制上的管理 — 给付金（老龄给付金）	·分期领取年金：除参加者负担部分外，对杂项收入征税（扣除公共养老金等） ·一次性领取退职金：除参加者负担部分外，对退职所得征税	

资料来源：企业年金联合会. 关于企业年金的基础资料（2018年版），2019：74.

注1：关于人寿保险费扣除以及个人年金保险费扣除，批准日期在2011年12月31日以前的合同相关内容以从前的一年5万日元为限。

注2：特别法人税将于2020年3月31日停止征税。

在确定给付型企业年金的制度运营中,基金型和契约型主要有以下几点不同。

1. 运营活动方式

规约变更等运营决策的不同。在同意修改规约方面,基金型要求议会的 2/3 以上的议员同意,即多数通过决议。契约型需要经过半数以上员工组成的工会的许可,若无工会则需要员工代表半数以上同意;实施公司在两个以上时,必须取得各个公司的同意。

2. 与资产管理、运营相关的合同

在与资产的管理、运营相关的信托合同中,基金型的受益人(或者是保险费领取人·共济金领取人)是"企业年金基金",而契约型的受益人则是"领取人"。

3. 资金的自主运营

基金型企业年金在设置运营执行理事等调整管理运营体制的基础上,与金融机构签订合同,可以进行自主运营;而契约型企业年金不能进行自主运营。

4. 运营主体

确定给付企业年金的运营,在基金型中以企业年金基金的理事或者是事务局为中心进行运营;但在契约型中则由企业进行主导,经理部、财务部、人事部等负责人主要负责实际业务。

(四)关于确定给付型企业年金的管理

在综合型 DB 基金中引入审计员和注册会计师等,达成协议的程序(AUP[①])。

在社会保障审议会中有关企业年金部门的会议上,探讨了综合型 DB 基金中"为了提高财务信息的可信赖性,需要有效利用注册会计师等外部专家进行监查"的问题,考虑到会计监察的引入需要花费相当的费用,因此引入 AUP 程序方法,这种方法有利于在综合型 DB 基金中,提高内部统一管理,确保会计的准

[①] AUP 是指协商一致,达成协议的程序业务(agreed upon procedures),在注册会计师和委托人之间就需要确认的具体事项以及方法达成一致,就其结果得到的事实进行报告的业务。

确性。随着确定给付企业年金法实施规则一部分修改的省令①的颁布，关于确定给付企业年金的规章的认可及批准的标准等有了部分调整。

另外，综合型 DB 基金中，资产负债表的资产总额从超过 20 亿日元结算的第三个年度开始接受会计审计或者 AUP，该规定从 2019 年度结算开始进行应用。

（五）确定给付型企业年金的资产运营流程

（1）计划（plan）。确定给付型企业年金的资产运营目的在于"确保将来年金发放所需费用"。在计划阶段，要在明确运营目的的同时，制定为了达成这一目的的具体运营目标。在此基础之上，制定能够长期维持的资产分配比例，同时将关于资产运营的确定给付型企业年金的基本事项作为"运营的基本方针"明确下来。

（2）运营（do）。根据资产结构决定运营机构的构成和类型。例如，是复数资产运营的平衡型运营，还是单一资产运营的特殊化型运营；是以与市场同程度收益为目标进行运营，还是以高于市场收益为目标进行运营等。这都需要根据确定给付企业年金的运营目的、战略投资、资产规模等实际情况来决定，从而确定所选择的运营机构及运营方针。

（3）评价（see）。不仅要考虑各个运营机构的运营结果，还要对确定给付型企业年金的所有资产是否按照运营的基本方针进行正确运用等方面进行评价和分析。在对运营机构的评价中，不仅是对实际的运营成果进行"定性评价"，还要对运营体制、运营哲学等要素进行"定性评价"，同时综合评价也很重要。如果在评价的结果中，运营的基本方针或者运营机构出现问题，则需对政策的资产结构进行调整，对与运营机构的契约进行重新评估。

（六）确定给付型企业年金的资产运营作用

确定给付型企业年金的设立目的就是通过向参加者发放年金，进而使参加者年老后生活安定。因此，对于企业来说，确保足额的年金发放的原始资金是非常重要的。由于确定给付型企业年金的财政运营采用的是所谓的"事前积累方式"，因此一定程度上受到运营收益的影响。

---

① 该省令指 2018 年厚生劳动省令 77 号。

根据计算结果显示，如果确定给付型企业年金出现积累不足的情况，那么为了确保将来年金正常发放就需要上调缴纳金额。一般来说，预定利率每下降1%，保险费率就需要上涨约20%，从这里可以看出年金资产的运营具有十分重要的作用。

向公司和参加者征收的企业年金保费，按照公司决定的份额，通过跟信托公司签订信托契约；与生命保险公司签订生命保险契约；与农业协同组合联合会签订生命共济契约；与金融商品交易者签订投资契约；自家运营（仅限于企业年金基金）等方法进行管理、运用。

（七）确定给付型企业年金的优点

1. 对参加者的好处

通过公司承担费用可获得追加年金，确定给付型企业年金原则上由企业承担缴纳费用。同时，通过参加确定给付型企业年金，可以在公共养老金（国民养老保险、厚生养老保险）之外领取更多养老金。另外，确定给付型企业年金无须自己进行资产运营，由企业主或基金参与管理机构进行运营，因此即使没有资产运营和投资知识也可以获得年金。

首先，确定给付型企业年金预先规定了支付额，而且不会根据资产运营的结果而改变支付额，所以可以准确预测未来领取的养老金，便于提前预设老年生活。其次，确定给付型企业年金也可以作为一次性退职金领取，确定缴费型年金有不到60岁就无法提取资金的限制，但确定给付型企业年金，可以在60岁之前提取。最后，确定给付型企业年金是基于确定给付型企业年金法制定的，规约和企业年金的设立必须得到厚生劳动大臣的批准，要求必须具备积累义务、受托人责任、信息公示等机制，保障员工领取权。

2. 对企业的好处

首先可以提高企业吸引力。确定给付型企业年金对于员工来说，因为是在公共养老金基础上可以追加领取的企业年金制度，所以具有经济利益。因此，在员工招聘或聘用后，确定给付型企业年金可以作为企业福利待遇提高企业吸引力。其次，由于确定给付型企业年金可以根据离职理由改变支付金额，因此可能起到减少员工主动申请离职和短期就跳槽的效果。最后，有税制优势。由于采用确定给付型企业年金的企业其缴费可以全额计算为企业的成本损失，因此在税制方面可能比在公司内部更有利。并且在运营确定给付型企业年金时，运营产生的收入并不纳税。

(八) 确定给付型企业年金的缺点

1. 对参加者的坏处

首先对于参加者而言，有降低约定支付金额的风险。虽然确定给付型企业年金预先在支付额上已达成一致，但在资产运营失败而储蓄不足的情况下，存在降低支付金额的可能。其次，不利于尽快跳槽和自愿离职。确定给付型企业年金的发放倾向于优待长期工作者，如果存在短期就跳槽的情况，确定给付型企业年金就会很少；确定给付型企业年金可以根据离职理由变更支付的金额。如果是主动申请离职的话，可能会减少发放的金额。

2. 对企业的坏处

首先，企业需要负担缴费。确定给付型企业年金原则上必须由企业承担缴纳费用。其次，承担管理、运营责任。实施确定给付型企业年金，必须明确运营和管理责任。即使由信托银行和人寿保险公司进行资金的管理和运用，企业也会承担一定的行政管理责任；而且在基金型确定给付企业年金中企业需承担人力、金钱方面的法人运营责任。最后，资产运营结果可能导致累积不足。确定给付型企业年金要求支付预先规定的金额，即使资产运营结果不佳，基金累积不足也必须支付，此时企业必须额外追补差额。

四、确定缴费型年金[①]

(一) 确定缴费型年金的产生

确定缴费型年金是依据确定缴费年金法设立并实施的一项企业年金制度。由于原有的企业年金制度难以普及中小企业和自营业者，且存在工作变动导致年金资产转换困难、公司投资风险直接影响退休收入等问题，因此设立新的年金制度，企业确定每月缴纳金额，并将其交给投资机构进行投资，投资机构在企业的

---

① 英文名称为 Defined Contribution (DC)。

授意下选定三种以上保本型投资产品供参保人选择，并由参保人最终自行承担投资收益风险。

形式。确定缴费型年金可分为根据劳资协议的规定由企业主实施的企业型确定缴费年金（简称企业型年金）和由国民年金基金联合会实施的个人企业加入的个人型确定缴费年金（简称个人型年金）；企业型 DC 年金主要面向工薪族，个人型 DC 年金主要面向 20～60 岁的农民和个体工商户①（见表 10-4）。

参加者。企业型确定缴费年金适用厚生养老保险的参保人（未满 60 岁），在规定情形下也可将最高年龄设置在 65 岁。② 此外，在规定中可以设置参加者的资格限定，但是不存在对特定人群的不合理差别化待遇。个人型确定缴费年金适用于国民养老保险的第 1 号、第 2 号、第 3 号被保险者（未满 60 岁）。

给付。根据每月缴纳的金额以及年金运营收益的合计确定发放的金额，原则上不允许中途提取，60 岁以后可以进行领取（可以选择年金分期给付或者一次性取出）。

保费缴纳。企业型确定缴费根据相关规定由企业主进行缴纳，在劳资双方协商一致达成规则的情况下也可以由参加者进行缴纳。

表 10-4　　　　　　　　个人型和企业型确定缴费年金的比较

	企业型	个人型
参加对象	1 号等厚生养老保险被保险者［未满 60（注1）岁的 1 号厚生养老保险被保险者和 4 号厚生养老保险被保险者］	·国民养老保险的 1 号被保险者（自营业者等） ·未满 60 岁的厚生养老保险被保险者（不包含企业型年金对象(注2) ·国民养老保险的第 3 号被保险者（家庭主妇等）
实施	需要厚生劳动大臣的批准	需要厚生劳动大臣的批准

---

① 毛慧红，戴维周．日本企业年金制度及其对我国的启示［J］．日本研究，2004（04）：32-36．
② 第 1 回社会保障審議会企業年金·個人年金部会．資料 1，2019-02-22．

续表

	企业型	个人型
缴费限额	(1) 未加入个人型年金以及其他制度者，每月限额 55 000 日元（注 3，年度限额 660 000 日元）； (2) 未加入个人型年金，加入其他制度者，每月限额 27 500 日元（年度限额 330 000 日元）； (3) 加入个人型年金，没有加入其他制度者，每月限额 35 000 日元（注 4，年度限额 420 000 日元）； (4) 加入个人型年金以及其他制度者每月限额 15 500 日元（注 5，年度限额 186 000 日元）	(1) 第 1 号被保险者每月限额 68 000 日元（年度限额 816 000 日元）； (2) 第 2 号被保险者不能同时参加且没有参加其他制度者每月限额 23 000 日元（年度限额 276 000 日元）； (3) 可以同时参加企业型年金者每月限额 20 000 日元（年度限额 240 000 日元）； (4) 参加其他制度或者是公务员每月限额 12 000 日元（年度限额 144 000 日元）； (5) 3 号被保险者每月限额 23 000 日元（年度限额 276 000 日元）
可携带性	· 对每个参加者的资产余额（保险费和运营收益的合计金额）进行记录管理； · 在参加者等面临离转职问题时，将个人管理资产转移到其他确定缴费型年金或者确定给付型企业年金上	
运营	· 参加者等在管理个人资产时自行选择产品； · 产品指预存金、信托商品、投资信托、债券、股票、保险商品等； · 运营管理机构对要提供三种以上的产品选项； · 运营管理机构对用户等提供至少每三个月一次以上的运营提示，同时向用户提供与运营商品相关的信息等	
给付	老龄给付金	原则上从 60 岁开始可以领取（总计加入期限达到 10 年以上）
	残疾给付金	处于残疾状态（符合障碍基础年金的障碍等级程度）时进行发放
	死亡时一次性支付的遗属退职金	参加者死亡时发放给其亲属
	退出一次性退职金	一段时间内满足一定的要求就可以领取

日本公共养老保险

续表

		企业型	个人型
税制	缴费时	企业主保险费：计为损失金 加入者保险费：收入扣除（扣除小规模企业共济等缴纳金）	加入者保险费：收入扣除（扣除小规模企业共济等保险费） 中小企业主保险费：记为损失金
	运营时	运营收益不征税。对个人管理资产征税特别法人税 2019 年末已停止征税	
	给付时	老龄给付	・年金：适用于扣除公共养老金等 ・一次性退职金：将缴纳期限视为工龄期限，适用于退休所得的扣除（未退休也可以）
		残疾给付	不征税
		死亡一次性退职金	继承财产不在继承税法范围内
		退出一次性退职金	对作为临时收入的所得税、个人住民税征税
	转移	在参加者等离职、个人管理资产进行转移时，继续采取税制上的措施	
保护参加者		企业、国民年金基金联合会、运营管理机构以及资产运营机构要遵守法令、规章以及合同要求，肩负起为参加者等忠实完成任务的责任	
制度转移	制度层面	实施企业型年金的企业，根据劳资协议，可以将退职金制度以及确定给付型企业年金等与过去工作期间相关的年金资产等转移到企业型年金中	—
	个人层面	厚生年金基金或确定给付型企业年金的中途退出者在加入确定缴费型年金时，根据本人的申请，可以将一次性退职金转换为相应金额的确定缴费型年金。企业年金联合会对负有支付义务的中途退出者的积累及基金也采取同样处理方法	

续表

	企业型	个人型
资产管理机构	公司设立，保险费与公司财产分离、保全，作为个人管理资产的机构	主体是国民年金基金联合会，但是实际上联合会一般作为事务委托方委托金融机构进行运营
运营管理机构	提示运营个别商品，提供与运营个别商品有关的信息，整合用户的运营意图，对每个用户个人持有份额等相关记录进行管理等。面向厚生劳动大臣以及内阁总理大臣的登录制度	

资料来源：企业年金联合会. 关于企业年金的基础资料（2018年版）. 2019：188.

注1：企业型年金规章规定的，在60岁以上65岁以下的人群中，达到一定年龄时丧失企业型年金参加者资格的，包括在60岁以后继续使用该年金类型的人。

注2：企业型年金规章规定，企业型年金参加者不能缴纳企业型年金加入者所需的保险费，但有的企业型年金规定可以参加个人型年金的话，这部分群体可以同时成为个人型年金的加入者。

注3：企业型年金参加者在筹集保险费时，不能超过企业主所缴纳的保险费。而且，双方保险费合计不能超出缴纳限额。

注4：只有在规定企业型年金的企业主缴纳金额为每年42.0万日元的情况下，才可以参加个人型年金。

注5：只有在规定企业型年金的企业主缴纳金额为每年18.6万日元的情况下，才可以参加个人型年金。

（二）企业型确定缴费年金

1. 企业型确定缴费年金

企业型年金是指企业原则上以未满60岁的参加者为对象实施的制度，从参加到规定年龄为止，保险费由企业缴纳，但从2012年1月开始也可以由参加者缴费。

企业加入企业型确定缴费年金制度，需要与运营管理机构、资产管理机构和运营商品提供金融机构进行合作。一般情况下，前端的运营机构将与专门针对数据库管理、订单汇总与记录的运营机构等进行合作，这时大多数企业只需与前端运营机构签订合同就可享受其他专门服务。员工每个月的保险费将在指定日期从企业账户中扣除，并流入资产管理机构（信托银行等），这种扣费、流入方式，使得保险费与企业账户分离，避免了企业将保险费用于资金周转，保障了保险费作为员工资产的权利。此外，保险费与资产管理机构自身的财产进行分离管理，避免了因资产管理机构破产而导致的保险费损失。员工可以向运营管理机构发出"指定每月保险费资产分配"和"销售现有资产"的买卖指令，对投资计划进行选择，该指令既不受企业强制执行影响，也无须向企业阐述细节内容，员工可自由发出指令并进行选择。虽然法令上规定每三个月提供一次买卖选择机会，但是实际上几乎每天都可以进行。每个员工的运营状况以数据的形式管理，员工可以通过网络进行查看和确认，并且每年均会以一份纸质报告书的形式再次进行确认。员工可在60岁以后向运营管理机构申请支付，并由资产管理机构进行支付。图10-4是企业型确定缴纳年金的基本结构，梳理了年金在不同主体和机构之间的基本运作流程与使用权限。

2008—2017年企业型年金的契约数呈现增长趋势，契约数从2008年的3 048个增长到2017年的5 830个；2008—2017年企业型年金加入者数量总体上也呈现增长趋势，参加者人数从2008年的310.9万人增长到2017年的648.1万人（见图10-5）。

2. 企业型确定缴费年金的优点

（1）对参加者的好处。首先，参保费用由企业负担。在企业型确定缴费年金中，企业保险费是由企业承担，所以即使员工自身不用缴纳，将来的年金额也会增加。在企业型确定缴费年金中，由于运营管理机构对企业年金的管理需要花费一定的成本费用，所以要向运营管理机构支付手续费；手续费的负担按照规章制度的规定应由企业或参加者承担，但多数情况下由企业承担。此外，企业将会进行必要的办理手续指导。这与加入个人型确定缴费年金的情况相比，在手续办理方面可能会让参加者感到轻松。

其次，具有优惠的税收制度。企业型确定缴费年金的运营收益免税。虽然积累基金需要征收特别法人税，但这项制度已经被冻结。此外，投资信托手续费设定较低，运营成本因此会有一定的减少，参加者将会受益。

再次，企业的资产运营失败和经营恶化对年金的影响较小。在确定给付型企业年金中，存在着因企业的资产运营失败而导致积累基金不足，进而消减给付金额的风险，因此在企业经营恶化的情况下，年金给付有可能受到影响。但是，由

第十章 日本企业年金制度

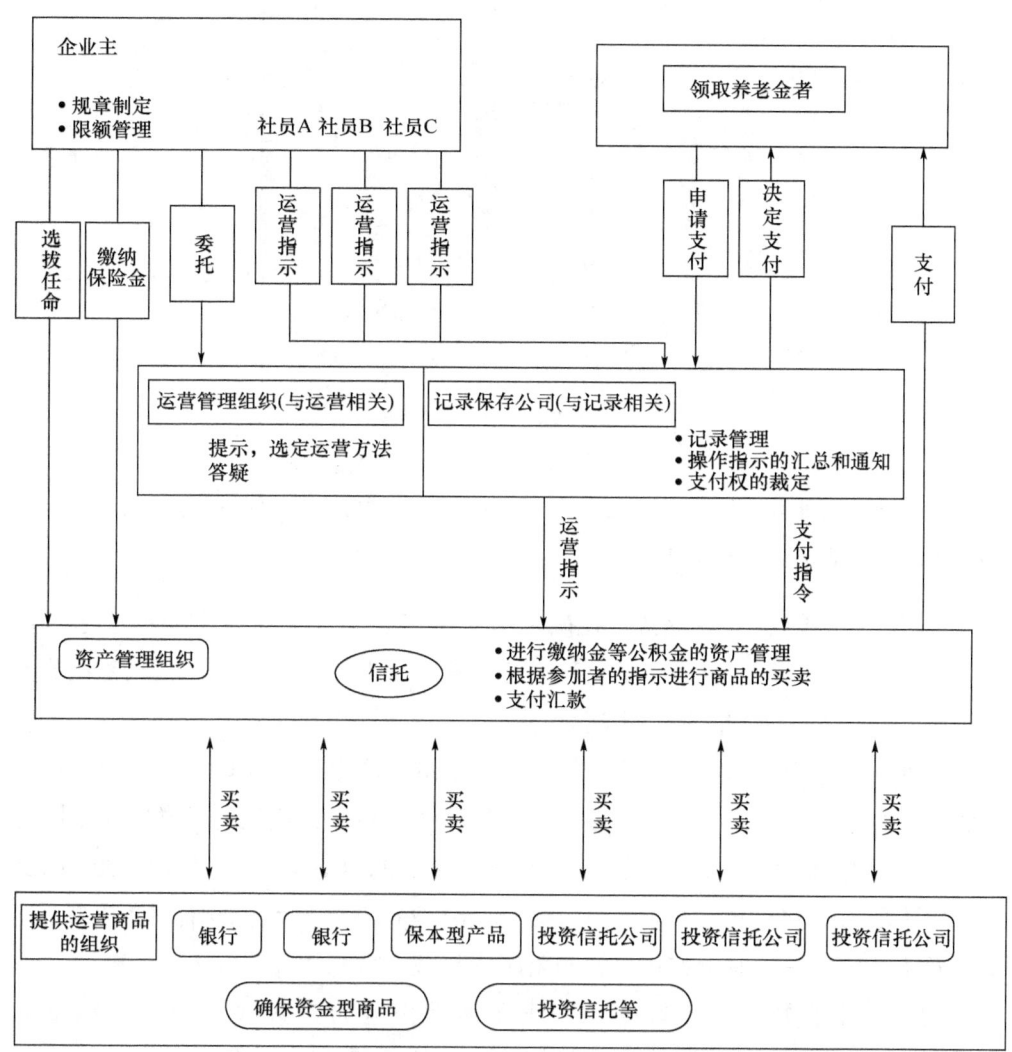

图10-4 企业型确定缴费年金的基本结构

资料来源：山崎俊辅. 退职金、企业年金入门[M]. 东京：ダイヤモンド社，2017：186.

于企业型确定缴费年金制度的保险费金额不会因企业的运营情况而受到不良影响，所以相比确定给付型企业年金更令人安心。但是，企业型确定缴费年金也有因某种情况而终止的风险。

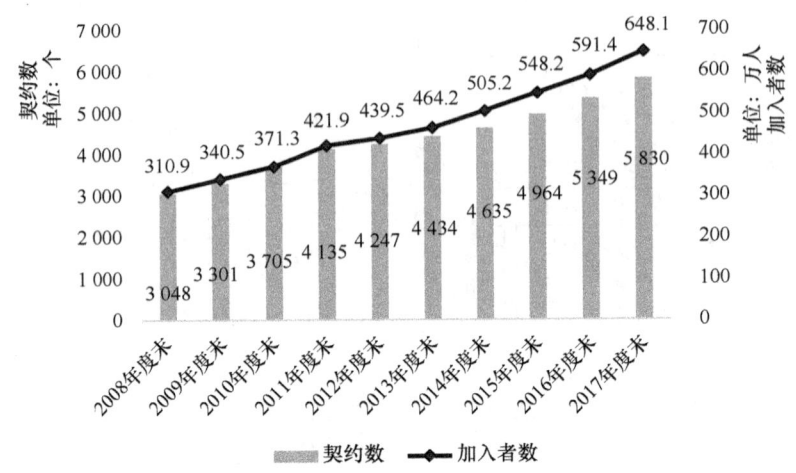

图 10-5　企业型契约数、参加者人数的变化

资料来源：厚生劳动省. 定额缴费养恤金的执行状况［EB/OL］. https：//www.pfa.or.jp/activity/tokei/nenkin/suii/suii03.html.

最后，年金能够自主运营。在确定缴费型年金中，无论是个人型还是企业型，参加者都可以结合自身情况自己进行运营。对资产运营有方、不愿委托他人进行运营的个人具有较大的自主运营空间。

另外，相比个人型年金，企业型年金的缴纳额度更高。在设定上，企业型确定缴费年金比个人型确定缴费年金的缴纳额度要更高，企业型的月缴纳额上限是27 500日元或55 000日元，个人型年金参加者的月缴费上限为12 000日元、20 000日元或23 000日元，公务员月缴费上限是12 000日元。缴纳额度越高，运营收益不征税这一税制上的优惠措施就越容易被有效利用。

（2）对企业的好处。首先，企业无须承担运营的风险。企业缴纳金额后，仅对参加者进行运营方面的指导，运营的风险由参加者自行承担，企业不需要承担运营的风险。与企业需要承担运营风险的确定给付型企业年金差异较大。

其次，缴纳金额确定，企业不用担心追加支出费用。确定缴费型年金的缴纳金额是确定的，待遇给付按照积累金额和运营收益进行发放，因此，企业承担的缴纳金额是固定的，没有追加支出的风险。

最后，保险费可以免税。由于企业在确定缴费型年金中的保险费可以计算在成本损失中，所以与内部保留资金和实施一次性退职金相比，在税收制度方面可以得到更多的优惠。

3. 企业型确定缴费年金的缺点

（1）对参加者的坏处。

第一，未来实际收益水平难以确定。虽然确定缴费型年金的缴纳金额是确定的，但是年金实际收益水平与资产运营结果直接相关，由于资产运营结果具有不可预测性，所以未来实际收益也不确定。因此，参加者也可能出现难以规划晚年生活的情况。

第二，个人要自行承担资产运营的风险。在确定缴费型年金中，保险费的运营风险由参加者承担。资产运营盈利与否，直接影响年金收入，若运行情况较差，年金会因此而减少。

第三，不能自己选择运营管理机构。企业型确定缴费年金需要根据企业所选择的运营管理机构进行运营商品选择，这些运营商品，可能不能满足自己需求。

第四，年龄不满60岁无法提取。在确定缴费型年金中，如果不符合一定的特殊条件，就不能中途退出并提取保险费。所以未满60岁出现财政困难时，无法依靠确定缴费型年金。

第五，工作变动时可能被自动转移。参加者退休、跳槽时必须办理企业型确定缴费年金的转移手续。如果不转接，则企业型确定缴费年金有可能会被自动转移，从而使参加者受到损失。因此，工作变动时必须将其转移到其他企业型确定缴费年金或个人型确定缴费年金。

（2）对企业的坏处。

首先，需要企业支付保险费并负担手续费。在企业型确定缴费年金中，由企业承担保费缴纳的负担，同时，还要负担各种手续费用。虽然规定手续费也可以由参加者负担，但是多数情况下是由企业承担的。

其次，产生行政事务负担。在实施企业型确定缴费年金时，企业有义务向参加者介绍有关制度，由于介绍活动需要一定数量的人员和时间安排，因此企业会产生相关的事务负担。

最后，企业需要进行投资教育。在实施企业型确定缴费年金的情况下，企业需要持续提供与资产运营相关的基础资料，以便参加者不断了解资产运营知识。

(三) 个人型确定缴费年金

1. 个人型确定缴费年金的发展

确定缴费型年金中的个人型确定缴费制度，这是由个人将积攒的钱用于投资的一项制度。这一制度与确定缴费年金的基本结构相同，但是与企业型年金存在一定的不同，它是个人通过自身努力积攒老后的资产，用来确保老年生活。

个人型确定缴费年金自2017年1月开始实施，以未满60岁的国民养老保险第1号被保险者、第3号被保险者以及厚生养老保险被保险者为对象实施的年金制度。个人型确定缴费年金由国民年金基金联合会作为实施主体参与制度的管理，资产的管理机构为事务委托方金融机构。

个人型确定缴费年金与美国个人退休账户类似，其目标群体主要是自营业者以及企业不提供企业年金计划的员工。

虽然目前个人确定缴费年金的参保率较低，但是，由于退休后仅仅依靠公共养老金只能维持生活，因此个人型确定缴费年金已愈发受到人们的关注与推荐。人们晚年领取的公共养老金包含国民养老保险和厚生养老保险，一方面两者的金额还达不到足够养老的水平，另一方面需要考虑将来公共养老金减少的可能，所以自己进行一定量的储蓄是十分必要的。此外，个人型确定缴费年金在税制上具有较大的税收优惠。如图10-6所示，2008—2017年个人型年金参加者人数呈上升趋势，尤其在2015—2017年，参加者人数实现"跨越式"增长，2017年度末参加者人数达到85.4万人，随着参加者人数的增长，注册办事处的数量也随之增加。

2. 企业型确定缴费年金向个人型确定缴费年金变更

目前，加入企业确定型缴费年金的员工，仍面临因工作转换导致在新企业（新企业没有企业型确定缴费年金）无法继续参加的问题。在这种情况下，员工需要通过相应的手续，办理退出企业型确定缴费年金并将其移交至个人型确定缴费年金。这种转交流程不仅适用于转换工作，也适用于个人成为自由职业者和全职主妇、退休的情况。需要注意的是，移交手续的办理期限为六个月，办理期限内，如果未履行资产的移交手续，就会被强制移交给国民年金基金联合会。

第十章 日本企业年金制度

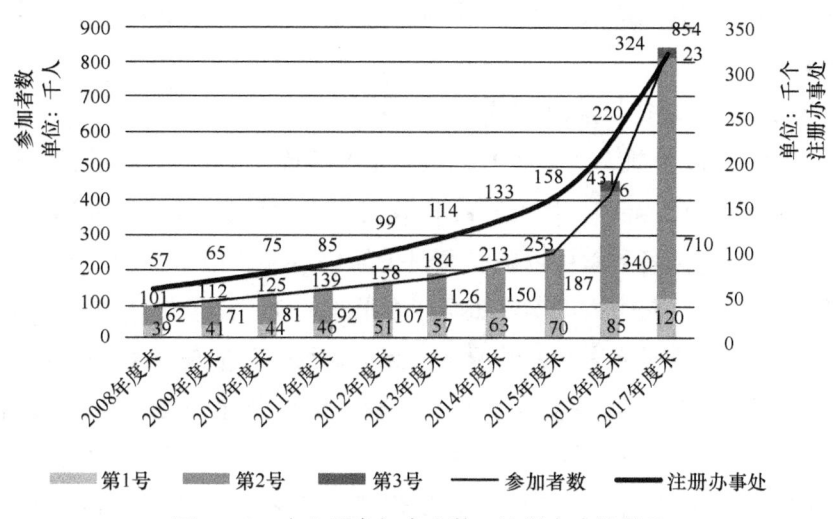

图 10-6 个人型参加者人数、注册办事处数量

资料来源：厚生劳动省. 定额缴费养恤金的执行状况 [EB/OL]. https：//www.pfa.or.jp/activity/tokei/nenkin/suii/suii03.html.

3. 个人型确定缴费年金的优点

首先，每月的保险费从全额收入中扣除，起到减税效果。个人型确定缴费年金的缴纳金额（保险费）全额作为收入的扣除对象。也就是说，作为年保险费支付的金额税率部分会返还，个人可以自由选择保险费的金额，每月 5 000~68 000 日元[①]。

其次，投资所得的利润和运营收益不征税。在个人型确定缴费年金中，投资信托的分配金、定期存款的运营收益是不征税的。NISA（小额投资非课税制度）的运营收益也不征税。

最后，不存在年金破产的风险。个人型确定缴费年金以个人为单位进行管理。即使其他人的年金运营失败了，也不会对自身产生太大的影响。即使个人破产，也会留有一定的资金。根据确定缴费年金法第 32 条规定，确定缴费年金作为不被折价的资产而受到保护。因此，即使个人破产了，这部分财产也不会被清算，60 岁以后可以领取自己所存的年金。这对类似于自营业者和中小企业经营

---

① 工薪族（第 2 号被保险者）的情况下上限是每月 23 000 日元以内。

243

者具有一定好处，若这些人因事业失败而导致破产，个人型确定缴费年金便会发挥其作用。

4. 个人型确定缴费年金的不足

首先，存在60岁前无法解约的风险。个人型确定缴费年金至始至终是"为了晚年而进行的资产运营"。因此，在税收制度方面设定了收入扣除等较大的优惠政策。此外，参加者虽然可以减少每月的缴纳金额，但是不能在60岁前领取全部缴纳的年金，这是个人型确定缴费年金最大的缺点。虽然这一做法有利于税制，但是在家庭开支没有富余的情况下，无法解约也会带来较大的风险。

其次，每月存在定额手续费。个人型确定缴费年金所需的手续费有三种。一是国民年金基金联合会手续费（通用，103日元）；二是事务委托金融机构手续费（通用，64日元）；三是运营管理机构手续费（不同金融机构要求不同，从免费至450日元左右）。虽然存在手续费，但这与避税带来的好处相比影响较小。

第三节 企业年金制度的现状与问题

一、日本企业年金制度的现状

第一，企业年金的普及水平低迷。如表10-5所示，企业年金参加者人数作为企业年金普及程度的指标，参加者总数从2008年3月末1 732万人下降至2016年3月末1 597人，下降趋势明显。虽然企业型确定缴费年金的参加者在逐渐增加，但是仍未做好接收由于厚生年金基金的解散和适格退职年金的废止而产生的参加者的准备。

第二，退职给付制度的核心仍是退职金制度（一次性退职金制度）。如表10-6所示，在有退职给付制度的企业中，只采用退职年金制度的企业比例在逐渐下降，2013年只采用退职年金制度的企业比例仅为8.8%。与之相对比，只采用退职金制度的企业比例反而上升到49.7%。从退职资金的保全和资金负担的

第十章 日本企业年金制度

均衡化角度来看，将传统的退职金制度修订成退休年金制度的政策在不断增加，但以退职金为核心的状况仍未有所改变，相反 2003—2013 年呈现退职金制度回归倾向。

第三，企业年金的实际领取状态仍是一次性领取。如表 10-7 所示，从有资格领取年金的退职者领取方法来看，全部一次性领取的比例近年来不断上升，到 2013 年达到了近七成。与此相对，全部通过年金方式领取的退职者比例呈现下降趋势，2013 年占比仅近两成。[①]

退职给付制度普及进度缓慢的原因主要与日本国内外经济状况和企业经营状态有关。在目前经济状况与经营状态下，企业年金制度的普及速度慢，退职年金中全部通过年金方式领取的比例极低。

表 10-5　　　　　　　　企业年金参加者数　　　　　　　　单位：万人

类型	2008 年 3 月末	2013 年 3 月末	2016 年 3 月末
参加者总人数	1 732	1 660	1 597
厚生年金基金	474	408	254
确定给付企业年金	600	788	795
企业型确定缴费年金	310	464	548
适格退职年金	348	—	—

资料来源：年金综合研究所. 年金制度的展望［M］. 东京：东洋经济出版社，2017：226.

表 10-6　　　　　　　有退职给付制度的企业比例　　　　　　　　%

类型	2003 年	2008 年	2013 年
有退职给付制度的企业	86.7	83.9	75.5
只有一次性退职金制度	40.3	46.4	49.7
只有退职年金制度	17.0	10.7	8.8
两个制度并用	29.4	26.8	17.1

资料来源：年金综合研究所. 年金制度的展望［M］. 东京：东洋经济出版社，2017：226.

---

① 年金综合研究所. 年金制度的展望［M］. 东京：东洋经济出版社，2017：226.

表 10-7　　　　　　　　　不同退职年金领取方式的比例　　　　　　　　　　%

领取方法	2003 年	2008 年	2013 年
全部用年金领取	31.4	28.4	19.5
全部用一次性退职金领取	56.9	59.8	68.7
一部分年金、一部用一次性退职金	11.6	12.0	11.8

资料来源：年金综合研究所. 年金制度的展望 [M]. 东京：东洋经济出版社，2017：226.

二、日本企业年金的问题

(一) 企业年金制度的转移接续问题

达到确定给付企业年金领取资格的加入者通常需要在企业连续工作 10~20 年。如果中途改换工作，或仅短时间在某一企业工作，那么未来企业年金的发放金额将会大幅度降低。目前，厚生年金基金等不同企业年金之间转移接续的体系尚未建立。

(二) 企业年金的储备金不足

日本在泡沫经济崩溃后，市场经济长期处于一种低迷状态，随着央行低利率等措施的实施，财政也开始恶化。从图 10-7 中可以看出，2004—2017 年确定给付企业年金的收益率极其不稳定，且累计收益率（年率）水平整体不高。由此推测，存在低收益率引发年金基金不足的问题。厚生年金基金是以当初设立时预定的 5.5% 的预期收益为前提计算的，所以，采用制约未来年金支付额的确定缴纳型年金方式进行运营。然而，由于实际运营收益率比预期收益率低，造成企业未来支付的企业年金基金的储备金严重不足。[①]

(三) 新企业会计准则加重了企业负担

日本于 2000 年 4 月引入国际会计准则[②]，新会计准则要求将退职金和企业年金的退休支付金额计入财务报表当中。这与以往从未纳入企业财务报表的行为存

---

① 李楠，姚慧琴. 日本企业年金制度的发展及对我国的启示 [J]. 西北大学学报（哲学社会科学版），2014，44 (5)：25-32.
② 芝田文男，日本の企業年金の特徵、課題および今後の方向性の一考察 [J]. 産大法学，2010，(6)：21.

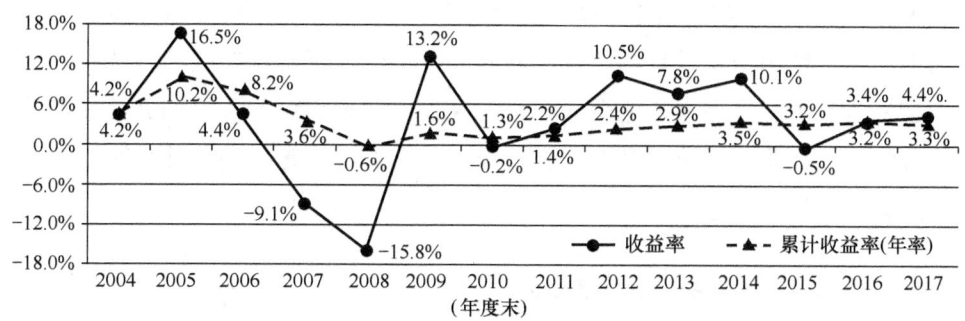

图 10-7 确定给付企业年金的收益率

资料来源：企業年金联合会. 企業年金に関する基礎资料 2018 年版 [EB/OL]. 2018 (92). https：//www.pfa.or.jp/activity/shuppanbutsu/kisoshiryo/index.html.

在较大差异，这一举措直接导致企业负债迅速累加，进而造成企业年金基金不足。而财务报表显示的企业债务和企业年金基金不足的情况，直接对企业股票市值和其在市场上地位产生不利影响，进一步导致企业经营效益不佳，从而出现年金减额发放的现象。这样的恶性循环，一方面加重了企业负担，另一方面也影响了企业未来发展和员工退休后的企业年金收益。

第四节　企业年金的普及与展望

一、企业年金普及对中小企业的重要性

一般来说，中小企业是指符合中小企业基本法规定的满足资本必要条件和人为必要条件的公司。中小企业政策的执行与地方经济政策有很强的关联性，对中小企业进行政策奖励，也是地方经济振兴的重要政策手段之一。政府制定了《中小企业宪章》，随着中小企业的优势不断凸显，中小企业的发展进一步带动了地方经济繁荣，这促使日本进一步融入亚洲新兴国家，成为日本开拓新未来不可或缺的条件。

在日本，中小企业占企业主体的比率达到了压倒性的 99.7%。在此基础上，

企业年金在中小企业法人中的推广是十分重要的。此外，企业年金普及措施与税制优惠政策息息相关。据日本国税厅透露，近年企业年金亏损的法人比例超过七成，这表明对于许多法人来说企业年金的税收优惠政策可能不再那么具有激励性了。因此，从企业实际情况来看，企业年金与企业特别是中小企业相关的税收优惠政策需要进一步完善。

二、面向中小型企业的努力

在谋求企业年金的普及、扩大方面，中小企业的配合是十分重要的，具体采取以下对策。

第一，为了普及、扩大受托保证型确定给付企业年金，需要进一步落实放宽手续等相关措施。

第二，为了普及、扩大确定缴费年金，在企业年金联合会中共同开展教育投资，创立有利于中小企业配合的"简易型DC"；创立即使不实施企业年金，中小企业也可以对员工进行援助的"面向个人型DC的小规模企业积累金缴纳制度"。

三、灵活的有弹性给付设计

关于新的"灵活的有弹性给付设计（包含DB、DC两者特征的给付设计）"，企业年金的选择项必须扩大，这有助于企业年金的普及和扩大。企业年金选择项的扩大，要进一步参考各国实例，根据实际的需求等进行探索。具体来说，对于DB，在劳资判断的基础上，可以考虑将事先约定的给付与积累基金经营状况相结合，实施具有灵活性，即进行组合设计等。

四、适应多元化的生活方式

在劳动多样化的发展过程中，为了确保老年生活，应该探讨将个人型DC的适用范围扩大到第3号保险者、企业年金·公务员共济等相关加入者。

应结合实际需求，进一步提高制度（DB、DC、中小企业退职金共济制度等）间的可转移性。

五、促进确定缴费型年金的运营改善

在 DC 的运营中，部分人员在资金运营方面存在困难，因此提出以下对策。第一，为了提高参加者的投资知识水平，应该持续进行教育投资，使其逐渐义务化。第二，为了让参加者更容易做出选择，在目前保证实施将运营商品数量控制在一定范围的基础上，采取更为有效的规定。第三，针对长期运营，形成更恰当的运营方法。例如在运营商品的提供方面，应提供三种以上有助于分散投资风险且回报性不同的运营商品，这个宗旨应在法律层面进行明确，对"预先规定的运营方法"的相关规定在法律层面进行调整。

六、企业年金的统筹管理

首先，对于 DB 而言，为了提升运营制度的合理性，体制的调整（企业年金的统筹管理）是非常必要的。其次，对于资产运营的相关规则，应参考厚生基金的规则进行一定的调整修改。最后，至少要将运营的基本方针对参加者进行全文公示，且一年公示一次及以上资产运营收益率等情况。

另外，日本企业年金制度经历建立、重构和改革之后，形成了目前的企业年金制度。当前的制度既有其独特的特征，也存在各种优点和缺点。企业年金制度为企业资本和市场积累了大量的资产，对企业甚至整个国民经济的发展都起到了聚集资本的作用，并且可以有效激励员工，为员工退休后的生活提供第二层保障，政府也会对企业年金实行一些优惠政策，降低企业年金运行的制度成本。中小企业虽然企业年金在运营中也出现了储备金不足，限制劳动力流通以及新国际会计准则引进后的企业负担问题，但与这些运行压力相比，企业年金制度本身能更好地保障退休人员晚年的生活状况。所以，在当前的用工环境下，如何更好地发展企业年金制度，促使企业年金制度与用工环境协调发展，值得政府和企业更多共同的实践和考究。

日文参考文献

[1] 于洋, 青柳龍司. 公的年金の財源問題に関する日中比較 [J]. 城西大学現代政策研究, 2012 (1): 3-13.

[2] 于洋. 財政と社会保障, 藪下史郎, 猪木武徳, 鈴木久美編著. 入門経済学 [M]. 東京: 有斐閣, 2013: 273-300.

[3] 于洋. 社会保障財政, 土田武史編著. 社会保障論 [M]. 東京: 成文堂, 2015: 151-170.

[4] 于洋. セーフティーネットと人的資源管理, 白木三秀編著. 人的資源管理の力 [M]. 東京: 文真堂, 2019: 234-253.

[5] 芝田文男. 日本の企業年金の特徴、課題および今後の方向性の一考察 [J]. 産大法学, 2010 (6): 16-27.

[6] 厚生労働省企業年金研究会. 企業年金制度の施行状況の検証結果 [J]. 日本年金学会誌, 2007 (27): 14-31.

[7] 牛丸聡, 飯山養司, 吉田至志. 公的年金改革―仕組みと改革の方向性― [M]. 東京: 東洋経済新報社, 2004: 294.

[8] 石田成則, 山本克也編著. 社会保障論 [M]. 京都: ミネルヴァ書房, 2018: 299.

[9] 土田武史. 社会保障論 [M]. 東京: 成文堂, 2015: 405.

[10] 椋野美智子, 田中耕太郎. はじめての社会保障（第16版）[M]. 東京: 有斐閣, 2019: 271.

[11] 井堀利宏, 金子能宏, 野口晴子編. 新たなリスクと社会保障: 生涯を通じた支援策の構築 [M]. 東京: 東京大学出版会, 2012: 280.

[12] 堀勝洋. 年金保険法 第3版 [M]. 京都: 法律文化社, 2013: 645.

[13] 宮島洋, 西村周三, 京極高宣編. 社会保障と経済 [M]. 東京: 東京大学出版社, 2019: 300.

［14］年金総合研究所. 年金制度的展望［M］. 東京：東洋経済出版社，2017：226.

［15］厚生労働統計協会. 保険と年金の動向 2019/2020［M］. 東京：厚生労働統計協会，2019：343.

［16］福山圭一. 年金保険制度の歴史と課題［EB/OL］. ［2019-09-28］. 2019：35. https：//www. nensoken. or. jp/wp-content/uploads/rr_ 30_ 06. pdf.

［17］牛丸聡，荒木万寿夫等. 新たな基礎年金制度の構築に向けて［M］. 東京：経済企画庁経済研究所，1999：281.

［18］江口隆裕. 変貌する世界と日本の年金―年金の基本原理から考える［M］. 京都：法律文化社，2008：243.

［19］深尾京司.「失われた20年」と日本経済―構造的原因と再生への原動力の解明［M］. 東京：日本経済新聞出版社，2012：336.

［20］持田信樹. 税と社会保障の抜本改革―給付と負担の将来ビジョン［M］. 東京：東洋経済出版社，2019：296.

［21］小西砂千夫. 改訂版 社会保障の財政学［M］. 東京：日本経済評論社，2019：259.

［22］小峰隆夫. 平成の経済［M］. 東京：日本経済新聞出版社，2020：312.

［23］百瀬優. 障害年金の制度設計［M］. 東京：光生館，2010：219.

［24］上村敏之. 公的年金と財源の経済学［M］. 東京：日本経済新聞出版社，2009：300.

［25］小野隆璽. 明解年金の知識（2018 年度版）［M］. 東京：経済法研究会，2018：187.

［26］清水英彦. 年金給付水準に関する一考察［J］. 早稲田政治経済学雑誌，1999：294-325.

［27］年金金融研究所. 2004 年版 新 財政と社会保障のポイント. 2004：313.

［28］年金総合研究所. 年金制度的展望［M］. 東京：東洋経済出版社，2017：226.

［29］日本年金学会. 持続可能な公的年金・企業年金［M］. 東京：きょうせい，

2006：269.

[30] 中野淳太郎. 年金記録問題：現状と課題［J］. 周刊社会保障，2016（3）：80-83.

[31] 坪野剛司，年金総合研究所. 年金制度の展望 改革への課題と論点［M］. 東京：東洋経済新報社，2017：310.

[32] 国立社会保障・人口問題研究所. 平成 27 年版 社会保障統計年報［EB/OL］.［2020-08-25］. 2015：370. http：//www. ipss. go. jp/s-toukei/j/t_ nenpo_ back/h27. pdf.

[33] 国立社会保障・人口問題研究所. 平成 28 年版 社会保障統計年報［EB/OL］.［2020-08-25］. 2016：368. http：//www. ipss. go. jp/s-toukei/j/t_ nenpo_ back/h28. pdf.

[34] 国立社会保障・人口問題研究所. 平成 29 年版 社会保障統計年報［EB/OL］.［2020-08-25］. 2017：370. http：//www. ipss. go. jp/s-toukei/j/t_ nenpo_ back/h29. pdf.

[35] 国立社会保障・人口問題研究所. 平成 30 年版 社会保障統計年報［EB/OL］.［2020-08-28］. 2018：269. http：//www. ipss. go. jp/s-toukei/j/t_ nenpo_ back/h30. pdfhttp：//www. ipss. go. jp/s-toukei/j/t_ nenpo_ back/h31. pdf.

[36] 厚生労働統計協会. 国民の福祉と介護の動向 2018/2019［M］. 東京：厚生労働統計協会，2018：328.

[37] 厚生労働省. 令和 2 年版 厚生労働白書 資料編［EB/OL］.［2019-09-10］. https：//www. mhlw. go. jp/wp/hakusyo/kousei/19-2/dl/11. pdf.

中文参考文献

[1] 周心怡. 发达国家养老保险体系责任分担机制的基本经验及启示 [J]. 东南学术, 2021 (03): 96-104.

[2] 王伟. 日本社会保障调节收入再分配的路径与效应分析——以社会保险为中心 [J]. 日本学刊, 2020 (06): 81-108.

[3] 张淑丽, 邵蕾. 日本养老金第三支柱对我国的启示 [N]. 中国劳动保障报, 2020-12-09 (006).

[4] 阎建军, 刘云龙. 日本养老金体系发展启示 [J]. 中国金融, 2020 (18): 81-83.

[5] 黄明林. 日本企业年金制度的变迁及启示 [J]. 财会月刊, 2020 (17): 126-134.

[6] 宋凤轩, 张泽华. 日本第三支柱养老金资产管理: 运营模式、投资监管及经验借鉴 [J]. 现代日本经济, 2020, 39 (04): 85-94.

[7] 张鑫, 孙立娟. 日本公共养老金待遇调整机制的经验与借鉴 [J]. 现代日本经济, 2020, 39 (02): 81-94.

[8] 宋凤轩, 张泽华. 日本第三支柱养老金资产运营管理评价及借鉴 [J]. 社会保障研究, 2019 (06): 90-99.

[9] 刘雅静, 赵敬. 日本公共养老金财政精算制度的变迁及启示 [J]. 南通大学学报 (社会科学版), 2019, 35 (06): 108-114.

[10] 谷甜甜, 李德智, 徐萍. 国外养老服务管理体制对比及启示——以典型福利国家为例 [J]. 经济体制改革, 2019 (05): 149-157.

[11] 娄飞鹏. 发展养老金融的国际实践与启示 [J]. 西南金融, 2019 (08): 80-88.

[12] 小野太一, 黄莎, 华颖. 日本社会保障的历史发展与当前问题 [J]. 社会保障评论, 2019, 3 (03): 14-23.

[13] 丁英顺. 日本困境中的养老金博弈 [J]. 中国人力资源社会保障, 2018 (03): 50-51.

[14] 郭鹏. 日本共济年金与厚生年金的"并轨"及对中国的启示 [J]. 甘肃社会科学, 2017 (03): 113-117.

[15] 郭鹏. 日本企业年金制度的演变及挑战:兼论对中国的启示 [J]. 金融评论, 2017, 9 (02): 92-104, 126.

[16] 张建, 钟丽. 日本公共年金制度运营现状及其对我国的启示 [J]. 长白学刊, 2017 (02): 137-143.

[17] 宋德玲. 日本企业年金税收优惠制度及其对我国的启示 [J]. 社会科学战线, 2016 (09): 198-205.

[18] 王彦军. 日本公共养老保障体系困境及改革方案评价 [J]. 现代日本经济, 2016 (02): 77-86.

[19] 刘莉. 日本、韩国公共养老金投资模式演变及启示 [J]. 社会保障研究, 2015 (01): 96-102.

[20] 黄冠. 日本与中国台湾公共养老制度的比较研究——对中国大陆养老制度建设的启示 [J]. 河北经贸大学学报, 2014, 35 (05): 78-81, 100.

[21] 赵秀斋. 美国、日本基本养老保险经办服务体系比较与借鉴 [J]. 中国财政, 2014 (09): 75-77.

[22] 陈静. 养老金缺口应对:日本经验及启示 [J]. 银行家, 2014 (03): 88-91.

[23] 张英明. 中小企业年金制度的国际经验借鉴 [J]. 金融与经济, 2014 (02): 80-84, 20.

[24] 邵爱媛. 现代日本社会保障制度的历史探析 [J]. 学园, 2013 (28): 184-187.

[25] 张伊丽. 日本公共养老基金的投资运营分析 [J]. 浙江金融, 2013 (02): 51-54.

[26] 王德文. 日本养老金筹措及其启示 [J]. 中国财政, 2010 (18): 74-76.

[27] 郑秉文, 张笑丽. 中国引入"养老金融"的政策基础及其概念界定与内容

分析［J］．北京劳动保障职业学院学报，2016，10（04）：3-8．

[28] 贾康，苏京春．创新与优化：健全社保经办服务体系［J］．地方财政研究，2014（04）：13-15．

[29] 郑功成．从政府集权管理到多元自治管理——中国社会保险组织管理模式的未来发展［J］．中国人民大学学报，2004（05）：40-45．

[30] 人力资源社会保障部，人力资源社会保障部：截至9月底社保卡持卡人数9.39亿人［EB/OL］．［2016-10-25］．中国发展网：http：//www.chinadevelopment.com.cn/news/zj/2016/10/1091214.shtml．

[31] 吕学静．日本社会保障制度［M］．北京：经济管理出版社，2000．